盲唖教育分離後百年

なずれば指に　明きらけし

筑波大学附属盲学校記念文集

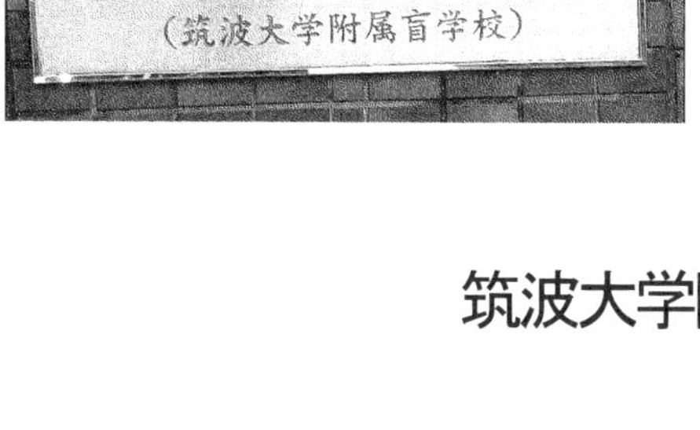

筑波大学附属盲学校同窓会・後援会　編

「盲唖教育分離後百年記念文集」の発刊に寄せて

筑波大学附属視覚特別支援学校長　澤田　晋

　平成22年11月1日に、「日本点字制定の地　東京盲唖学校発祥の地」の記念碑が、東京築地の市場橋公園に建立されました。1880（明治13）年に、楽善会訓盲院として授業を開始し、その後、1909（明治42）年に文部省令によって東京盲学校の設置が定められ、翌1910（明治43）年に、現在地の小石川区雑司ヶ谷町に新校舎が落成し、いわゆる「盲唖教育分離」の実現に至ったのです。1890（明治23）年11月1日、東京盲唖学校教師石川倉次氏の案が採択され日本点字が制定されたことに続いて、「盲唖教育分離」により、盲学校の教育は、飛躍的な発展を遂げ現在に至っています。

　爾来100年、我が国視覚障害教育の先進校・拠点校として、全国盲学校の先導的役割を本校は果たして来ました。そして今、特殊教育から特別支援教育へのパラダイムの転換があり、さらに障害者基本法の改正が行われて「インクルーシブ教育システム」の理念が尊重される時代を迎えて、視覚障害教育の専門性を、全国盲学校・視覚特別支援学校69校の先頭に立って継承・発展させる責務が本校にあります。そのためには、先達により築かれた専門性豊かな教育とその歩みを丁寧に振り返っていくことが重要です。各界で多大な業績を挙げ社会貢献を果たしてこられた卒業生そして先輩教職員の皆様と、現役の教職員が一体となった企画・執筆・編集により発刊となった「盲唖教育分離後百年記念文集」は、「故きを温ねて新しきを知る」ための貴重な資料です。

　また、今後に続く後輩の皆さんは、先輩の方々が志を持って学び、懸命に生きたその姿を通して、あるいは後輩への熱い思いが溢れた未来へ

の提言を学ぶことによって、幸福な人生を歩む指標を、この文集により得られるものと確信します。

　さらに、この文集は、「インクルーシブ教育システム」において盲学校のあり方が問われる中で、先達によって築かれた確固とした専門性を有し、特別支援教育の原点である視覚障害教育への理解を広く推進する重要な役割を果たしています。盲学校は幼児児童生徒の「夢を希望を実現する学校」として大切な存在であることの理解が一層深まることを期待いたします。

　企画・編集にご尽力いただきました「盲唖教育分離後百年記念文集プロジェクト・編集委員会」の皆様方、執筆者の皆様方、ご支援いただきました筑波大学附属視覚特別支援学校後援会及び同窓会の皆様方には、心から感謝・御礼申し上げます。発刊を通して皆様の絆が一層深まることを深く祈念申し上げます。

東京盲学校及び附属盲学校百年の重み

前校長　引田　秋生

　前島密寄贈の琵琶が校長室の陳列ケースの中にある。裏書きをみると「トモ第1号 明治43年商議委員男爵前島密君寄贈」とある。雑司ヶ谷に分離開校した東京盲学校を祝い寄贈したものである。この東京盲学校開校から遡ること10年、明治32年（1899年）、当時の東京盲唖学校校長小西信八は文部大臣樺山資紀あてに次のような上申書を提出している。「東京盲唖学校ヲ盲学校聾学校ノ二校ニ分設スルニツキ上申本校生徒追々増加シ既ニ二百名ヲ超エ唖生百四十名盲生七十名ニ達シ教室寄宿舎共ニ狭隘ニ相成リ寄宿舎ノ事務室診察室応接室等ヲ廃シ生徒室ニ充テ候ヒシモ忽チ満員ト相成リ、新志願者ヲ謝絶シ来リ遺憾ノ事ニ於テ増築ノ御裁可ヲ得テ追々着手ノ運ニ候ラヘ共校舎ニ至リテハ殆ド増築ノ余地無ク篤ト将来ノ事ニ就キ相考ヘ候処盲学校聾唖学校二校ニ御分離相成リ訓盲ノ為ニ新タニ芝麻布若シクハ大森等汽車ノ便利アリ且ツ鍼治按摩実習ニ適宜ノ土地御選定ノ上、盲学校ヲ御新築相成リ候他ニハ良案コレ無ク存ジ候。（以下略）」

　10年にも及ぶ運動が功を奏し、東京盲学校が誕生した。小石川区雑司ヶ谷に完成した木造の新校舎は、後に「車寄せ」が明治村に保存されるほど立派な木造建築物であった。グラウンドも近隣の小・中学校より整備された素晴らしいものであったという。この中でどのような教育活動、学習活動、集団生活が営まれていたかは同窓生や旧職員の玉稿に語り尽くされている。戦前の東京盲学校から第二次世界大戦を経て東京教育大附属や筑波大附属盲学校に名称変更していく過程では、学校疎開や戦後の食糧難等、幾多の苦難を乗り越えねばならなかった。

東京盲学校の前身である楽善会訓盲院は、世界で最初のパリ訓盲院開校から遅れること100年、日本点字制定もルイブライユが発明した点字のフランス政府公認から遅れること50年であったが、現在では、パリ盲学校に勝るとも劣らない盲学校に発展してきている。

　また、自由な雰囲気の中で展開された寄宿舎の生活や生徒会活動、スポーツ活動が生徒の人間形成に与えた影響は計り知れないものがある。

　一方で、盲学校のあ・は・き師養成や理学療法士養成等、職業教育をめぐっては厳しい現実がある。その現状分析と具体的な提案は、「後輩たちへの贈り物」として提言している。特別支援教育の中で既にターニングポイントを回った盲学校にとって、直面する喫緊の課題ばかりである。窮地を切り開いてきた先人の逞しさに改めて感心すると共にそれをどう継承していくかが問われている。セピア色の授業風景や青春群像は単に懐かしく思い出す風景ではなく、盲学校の現状と今後に対する警鐘でもある。

まえがき

　日本の洋風建築の基礎を築いたイギリス人ジョサイア・コンドルの設計による、二階建て総煉瓦造りのモダンな建物であったという、楽善会訓盲院が盲生2名を受け入れ、授業を開始したのは1880（明治13）年2月であった。6月には聾生2名の入学も認め、聴覚障害教育も開始している。後に校名を楽善会訓盲唖院と変更し、文部省直轄となってからは、官立東京盲唖学校となった。

　日露戦争終結後の、世情不安定な時期であった明治40年前後のころ、盲・聾唖者の教育を始めて既に四半世紀を経た結果、その両者を同一校のわく内で教育することに日常の困難と矛盾を覚え、教育の現場からは、それぞれ障害別の学校に分離することを関係当局に度々上申していた。

　その後、1909（明治42）年に文部省令によって東京盲学校の設置が定められ、翌10（同43）年に、現在地の小石川区雑司ヶ谷町に新校舎が落成して授業を再開した。ここにいわゆる「盲唖教育分離」の実現をみたのであった。

　以来、太平洋戦争に到って学校は疎開を余儀なくされたが、幸いにして校舎は戦災を免れ、1946（昭和21）年には旧校舎に復帰することができた。戦後の学制改革により、一旦国立盲教育学校となるが、1950（同25）年に東京教育大学教育学部の附属となった。同大が筑波大学に改組されたおり、附属諸学校も筑波大学附属学校として移管された。かくして校名は変更されたものの、現在地の目白台・雑司ヶ谷において、脈々と100年の時を刻んで来たのである。

　また、1923（大正12）年に公布された「盲学校及聾唖学校令（勅令第375号）」に基づき、当時の官立東京盲学校師範部は、翌24（同13）年

v

から1950（昭和25）年度まで一般の師範学校と同格の位置づけで存続した。わが国唯一の教員養成機関を持つことになった本校は、各地の盲学校へ教員を送り出し、戦前戦後を通じて盲教育界の中核を担ってきたといえる。

教員に限らず、数多くの卒業生は各界でそれぞれ多くの業績を上げ、本校卒業生として誇りと気概を持ち、個人の自立を越えて社会に多大な貢献を行っている人達も多く見受けられる。

今回「盲唖教育分離後百年」の節目の年にあたって、それら多くの卒業生の方々に、それぞれの立場で経験や想いを寄稿していただくことで、この間の、学校内外の歴史の流れをより多くの人達の情報として共有のものにすることができた。今後に続く後輩の方々も、この文集を読まれることで、多くの先輩達の生きたかたちを通して、貴重な何らかの示唆を与えられるものと思う。未来への提言も、後に続く人々への熱い想いが述べさせたものと考えてほしい。

収載されたものの中には、10数人におよぶ、現職と退職された教員の貴重な体験による寄稿も含まれている。歴史の中を共に歩んで来た卒業生諸君と、思いは同じであり、他人にも想いを寄せる人間性豊かな生き方を後輩の皆さんにも及ぼしたいと考える人達の集まりなのである。

今回の企画に対して、大変お忙しい中を貴重な原稿をお寄せいただいた60名を越す方々に対しては、心よりお礼を申し上げる。この文集は一般の人達に対しては、特殊な社会となりがちなその内側の状態を報告、啓蒙する意味を持ち、また仲間内相互間においては、改めて意思・情報を疎通する一つの機会ともなり得たと思う。考えを記録することは改めて自己を知る機会ともなるわけで、このような試みは、今後も時と人を得てなされれば、時間の流れを超えて人々が思いを触れ合える機会が生

まれることになる。

　今回の企画にさいしては、筑波大学附属視覚特別支援学校後援会及び同大附属盲学校同窓会から資金の援助を受け、組織の中の有志数人及びその協力者が、1年余にわたって編集の会を重ね、想いを注いで集録に努力した。

　名実ともに見栄えのするような結果は得られなかったが、貴重な多くの方々の記録を、この歴史の節目に当たって集録し得たことをもって了とされたいと思っている。

2011年8月吉日
盲唖教育分離後百年記念文集プロジェクト 編集委員会

目　次

第一部　東盲から筑波大附属へ ── 本校の沿革と業績 ──

第1章　筑波大学附属視覚特別支援学校（附属盲学校）の歴史
　　　岩崎洋二　**3**

第2章　学校疎開と体験記　**19**
　1．学校疎開の始まり　　山縣久美　**19**
　2．宇奈月の思い出　　土屋昌弘　**20**
　3．今、宇奈月を思う　　佐野昭典　**27**
　4．宇奈月を偲ぶ　　島田保男　**35**
　5．学校疎開のこと　　山縣久美　**44**
　6．思い出　　馬場博　**49**

第3章　「むつぼしのひかり」は輝く　〜同窓会小史〜
　　　大橋由昌　**54**

第二部　雑司ヶ丘の日々 ── 学校生活の想い出 ──

第1章　セピア色の授業風景　**67**
　1．昭和十年代の初等教育 ─ 手先の訓練 ─　長尾榮一　**67**
　2．あの頃のこと　　後藤綾子　**69**
　3．木造校舎での青春　　塩谷（浜田）靖子　**75**
　4．弱視の立場から　　大谷（小林）まさみ　**80**
　5．弱視教育草創期のころ　　榎本得衛　**81**
　6．弱視の私が学んだ盲学校　　田畑美智子　**83**
　7．私の世紀末カルテ　　小島啓司　**87**

8．青春の追憶　　南沢創　**91**

9．統合教育と盲学校教育を通して思うこと　　鯰江百可　**94**

10．自由と責任　先輩方・先生方から教わったこと

　　　大胡田裕　**98**

11．おもいで　　上杉麗子　**103**

12．筑波大学附属盲学校における「養護・訓練」

　　　（現「自立活動」）　　赤池信夫　**112**

第2章　雑司が谷闘争を振り返って　**117**

1．座談会・自己に目覚めた学園闘争　　構成・大橋由昌　**117**

　　〔大橋由昌・指田忠司・長澤（上野）泰代・

　　浜田（庄司）登美・宮内秀明〕

2．学園紛争の思い出　　大内厚　**131**

3．本校における学園紛争　　有宗義輝　**134**

第3章　課外活動に燃えた青春群像　**139**

1．東盲かたぎ万華鏡　　時任基清　**139**

2．表土と伝統　　蓮池悟志　**143**

3．クラブ活動の想い出　　野村博行　**148**

4．「ワンダーフォーゲル部」活動の想い出　　大瀧清次　**150**

5．落ち研の思い出　　堀口（名古屋）俊二　**154**

6．演劇部幻想　　的野碩郎　**156**

7．附属盲での生徒会経験から　　神崎好喜　**160**

8．わたしとクラブ活動　　山口エリ　**171**

第4章　寄宿舎というもうひとつの学び舎　**175**

1．太平洋戦争から戦後への回想　　山縣久美　**175**

2．自治寮生活の思い出　　山本良男　**188**

3．あの火事の日の思い出　　清水（溝渕）千代子　**194**

4．雑司ケ谷分校の火災を巡って　　阿佐博　**196**

5．木造の寮から鉄筋の寮へ　　鈴木（服部）和子　**199**

6．自治寮の夕映え　　宮昭夫　**202**

7．食堂が危ない　〜教育大廃校の小さな落し物〜
　　須之内久男　**206**

8．今は、楽しく思う寮生活　　牧敏治　**216**

9．変わる環境・変わらぬ理念　　飯田眞理　**221**

第三部　夢を抱いて、進路選択

第1章　手に職を求めて　**225**

1．職業教育の変遷　理療科　　山縣久美　**225**

2．職業教育の変遷　理学療法科　　山縣久美　**240**

3．職業教育の変遷　音楽科　　相原夏江　**250**

4．私の歩んだ道　　池上清　**256**

5．学生時代の実習の思い出　　鈴木学　**260**

6．二十絃とともに　　佐々木（大橋）睦美　**263**

第2章　高等教育の保障を求めて　**267**

1．座談会・大学の門はいかに開かれたか　構成・戸塚辰永　**267**

　〔大橋由昌・尾関育三・指田忠司・土居由知・
　　戸塚辰永・長岡英司〕

2．ボランティアとのかかわり　　塩谷治　**277**

3．受験テキスト点訳同好会の活動について　　指田忠司　**284**

第四部　後輩たちへの贈り物　── 私の提言 ──

1. 理療科教育の問題点と今後の検討課題　　矢野忠　**289**
2. 数字で見る三療の姿　　藤井亮輔　**300**
3. 盲学校における理学療法士養成について　　松澤正　**307**
4. 過去から未来へ　　三好俊行　**311**
5. コンピュータの課題と可能性からみた今後　　内田智也　**314**
6. これからのIT社会における視覚障害者生涯教育
   長谷川貞夫　**320**
7. 「ベトナムマッサージセミナー」を振り返って
   木村愛子　**327**
8. 「なずれば指に明きらけし」視覚障害者のための
   「手でみる博物館」　桜井政太郎　**332**
9. 卒業生が作った子育てサークル
   「かるがもの会」について　甲賀（三浦）佳子　**338**

資料編　筑波大学附属視覚特別支援学校略年賦　**342**

東京盲学校々歌　明治四十三年十一月十八日制定

一
ひろき せかいの うみやまも
なづれば ゆびに あきらけし
ふかき こころを とくもじも
さぐれば むねに うつりきぬ

二
かかる すべなき ときだにも
をしへと なれる かずのふみ
あらはし あつめ いまもなほ
あふがる、ひと なからずや

三
まなびの みちは とほかれど
よきしのきみの みちびきに
そのはてを きはめまし
ひらけゆくよに みは あひぬ

作詞　尾上八郎（柴舟）
作曲　岡野貞一

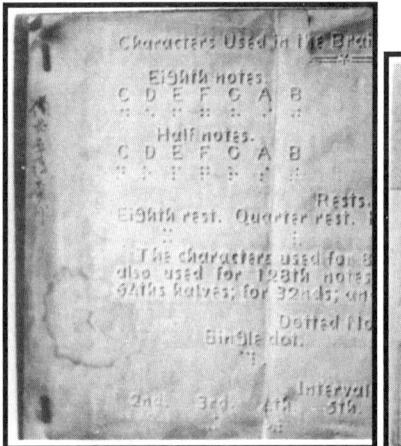
かな凸字

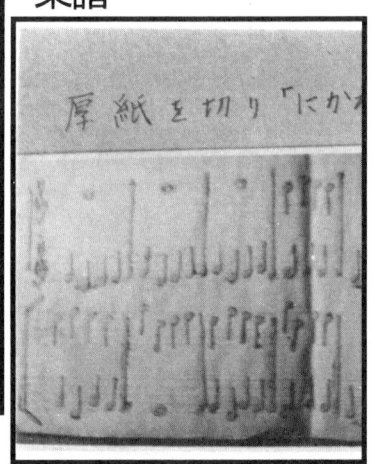
英語凸字

楽譜

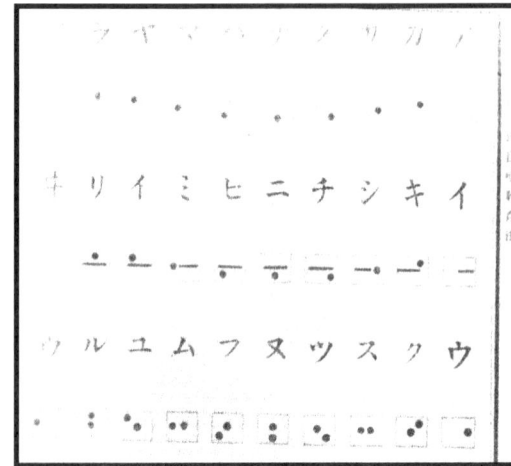

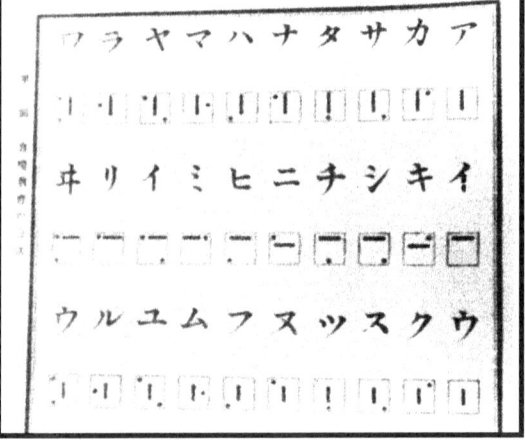

古河式盲唖教育法

第一部　東盲から筑波大附属へ
―― 本校の沿革と業績 ――

第1章　筑波大学附属視覚特別支援学校（附属盲学校）の歴史

筑波大学附属視覚特別支援学校教官（社会科）

岩崎洋二

はじめに

　筑波大学附属盲学校は、2007（平成19）年4月から筑波大学附属視覚特別支援学校と改称した。使いなれない長い名前で、学校では不評である。職員会議では、学校の性格が端的に表現されていた方が良いと附属盲学校の名前を続けることを決議し、附属聾学校と共に上申し、働きかけたが、文部科学省の一片の省令で全国に先駆けて変更されてしまった。今や、全国の障害児学校の再編がはかられ、特別支援教育の名のもとに盲学校は「障害種別を超えた」特別支援学校に変質しつつある。従来の盲学校は解体されようとしている。実は本校も、某県の盲学校のような「〇〇学園」などと一般の人には何の学校か分からない名前になりそうな案もなくもなかったのだ。

　学校の名前が変わるというのは、学校の性格も変わるということである。

　今進められている障害児教育の方向は、このような動きではないだろうか。聾学校については世界的に聾文化の主張が強いため存続させる。単一の視覚障害は、インクルージョンということでできるだけ地域の学

校に入れる。残った盲学校は、養護学校の児童生徒が入ってきて総合養護学校になりつつある、と。

　私たちはこのような動きに対して危機感を持ち、10年以上前から視覚障害教育を堅持するために盲学校の将来計画を検討してきた。そして、盲学校を維持存続する活動を全国の心ある教員・卒業生と共にさまざまに試みている。盲学校は随分前から曲がり角とか、もうとっくに曲がっているとも言われてきたのだが、視覚障害教育の場としての盲学校の存在意義は今日むしろ逆にはっきりしてきているのである。

　私たちはこのような時代だからこそ、盲学校の歴史をふり返る必要がある。明治以来の歴史をふり返り、今日の課題をしっかり考えなければならないのである。

　本校の歴史を見るとき、私は次の5期に分けて考えた。まず1875（明治8）年からの楽善会の時代、ついで1885（明治18）年文部省直轄になってから盲聾分離までの時代、そして1909（明治42）年からの東京盲学校の時代、戦後は、1960年代までの時代と、附属盲学校の紛争後の時代＝盲学校の曲がり角の時代の5期である。

1．楽善会の時代

　明治維新によって、日本は欧米の先進的な文化を学び、受け入れ、近代化の道を進んでいくのであるが、その中で障害児教育へもいち早く着目した報告もなされていた。幕末から明治にかけて、福沢諭吉『西洋事情』などで視覚障害・聴覚障害の教育の状況は比較的くわしく報告されていた。そして、1871（明治4）年には、のちに楽善会に入って中心的役割をはたす山尾庸三が、盲学校・聾学校に関する建白書を太政官に提出している。しかし、その翌年出された学制では、「邑に不学の戸なく、

家に不学の人なからしめん」と唱える一方で、「その他廃人学校有るべし」とつけ加えたに留まった。明治国家は、障害児教育を進めるつもりも余裕もまだなかったのである。

　本校の前身は、1875（明治8）年5月に宣教師のヘンリー・フォールズとボルシャルトがよびかけ、古川正雄・津田仙・岸田吟香・中村正直の6名で訓盲所設立について相談し、楽善会をつくったことから始まる。

　ヘンリー・フォールズは築地病院の医師であり、指紋研究で知られた人である。ボルシャルトはよくわかっていないが、中村正直の同人社にかかわっていた人物であった。古川正雄は緒方洪庵の適塾に学び、慶應義塾の初代塾頭であって、楽善会の会頭でもあったが、訓盲院のできあがるのを見ることなく1877（明治10）年に亡くなっている。津田仙は、津田塾大学の創設者津田梅子の父であり、農学者として活躍した。西洋野菜の栽培普及活動などをしている。中村正直は、敬宇と号し、1873（明治6）年小石川に、当時福沢諭吉の慶應義塾とならぶ同人社という塾を開き、福沢らと共に明六社を結成した。『西国立志編』『自由之理』を翻訳出版し、大ベストセラーとなり、明治の青年に大きな影響を与えた人物である。岸田吟香は、ジャーナリスト、実業家として活躍。画家岸田劉生は吟香の四男である。いずれも当時の文明開化の風潮をリードしたそうそうたる人々である。

　しかし、楽善会の訓盲所建設の見通しはなかなか立たなかったらしく、翌年楽善会へは郵便制度の創設者であり、当時駅逓頭の前島密や工部大輔の山尾庸三、文部省の小松彰、内務省の杉浦譲ら政府の要人も入ってきた。そして山尾の意向もあって、もっぱら日本人の力で外国人に頼らないで行うこととなり、ヘンリー・フォールズらは退けられることになった。

こうして1876（明治9）年3月に訓盲所設立が東京府から認可され、同年12月22日皇室から訓盲所設立のため御下賜金をうけて、ようやく建物建設の目途が立つのである。本校はこの日を創立記念日としている。しかし、1878（明治11）年5月、京都では古川太四郎らにより京都府盲唖院が設立され、「日本最初の盲唖院」となっている。

　楽善会訓盲院の校舎が京橋区築地3丁目（現中央区築地4丁目）に完成したのは、1879（明治12）年12月のことである。日本の洋風建築の基礎を築いたイギリス人ジョサイア・コンドルが、来日後初めて設計した建物の一つで、最初に竣工した。二階建て総煉瓦造り、室内総漆喰塗りのモダンな建物であったという。そして翌1月5日から事業を開始した。初代院長は大内青巒、教育については高津柏樹。大内は後に曹洞宗大学講師、東洋大学長に就任した人物、高津は、後に黄檗宗の万福寺管長になっている。この二人は、これに先立って京都府盲唖院の実情を調べに、前年9月京都に出向いているのである。

　1880（明治13）年2月に盲生2名が入学、授業を開始した。6月には聾生2名・盲生9名となり、聴覚障害教育も始まった。明治16年には、生徒は盲12人、唖12人となっている。そのため1884（明治17）年5月には、訓盲院を訓盲唖院と改称した。明治17年の報告では、「現今の状況を言わんに、生徒現在の数、盲生徒19名、唖生徒19名、教務は、盲生徒の部、講義、凸字の教、算術、音曲、針治按摩、唖生徒の部、筆談に、問答、発音、算術、画学、裁縫なり」とある。ここにあるように、当時の盲生の授業は、普通教科、音楽、鍼按の三つがあり、教科書は凸字教科書によるものであった。

　現在も附属盲学校資料室には、このころの凸字教科書と関係資料が多数残っている。しかし、果たしてこれでどれほどの教育効果があったも

のか。今私たちが凸字教科書を見ても、その教育効果には疑問がわかざるをえない。また、経営的にも見通しが計りがたかったため、1885（明治18）年10月文部省への直轄願いが出て、翌月認可され、学校は12月1日より文部省直轄となった。

　楽善会の時代は、ちょうど自由民権運動の時代と重なっている。1874（明治7）年民撰議院設立建白書が出され、1881（明治14）年の大蔵卿松方正義のデフレ政策の結果、各地で農民の不満は高まり、1884（明治17）年の秩父事件などの激化事件が各地でおこっていた時代であった。

2. 文部省直轄学校になって

　文部省への移行時、職員は院長高津柏樹を含め7名、生徒は盲16名、内女5名、唖22名、内女7名とあり、当初は授業をそのまま継続したと言うが、ただし「盲生漢字の模読習字および鍼治の教授を一時見合わせ」たという。その理由は、「漢字の模読、習字は盲生に取りて困難はなはだ大にして実用きわめて少なければなり、鍼治は古来ほとんど盲人の専業に属したれども、医術日新の今日従来の課業書によりて教授するは、はなはだ迂闊の嫌いなきにあらざるをもってなり。」と『東京盲学校六十年史』は記している。「漢字の模読」というのは、凸字の漢字を触って読むことである。

　1886（明治19）年1月、小西信八が訓盲唖院掛専務を命ぜられた。小西信八は新潟県長岡の出身、当時は東京師範学校教諭で附属幼稚園主任でもあった。現在のお茶の水女子大学附属幼稚園であり、ここに30歳代の若き小西の写真が残っている。小西は専務となって、早速人を介して紹介を受けた石川倉次を何度も説得し、招いている。そして石川は夫婦共にこの訓盲唖院に来たのである。のち1890（明治23）年10月小西信

八は校長心得さらに校長となるが、この時代に小西、石川の二人のコンビによって盲聾教育の基礎が形作られていったのである。

　その一つが寄宿舎の建設であった。寄宿はすでに講堂の一部に畳を入れて行っていたが、1886年4月新たに寄宿舎が建設され、5月3日に生徒が入舎している。

　このころ、盲生の尋常科では国語・算術・講談・体操、技芸科では音楽・按摩を教え、按摩の修業年限は2年、他は5年であった。そこで第二の課題は、盲生技芸科に鍼治を復活することであった。鍼に関しては、当時東京帝国大学教授の矢田部良吉校長の関係で、東京帝国大学医科大学へ意見書を求めている。1887（明治20）年に意見書が出されているが、意見書では視覚障害者の職業としての鍼を容認すると共に、近代的な生理解剖学等をふまえた鍼の指導を求めているといって良いだろう。これが今日までの盲学校の鍼教育の方向を示したものとなる。

　この時すでに奥村三策が按摩教授になっていて、この意見書の内容に大きな役割を果たしたのではないかと言われている。奥村は石川県出身で、生徒として入学してきたが、その学芸識見を小西が認め、教員になっている。そして、この後精力的に教科書を執筆するなどして盲学校の鍼灸按摩教育の基礎を築いた。

　第三は、日本点字の制定である。ルイ・ブライユの点字は、すでに目賀田種太郎によって1879（明治12）年に紹介されている。楽善会訓盲院発足よりも前の話である。しかし、これを実際に試みたのは、1887（明治20）年に当時の教育博物館の手嶋精一から学んだ小西信八が盲生小林新吉に教えたのが最初であった。日本の視覚障害教育も、点字の情報はありながらも直ちに点字の採用にならなかった歴史を持っている。しかしその結果、小西は石川倉次にブライユの点字を示して、日本点字のエ

夫を求めたのである。そして、点字選定会を教員生徒も含めて開き、1890（明治23）年11月1日第四回の点字選定会において、諸案のうち石川倉次案の採用を決定したのである。石川は、さらに点字の工夫を進め、1899（明治32）年には拗音点字を考案している。なお、この時平行して石川や佐藤国蔵らによって、点字楽譜も研究、工夫されはじめていた。

こうして生まれた日本点字は、視覚障害者にとって自ら読み書きできる文字としてたちまち普及していった。教科書や同窓会誌が作られ、やがて1903（明治36）年4月同窓会から点字総合雑誌『むつぼしのひかり』第1号が発刊される。また関西では、兵庫県立盲学校の前身をつくった左近允孝之進によって明治38年に点字新聞『あけぼの』が発刊される。これらの雑誌・新聞には、視覚障害者が自ら情報発信しうることの喜びがあふれていると言っても過言ではない。

学校はこの間、1887（明治20）年10月校名を東京盲唖学校と改めた。そして、1891（明治24）年5月には、小石川区指ケ谷町（現文京区白山2丁目）に新校舎が落成し、築地から移転している。

また小西信八は、明治26年に東京盲唖学校長になっているが、29年より一年間アメリカ、イギリス、フランス、ドイツへ留学を命じられている。そして、帰って来るや1899（明治32）年7月盲学校・聾学校の分離を文部大臣に上申した。1903（明治36）年4月には、教員練習科を設置し、視覚・聴覚障害教育に従事する教員の養成を開始している。さらに1906（明治39）年には、東京盲唖学校長小西信八、京都市立盲唖学校長鳥居嘉三郎、私立大阪盲唖学校長古川太四郎の三名連署で、盲唖学校の義務制と盲唖学校の分離を文部大臣に建議している。1907（明治40）年には第一回全国盲唖学校教員大会を開き、同じく盲唖学校の義務制と盲唖学校の分離を文部大臣に建議している。こうしてようやく盲学校と聾

学校の分離が実現されるのである。

　この時代、1889（明治22）年には大日本帝国憲法が発布され、1894（明治27）年～1895年は日清戦争、1904（明治37）年～1905年は日露戦争がおこっている。急速に日本の近代化がなされ、欧米列強の仲間入りをしていった時代である。

3．東京盲学校の時代

　明治の終わりから大正時代にかけては、日本の近代的な市民社会が発展し、大正デモクラシーとよばれる民主主義の風潮が大きくなった時代である。しかし、関東大震災、昭和恐慌を経て、やがて戦争へと向かう暗い時代を迎えることになる。

　東京盲唖学校は、1909（明治42）年4月に東京盲学校が分離され、翌年4月には東京聾学校となった。そして、東京聾学校は指ケ谷町にそのまま残り、東京盲学校は小石川区雑司ヶ谷町、現在の文京区目白台3丁目27番6号の現敷地に移転した。この時、小西信八と石川倉次は東京聾学校に残り、小西は友人の町田則文を招いて、東京盲学校長を委ねている。これで二人が盲学校と切れたわけではなく兼務したりしているが、聴覚障害の教育はまだ課題が山積していたからだといわれている。

　1910（明治43）年 6月町田則文が東京盲学校初代の校長に就任した。町田則文は、東京師範学校で小西の1期先輩、各地の師範学校長や高等師範学校・女子高等師範学校教授を歴任していた。

　この年11月東京盲学校規定を定め、「盲人に普通教育を行う、必要な技芸を授ける、教員の養成を行う」という方針が確定した。また、校歌が制定された。校歌は、岡野貞一作曲、尾上八郎作詞のもので今日も歌われ続けている。1912（大正元）年には雨天体操場、今の体育館がつく

られた。

　1914（大正3）年ロシア人ワシーリイ・エロシェンコが特別研究生として入学してきた。初めての外国人留学生である。エロシェンコはエスペランティストで、世界を放浪していて、日本の盲人がマッサージで自活していると聞いて、日本の按摩マッサージを学ぶために日本に来たという。1921（大正10）年エロシェンコは日本を追放されるが、その間大正デモクラシーの風潮の中で詩人秋田雨雀らとの交遊と共に、盲学校関係者へも大きな影響を残した。

　1919（大正8）年中村京太郎により点字新聞『あけぼの』が復刊した。そして1922（大正11）年には大阪毎日新聞社が『点字大阪毎日』を発刊している。

　1923（大正12）年8月には「盲学校及び聾唖学校令」が出された。道府県に盲・聾学校の設置義務が課せられたのである。1924（大正13）年5月には東京盲学校規定が改正され、初等部・中等部・師範部および普通科・鍼按科・音楽科を設置した。修業年限は初等部6年、中等部（職業課程）4年である。1926（大正15）年5月にはマッサージ治療室をつくり、治療を始めている。さらに1927（昭和2）年9月には幼稚園（初等部予科）を設置、1931（昭和6）年12月弱視者が増加したということで、各教室に黒板を備え付けたりもしている。1935（昭和10）年10月には、創立60周年を記念して『東京盲学校六十年史』を発刊した。東京盲学校は、この時代に雑誌『内外盲人教育』『帝国盲教育』『盲教育』『盲教育の友』などを発刊し、全国の盲学校の中心的役割を果たしていったのである。

　しかし、時代はすでに戦争の時代に入っていた。1931（昭和6）年満州事変が勃発し、1937（昭和12）年には日中戦争が始まっていた。この

ような中で、険悪になった日米関係を改善する親善大使として1937（昭和12）年4月ヘレン・ケラーが来日し、来校している。ヘレン・ケラーの滞在4ヵ月の間に、訪問先は各県県庁、新聞社、公立盲・聾学校などで一般の視・聴覚障害者が接する機会はあまりなかったという。斉藤百合の生涯を描いた『光に向かって咲け』には、苦難の中でヘレン・ケラー歓迎の『講演と音楽の夕』をやっと実現していったいきさつが記されている。斉藤百合は、視覚障害女性としてはじめて東京女子大学に入学し、子産み子育ての中で勉学に励み、「陽光会」をつくって視覚障害女性のための教育と福祉の事業を行った先駆者である。

　1938（昭和13）年11月東京盲学校の校内に失明傷痍軍人教育所が設置された。そして、1939（昭和14）年第二次世界大戦がはじまり、1941（昭和16）年に日米開戦、太平洋戦争がはじまった。東京盲学校は、1944（昭和19）年9月には戦争激化のため、静岡県伊豆長岡および富山県宇奈月の二カ所に分かれて、学校として疎開したのである。しかし、幸いなことに校舎は戦災に会わずに残った。そのため、近世以来の視覚障害教育に関する貴重な資料が残ることができた。

4．戦後・東京教育大学附属学校になって

　1945（昭和20）年8月15日第二次世界大戦の敗北によって、大日本帝国は崩壊し、新生の道へと進むことになる。1946（昭和21）年日本国憲法が公布され、1947（昭和22）年教育基本法と学校教育法が公布され、盲・聾学校の就学が義務制となった。

　しかし、早速問題が起こる。1947年9月の鍼灸存続問題である。ＧＨＱは、盲人の鍼を不衛生で危険なものと見なして、やめさせようとしたのである。これに対して、盲人団体や盲教育関係者が激しいデモや陳情

を行って、これをくい止めた。おそらく戦後のこの時期に、カービン銃で武装したGHQに対してデモを行ったのは、盲人の団体だけではなかろうか。

こうした中で、1949（昭和24）年5月国立盲教育学校ならびに同附属盲学校と改称した。そして、1950（昭和25）年4月からは東京教育大学に附置され、東京教育大学国立盲教育学校・同附属盲学校とかわった。さらに1951（昭和26）年4月からは、東京教育大学教育学部特設教員養成部（盲教育部）・同附属盲学校と改称し、両者をあわせて東京教育大学雑司ヶ谷分校と称することになったのである。戦後の教育体系の中に、鍼灸按摩の職業課程とその教員養成をどう位置づけるかは難しい問題であったのか、このような名称変更をたどった。戦前を振り返ったとき、よく、戦前は官立盲学校として格が高かったが、戦後は大学の附属になってしまったといわれる。それは戦前の体系の崩壊としてやむを得ない面があるが、鍼灸按摩の課程が高等学校に位置づけられたのは、今日までの大きな矛盾を抱え込むことになった。

1954（昭和29）年2月火災により寄宿舎の一部及び教員養成部教室・研究室を焼失した。寄宿舎は、1963（昭和38）年3月に全面改修工事を終えた。かつての木造校舎を改築したのは、1966（昭和41）年から1968（昭和43）年3月までのことである。鉄筋コンクリート4階建ての新校舎と体育館兼講堂の、現在の建物になった。以前の旧校舎の車寄せの部分は、愛知県の博物館明治村に移築されていて、今日も見ることができる。

1955（昭和30）年10月附属盲学校の生徒会が呼びかけて、高校の点字教科書について「せめて世間並の値段で、各教科一種類ずつの教科書を」保障して欲しいと、全国盲学校点字教科書問題改善促進協議会（全

点協）が発足した。驚くべきことに、当時高校の点字教科書は、ボランティアに一種類点訳してもらうと、生徒はそれを回して筆写（点写）して自分用の教科書をつくったという。世間には、一教科に付き何種類かの教科書があり、その採択をめぐって汚職が社会問題になっていたのである。この問題は、全国の盲学校の生徒に反響を呼ぶ大運動となって、翌年11月まで続いた。そして、高校の教科書に就学奨励費が出ることで一旦決着がついたわけだが、国立点字出版所を求める声はその後もいろいろな形で続くことになる。

この間附属盲学校は、組織としては、1959（昭和34）年から高等部理療科第二部を設置し、1964（昭和39）年5月には、高等部専攻科リハビリテーション科を新設したりした。そして、1966（昭和41）年1月には日本点字制定70周年を記念し、石川倉次の胸像を設立している。今銅像は、学校の校門を入ってすぐ右側の銀杏の木の根元にたっている。

1968（昭和43）年11月には、附属盲学校は学校創立90周年と新校舎落成を祝い、記念式典を行い、『九〇周年記念誌』を刊行した。

高度経済成長のさなかの時代であり、その矛盾が公害などで問題化したころである。大学紛争が頻発し、世は騒然としていた時代であった。

5．附属盲学校の現代と将来

大学紛争の余波が、盲学校にも押し寄せた。京都や地方でも紛争があったというが、詳細は不明である。附属盲学校では、1972年11月一人の専攻科生の処分問題に端を発し、「盲教育弾劾」をかかげて専攻科生のデモと集会が行われ、高校生の授業放棄に拡大し、一部は中学生にまで波及して、翌年2月に収束した。附属盲学校の教育の面では、歩行訓練・生活訓練など養護・訓練的な教育が始まり、今日の自立活動の時間につ

ながっていくが、当時は教科活動に直接つながる前提の活動として今より広く考えていたと思う。生徒を意識的に外に連れ出し、触らせたり、体験させたりする教育を強く意識したのもこの紛争からであった。この後、一般大学への進学が大きく進み、卒業生の社会運動も活発化した。私は、閉鎖的な盲学校というイメージがはっきりと解体しはじめた事件だったと今考えている。

　1973（昭和48）年4月附属盲学校は、東京教育大学に普通附属とともに直属することになった。この年、筑波大学法案が国会で強行採決され、紛争なき大学を標榜して、10月1日筑波大学が開学する。そして、筑波大学への移行が課題となる。筑波大学への移行は、附属盲学校にとっては雑司ヶ谷分校の解体でもあった。

　この中で、附属盲学校の組織の改編もいくつか続いた。たとえば1974（昭和49）年4月には専攻科理療科第二部を専攻科理療科に、専攻科リハビリテーション科を専攻科理学療法科にそれぞれ改称した。こうして1976（昭和51）年11月には雑司ヶ谷分校創立100周年記念式典を挙行し、創立100周年記念史『視覚障害教育百年のあゆみ』を発刊する。

　1978年3月東京教育大学は閉学して、4月附属盲学校も筑波大学に移行した。東京盲学校を引き継いだ雑司ヶ谷分校はなくなり、理療科教員養成施設と附属盲学校との関係は徐々に薄くなっていったのである。

　1979年には身体障害者短期大学構想が出され、短大反対運動が始まる。身体障害者短期大学構想は、視覚・聴覚障害者のための高等教育機関として当初は広範囲な大学づくりを目ざしていた。そのため附属盲学校として、構想の白紙撤回を求め激しく反対運動を続けていった。現在の筑波技術大学になっていくのだが、反対運動の結果、学科の数など構想は大きく変わっている。これと関連し、短大構想の中心人物が関わってい

た早稲田鍼灸専門学校の按摩科設置反対の運動も起こった。1982年2月附属盲学校は全国に反対運動を呼びかけ、厚生省前に全国43団体240名を集め抗議集会を開くなどして、晴眼養成校の按摩科設置の動きを一つはくい止めることに成功した。

　学校は、1986（昭和61）年に校舎の耐震・耐火性強化のための大型改修工事、1996（平成8）年に寄宿舎の全面改築工事を行った。これが現在の学校と寄宿舎である。そして、11月に創立120周年記念・寄宿舎落成記念式典を挙行し、創立120周年記念誌『今日の視覚障害教育』を発刊している。

　この間1980（昭和55）年からは高等部普通科の学級増がなされ、年次進行で各学年2学級となった。1991（平成3）年には、専攻科理療科の外国人留学生制度が発足し、アジア、アフリカからの留学生が毎年やってくるようになった。そして、2002（平成14）年からは高等部専攻科理療科を鍼灸手技療法科と改称した。小学部は、1992（平成4）年に特別学級を新設し、さらに2004（平成16）年には通級学級が認められた。附属盲学校は大きくかわりつつあった。

　こうした中で附属盲学校では将来計画委員会を発足させ、今後の盲学校のあり方を検討してきた。小学部が定員割れとなり、中学部にも波及しつつあった。高等部は多くの受験生を集めていたが、盲学校全体としては専攻科も含め生徒の定員割れが深刻な問題になっていた。将来計画は、盲学校の形を維持しながら、一般の学校に通学する全盲、弱視の生徒たちへも支援するセンター的役割を果たすこと、視覚障害教育の専門性を維持し、全国の盲学校および視覚障害教育のナショナルセンターとなることなどを確認してきた。

　現在全国の盲学校は、68校2分校である。そのうち、都道府県立が多

く62校、ほとんどが1県1校で、複数ある都道府県もある。他に市立が横浜、大阪、神戸の3校、私立も熊谷、横浜に2校、分校は新潟盲高田と京都盲舞鶴である。盲学校在籍の児童生徒数は、1959（昭和34）年が最大で全国1万264人、現在は3千500人を下回ってしまっている。私たちの経験では、障害に対する保障もほとんどされずに、一般の学校に通学している全盲・弱視の児童・生徒が増えていると思われる。こうした中で附属盲学校は、平成22年度生徒数は195人、全国で最も生徒数の多い盲学校になっている。生徒は全国から集まり、多くの生徒が同じ敷地内である寄宿舎で生活している。附属盲学校の魅力は、今日では友だちがいる、集団が存在することだと言われている。

　2004（平成16）年、学校設置者が国立大学法人に移行し、筑波大学は「国立大学法人筑波大学」となった。また、筑波大学学校教育部は附属学校教育局と改組され、局内に「筑波大学特別支援教育研究センター」も設置された。2007（平成19）年4月には、文部科学省令の改正により、筑波大学附属視覚特別支援学校（通称は筑波大学附属盲学校）と改称した。

　しかし、どのように改称されようとも、唯一の国立の盲学校として、明治の楽善会訓盲院の時代から今日まで、全国の視覚障害教育のナショナルセンターとしての役割を今後とも果たし続けることに変わりはないだろう。盲学校が解体されつつある現在、視覚障害教育の専門性をもつ限り本校の役割はより大きくなっていくに違いない。

主な参考文献

『東京盲学校六十年史』(1935年11月20日)

鈴木力二『図説盲教育史事典』(日本図書センター　1985年6月15日)

『視覚障害教育百年のあゆみ』(第一法規出版株式会社　1976年11月1日)

『今日の視覚障害教育』(第一法規出版株式会社　1996年11月16日)

『日本点字の父　石川倉次先生傳』(1961年11月1日)

『東京教育大学附属聾学校の教育—その百年の歴史—』(1975年11月)

中野善達・加藤康昭『わが国特殊教育の成立』(東峰書房　1967年9月1日)

加藤康昭『盲教育史研究序説』(東峰書房　1972年12月20日)

下田知江『盲界事始め』(あずさ書店　1991年11月25日)

粟津キヨ『光に向って咲け—斎藤百合の生涯—』(岩波書店　1986年6月20日)

山本優子『見はてぬ夢を』(燦葉出版社　2005年6月20日)

大久保利謙『明六社』(講談社　2007年10月10日)

高崎宗司『津田仙評伝』(草風館　2008年3月1日)

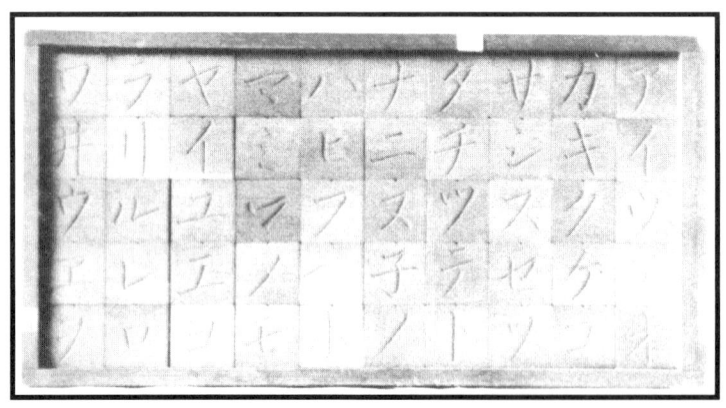

第2章　学校疎開と体験記

1．学校疎開の始まり

元筑波大学附属盲学校教官　山縣久美（やまがたひさよし）

　太平洋戦争が激しさの度合を増し、19年2月に入って、米機動部隊がトラック島を空襲し、「日本海軍の艦船43隻、航空機270機を失う」の記事が、戦災が少しずつ日本国土に向かって近づいていることを知らされた。そして6月には、米軍はマリアナ諸島のサイパン島に上陸して、日本軍守備隊3万人が玉砕したことが報ぜられると、日本々土内の緊張感は急に高まったと思う。その直後、中国の成都から飛んで来た米軍機が、八幡製鉄所を爆撃した。優位な空軍力を誇る米軍は、空から攻撃をかけて軍事基地を破壊し、都市を一夜にして焼き尽くすであろうことは現実に起こり得ることとして、一般の国民にも容易に想像できた。

　かくして8月には、東京の学童疎開第1陣が上野を出発して行った。その後、学童疎開の女児たちが、お手玉の小豆を煮て食べているなどの話が東京にも伝わり、子供達を送り出した親達は涙を流して将来の不安をかこち合った。当時のラジオからは、藤原義江の「少年兵を送る歌」、安西愛子の「ラバウル小唄」「同期の桜」などが時々流れていたように思う。

　このような急に高まる不安に追い立てられて、学童達の集団疎開が7月ごろから開始され、およそ41万人の児童達が親もとを離れて、地方の寺や旅館に疎開して行った。東京盲学校も、それぞれに縁故を頼んで疎開地を探し、7月に入って、上級学年を静岡県田方郡伊豆長岡に、下級学年を富山県下新川郡内山村の宇奈月へ、第1分校・第2分校として疎

開させることを決定した。

　以下疎開地で、それぞれ1年4か月程の間、食糧不足や寒冷などの悪条件と闘った学生や生徒達の手記の一部を紹介する。

―――――以下3編は、東盲宇奈月分校体験者文集「黒部は永久に」より転載（編集部）―――――

2．宇奈月の思い出（第2分校）

土屋昌弘

　――1944年10月より翌年6月まで疎開生活を送った一盲学生の記録――

　昭和12年7月7日に勃発した日支事変は4年5ヶ月を経て昭和16年12月8日米英軍との戦争に移行し大東亜戦争となったあとオランダの参戦をも招く一方、日本はドイツ、イタリアと防共協定を結んだことにより、ついに第2次世界大戦といわれる大戦争の当事者となっていった。日支事変から大東亜戦争の初期にかけては日本軍の勝利がつづき中国や東南アジアの大半を日本が占領し統治するところとなった。しかし、やがて状況は変化し日本本土も連日の爆撃にさらされる惨憺たる有り様となった。そして老人や子供達は田舎へ疎開させられた。

　当時、母校は官立東京盲学校といわれ、中等部鍼按科に入学した私は本校での授業を受けることなく昭和19年10月初等部生や教職員共々草深い富山県宇奈月へ疎開した。まだ幼い子供達までが親兄弟と離れ知らぬ土地で暮らさなければならなかったが、それもひとえに戦争故であった。

　わずかに視力のあった私は列車の窓から眺める灰色の空と日本海とに一抹の郷愁をそえたものであった。

　北陸線の三日市で富山電鉄に乗り換えて宇奈月に着き、十数時間の旅

がやっと終わった。

　恒春館という旅館を借りて宇奈月分校とした。あまり大きくはない古い建物だが、そこの２階の14号室がわれわれ、すなわち黒木、遠藤、榎本と私の４人の部屋となった。一つでも年長と言うことで私が室長とされた。

　この部屋の４人はいずれも普通の小学校を経て入ってきた、いわゆる半盲の元気の良い者同士だった。その中でも私は商業を１年で中退してきていたので普通学科の方はそれだけ楽だった。とはいえ授業を受けようにも教科書が無く上級生から借りて読むような始末だった。

　　　　☆

11月になると時おり雪がちらつきだしたが、その中で大根をあらって両端を縄で縛りたくあん漬けの冬支度に備える仕事を手伝わされた。

　毎日の食事は育ち盛りの我々の食欲を満たしてはくれなかったので山からイタドリの葉を取ってきて食べたり、家から煎り大豆や乾燥芋などを送ってもらって補足し空腹をしのいだ。

　洗剤が足りなかったせいかしらみが大発生し、ほとほと困った。ことに女子などは髪の毛の中まで入り、すき櫛で解かしながらしらみ退治に励んだ。

　12月８日、それは大東亜戦争の始まった日なので、この日を大詔奉戴日と称して学校では式典が行われた。

　ところが校長がおごそかに教育勅語を朗読しているさなか、あちらこちらで、バタンバタンと倒れる音がした。いつもの朝礼でも、たまには１人２人、脳貧血をおこしてたおれるようなことはあったが、この日のように続けさまに倒れるというのは珍しかった。

　そのうち、おなかが痛い、気持ちが悪い、といい出すものが大勢出て

きた。私も何となく気分が悪くなり便所にかけこんだ。原因は朝食のみそ汁の実に使われたきのこであった。植物の先生が山で採取してきたキノコが毒キノコだったのである。幸いにして死者は出なかった。

やがて昭和20年の正月を迎えた。やっと帰省の許可を貰って母や弟の待つ東京へ帰り2週間ほど過ごした。

そして再び宇奈月へ戻るときが来た。

どこで工面したものか母は赤飯を炊き、おにぎりを沢山作ってくれた。

上野発午後9時の北陸線経由大阪ゆきの列車に乗った。が、私の乗った車両は最後尾だったので横川の駅で切り離され

「前の方へ移ってください。」

といわれた。しかし前の車両もすでに満員で乗れず、やむなく1時間ほど待って次の列車の洗面室にやっと割り込んだ。その立ちどおしのまま、どうにか直江津までは来たものの、そこから先は大雪のため進めずラッセル車などでその雪が除かれて列車が動き出すまでまた何時間か待たねばならなかった。

三日市に着いたのは午後8時だった。

だが、そうした一昼夜近くも立ちどおしという辛苦の末にたどりついたというのに何故か駅には全く人気がなかった。どうしたことかと途方に暮れていると

「土屋じゃないか。」

と声をかけてくれる人がいた。上級生の植草さんだった。ああ、よかったと安堵し、一緒に駅前の旅館へ行ってみると、そこには東盲の生徒が何人か来ていた。一晩泊まって翌朝宇奈月へ向かうつもりだったが雪のため富山電鉄は不通だという。折角ここまで来たのだが宇奈月へ行く手

段がないのでは再び東京へ引き返すしかないと思い、先に来ていた榎本君と一緒に東京行きの切符を買いに行った。するとそこへ後から、また何人か東盲の生徒がやってきて

　「案内人を頼んで宇奈月まで歩こう。」
というのである。そうしようと賛成する者も多かったので結局もう1泊して翌朝早く徒歩で宇奈月へ向かった。約7里すなわち28キロほどの道程である。しかし、互いに励ましながらの行軍とはいえ大雪のつもったその道を不馴れな上に目の不確かな我々が歩くというのは、並大抵のことではなかった。特に黒部川の鉄橋の枕木を渡るときはかなり身の危険を覚えた。

　それでもとにかく、全員無事なんとかその日のうちに宇奈月へ着くことが出来た。

　　　　　☆

　雪に埋もれた宇奈月の生活だけに春の訪れはひとしお待ち遠しかったが、それでも子供達は皆元気だった。3月にはささやかながら、ひな祭りも行われた。私は幼い頃からハーモニカを吹いていたので演芸会などにはよく演奏した。

　演芸会といえば我々のクラスで芝居を演じたことも覚えている。山中鹿之助の「舞子が浜の場」という演目で、遠藤君が鹿之助、私が菊池音八という豪傑の役割だった。この芝居にはよろいが入り用だったが上級生がボール紙で作ってくれ、そこに色紙を貼り付けて竜虎の絵を描くと結構立派なものができあがった。それをつけて舞台の上で大立ち回りをしたものだから皆歓声を上げて喜んでくれた。もとより歌舞伎の好きだった野本先生からもお褒めの言葉を頂いた。

　それから、また卒業生を送るお別れ会には我々のクラスとしてハーモ

ニカ、アコーデオン、それに洗面器や空き缶を叩いてのがらくたバンドで懐メロを演奏すると、これも卒業生から大喝采を受けた。

☆

さて、この項の最後にもう一つどうしても書き残しておきたい出来事がある。それは、私を含む９名のものが同時に体験した「山登り」の１件である。

昭和20年４月29日、当時はこの日を天長節とよんでいた。朝の式典が終わり皇后陛下より頂いた恩賜のお菓子をポケットに入れて宇奈月公園へ遊びに行った。

もう、この頃には、あたりの雪もあらかた消え、朝から珍しいほど晴れ渡っていた。とはいえ、廻りの山々は無論まだほとんど雪をかぶったままだった。その中に一つだけ雪のない山を見つけ

「あの山へ登ってみないか！」

と誰かが言い出すと皆がそれに同調し、登ることになった。

宇奈月川にかかる吊り橋を渡って山道に入っていった。が、しばらく登っていくうち、その道は、なくなってしまった。樹木もろくにないような所を、それでも我々は山肌に生えている草の根をつかみながらはい上がっていった。

「あそこに家がある。道をきいてみよう。」

と、言い出す者があったので、それをめがけて登っていったが近づいてみるとそれはただ、それらしい形をした雪渓に過ぎなかった。しかし、もう少し登れば頂上に出るだろうから道も分かるに違いないと、なおも懸命にはいつくばって登った。

そのように必死で登ってゆく我々の傍らを、すさまじい勢いで駆け上がってゆくものがいた。見ると２人の少女である。１人は 13、4、もう

1人は11、2で、ともに赤いセーターと黒いズボンを身につけ、まるで飛鳥のような身軽さで駆け抜けてゆく、その様は、いくら土地に馴れた子供のことだからと理由付けをしようとしてもとうてい割り切れぬものであった。その人間業とは思えぬ素早さで、たちまち我々を追い抜き、先の方で笑っている。

「ちくしょう、負けるもんか。」
とばかり、我々少年達も力を振り絞ってその後を追った。

だが、それと思えたあたりまで行ってみるといつの間にか少女達の姿はなくなっていた。身を隠せる樹木も岩陰もあるわけではなかった。あれは一体何だったのだろう。不思議なこともあるものだと我々はそれぞれ心の内で思い合った。

やや平らなところに出たので、みな腰をおろして休んだ。もはや夕陽が西空に傾きかける時刻になっていた。静寂に包まれた、このおかしがたいまでに清らかな山の上で、このままいつまでも青春の熱き思いを分かち合っていたいという気持ちは誰の胸にも溢れていた。

だが、早く下りないと日が暮れてしまう。夜になって熊でも出てきたらどうしようかといった不安もよぎった。

「もう下りよう。」

誰かが言い出したのを合図に、いっせいにあとずさりして山を下り始めた。

「あっ、誰か落ちた。」

山の斜面を滑り落ちていったのはE君だった。が、彼は危ういところでバラの木に引っかかって踏みとどまることが出来た。そこから下は文字どおり断崖絶壁だったのである。おまけに、その谷底からはなにやら

「ヤッホー、やっほー」

という不気味な声さえ聞こえるような気がした。

　そんな次第で、そこから下へは一歩も進めないのでやむなく我々は横へ横へと伝い歩きを始めた。もうすっかり日は暮れたが、幸いその夜は月が出ていて真の闇夜ではなかった。

　「あっ、宇奈月川が見える。」

と、誰かが叫ぶ。見れば確かにそれはキラキラと水面に月を浮かべた宇奈月川だった。誰もが小躍りしたいような思いで、その川を目指して下りた。そしてついに山裾の畑の土を踏むことが出来た。ああ、これで帰れると思った。

　提灯を持った村人が何人か途中まで迎えに来てくれた。

　分校に戻った我々は当然ながら教官室に呼ばれてコンコンとお説教された。

　そのあとで涙ながらに晩飯を食べた。その涙ながらの晩飯の中身は全く覚えていないが先生のお説教の方は今になっても忘れることが出来ない。

　「あの山は立山の裏街道に通ずるところで、有名な登山家でさえ遭難している。何はともあれ全員無事に帰ってこられたのだから良かったようなものだが、あそこは装備もなく普段着のままで登ると山の精に出会うことがあるといわれている。一方では、また、それは山で遭難した人の霊だという人もいる。」

　富山出身で地元の山の事情にも当然通じているはずの、その先生の言葉は、我々9名のメンバーが、ほんの数時間前に目の当たりにしたばかりの不思議な光景を、身の毛がよだつほどの生々しさで、再び各自の胸によみがえらせたものであった。

　子を持ち孫を持つ身になった現在の私は、いかに若気の至りとはいえ、

良くもあんなに多くの人に心配をかけるようなことが出来たものだという反省のために身のちぢむ想いである。あの日の記憶だけは56年を経過した今でも、少しも薄れることがない。

私は家庭の事情で、その年の6月に学校を去ることになって帰郷した。

帰り際に榊原分校長から

「いつでも、また学校へ来たくなったら戻ってこいよ。」

と、やさしく暖かい言葉をかけて頂いた。お世話になった寮母さんや多くの友だちが宇奈月駅まで見送りに来てくれた。

☆

その後、私は再び学校へ戻ることはなかったし、当時の人たちと会うこともほとんどない。しかし、このように宇奈月の思い出は当時のまま胸深く刻み込まれているのである。

2001(平成13)年8月

3．今、宇奈月を思う（第2分校）

元文京盲学校教諭　佐野昭典

昭和18年（1943）に入った頃には、米・英国の圧倒的優勢が明らかになってきたことは子供心にも分かった。昭和19年（1944）4月からは東京盲学校は休校になり、夏頃には集団疎開をすることが決まった。

鍼按師範部は伊豆長岡へ、初等部、中等部、普通師範部は富山県下新川郡内山村の宇奈月温泉の恒春館に集団疎開をすることになった。

物資欠乏、耐乏生活の中での疎開準備は大変だった。大勢口は何とか養えても、その中から一人分の疎開のための経費を工面するのは、さぞ

かし困難だったことだろう。すこしばかりの荷物の中に母の手作りのさらしやネルの肌着のあったことは忘れない。

10月の初め、親や兄弟に付き添われた一行は、13時間余の汽車の旅を終え、宇奈月温泉恒春館という旅館に落ちついた。

宇奈月分校と呼ぶことになった。

私たちは中等部1年。ずいぶん遠くへ来たものだなあと思いつつも、仲良しの友だちや新しく同級生に加わった若くて元気の良い仲間といっしょに生活できる期待と喜びに、胸ふくらむ思いがあった。ただ、幼い初等部低学年の児童が痛々しくかわいそうに思えてならなかった。

宇奈月分校は古い2階建ての木造の恒春館別館で、大小の和室が上下通して32号まであり、便所は2階に1カ所、風呂場は階下にある粗末な建物だった。しかし正直な話、それでもせまい借家暮らしになれていた私などには、14畳の居室、兼教室、兼遊び場は贅沢と思えるほど広々していた。

昭和19年（1944）から20年（1945）にかけての冬の宇奈月は大雪の降る土地柄にしても珍しいほどの豪雪だった。恒春館は結局2階の屋根まで雪に埋まった。それでも雪かきをして2階の窓からは何とか光りが入るようにすることが出来たが、私たちの部屋のある1階は正月には、もう、埋もれて真っ暗だった。

東京暮らしの私たちにとって予想もつかなかったこの大雪は驚異だった。外へ出るには雪の階段を上がるのだ。雪道は電線と同じ高さだった。そんな危なくて馴れない雪道でも私たちは出歩かずには居られなかった。そして時には乏しい小遣いをはたいて、ひっそりと営業しているうどん屋や一杯飯屋にゆき空き腹を慰めたものであった。

1階の窓から手を出して穴を掘り、きれいだと思えるあたりの雪をつ

かみ取ってはよく食べた。シャーベット状になっているそれに砂糖をかけて食べたらどんなにうまいだろうなあと思ったものである。

　冬休みには上級生と半盲生（今なら弱視という）などは帰省したが1月になると宇奈月電鉄が不通になると聞かされたこと等から、私たち全盲生や初等部生の殆どは分校に残り、親元を離れての初めての正月を送った。

　寒さには実のところ閉口したが先生方や寮母さんのおかげで案外楽しく過ごしたように覚えている。

　雪に埋もれての3学期は寒さの他にシラミの大発生と皮膚病のカイセン（ヒゼン）にも悩まされた。シラミは雪漬けにしても熱湯をかけても絶えることはなかった。放課後になると、かゆみを紛らす傍ら他に遊びの方法とて思いつかないこともあって、毎日のように本館にある大風呂に行き夕食時まで過ごした。ぬるま湯だったのと外からの客がほとんど来なかったのがせめてもの幸せだった。

　食糧事情は、富山県出身の片山先生のご尽力や地元のご厚意もあって、米などの主食にしても、大根などの野菜やカワハギ、鯖、鯵などの蛋白源にしても、不十分ながら当時としては恵まれていたと思う。それでも倉庫からさつまいもを盗み出して生で食べたための天罰と自ら信じ込んだまま、1人の上級生が腸捻転で死ぬといった空腹に絡む悲惨な事件が起こってしまった。

　3月の終わりになると温かい日ざしが戻ってきた。5メートル余りもあった積雪も4月半ばには嘘のように消え去っていった。日ざしがまぶしく、その暖かさが若い体と心をうきうきさせ息吹を吹き込んでくれるようで嬉しかった。

　　　☆

4月29日(天長節)。それはきれいに晴れたうららかな春日和だった。

　私たち2年生になったばかりの男子9名（一樹修徳、榎本勇、遠藤唯男、木村康蔵、黒木茂、佐野昭典、高橋巌、土屋昌弘、長尾栄一）の同期生は、イタドリでも取りに行こうかと外出許可も取らず気軽に飛び出した。

　近くには黒部川の急流があったし、授業でよく使う宇奈月公園があった。急流に足を入れて遊んだり、また立山の麓を散策しつつ、まだそれほど伸びていないイタドリを取って食べたり、ノビルや芹を土産にしようと集め回った。

　午後の日ざしは明るく温かかった。さわやかに澄んだ大気の感触は今も忘れられない。

　誰からともなく

　「この山に登ってみよう」

ということになった。立山の裏街道は険しく、遭難が多いところだと、富山県人の先生から聞いていたので皆興味を持っていた。裏街道だから道はついていない。斜面は急で、ちょうど滑り台を逆に登る感じだった。

　元気な半盲生が2人先に立ち、私たち全盲はその後に続くといった形で、2人3人とせまい間隔を取り声を掛け合いながら登り始めた。ふつうは山登りといえばジグザグに登っていくのだが、私たちは枯れ木や枯れ草を分けて、ほぼまっすぐに登っていった。手をつないだり、ひもでつながったりは出来ない状態だから、つかず離れずにまとまりを保つように気を付けあった。

　冬中鬱積していたエネルギーをほとばしらせるように私たち全盲生も負けずに続いた。雪はなかったが枯れ木や枯れ草と共に滑り落ちてはまた登り、湿った土をつかみつつ四つ這いになって登ることの方が多かっ

た。
「おおい　頂上が見えるぞ」
「あそこまで行ったら休もうか」
　半盲生の声に勇気付き一段とスピードを上げる。しかしついたところはちょっとした平地に過ぎず、頂上などではなかったのだ。さすがに疲れては居たが引き返そうというような気配も見せない。
「さあ行こう」
また、グングン登る。ゴーゴーと聞こえる黒部の流れが後押ししてくれるようであった。小鳥の声はほとんど聞かなかった。
「おおい　また頂上みたいなところが見えてきたぞー。元気を出せー」
　そんなかけ声を４、５回も聞きながら、ずいぶんと登ってしまった。
「おおい、暗くなってきたぞー。大変だ。速く下りないと真っ暗になっちゃう。」
　成り行き任せの無計画な企てだから、時間など全く気にしていなかったが２時間くらいで500メートルも登ってきたのか。疲れた体を休める閑もなく早速下りにかかる。下りの方が危険なことはさすがにみんな承知していた。半盲６人が先に立ち下りる方向を定めつつ行く。全盲３人は少しひ弱なＩ君を中に横隊で後に続く。私たちは最善の策と思い四つ這いになって、斜面に体を密着させるようにしながら、足からずるずると滑り下りていった。
　ゴーゴーたる黒部の流れも今は真下に迫るかのように響き、さながら引き込まれでもしそうな恐れを抱かせる。
　半盲の諸君は一定の間隔を取りながら下り、行く手の安全性を確かめてはそれを大声でみんなに告げてくれる。
「崖みたいだぞ。止まれ。ずーっと右へ動くぞー」

「つかまる木がないから、ちょっと待って。みんな大丈夫か。絶対に離れるな！」

　半盲生の声を便りに励まされて、必死だった。みんなで大きな声を出して元気を鼓舞した。10メートル以上も滑り落ちて行くことも何回かあり、助けに行ってはまた隊列を整えて進む。そんなことの繰り返しのうちにも暗さが増していった。

　そのように奮闘しているときだった。急斜面を駆け上がり駆け下り、小鳥のように身軽に飛び回る生き物を見た。思わず足を止めて注目した。子供か若い女性のような甲高い奇声を発しながら私たちの廻りを飛び交う様には、呆気にとられてしまった。私たちをあざけるかのようにも思えたし、励ましに来てくれたようでもあった。誰も声をかけるゆとりなどないうちに、その姿も声も、アッという間に消え去った。

　夢のような２、30秒間の出来事に思えた。
　「とても人間業じゃないな」
　「あれは山の精かも！」
　「そうだ、山の精に違いない」
　「不思議だなあ」
　素晴らしいものに出会えた興奮。私たちは感動の声を上げた。また元気がわき上がってきたのだ。
　「もう真っ暗になるぞ。離れちゃあダメだぞ。」
　「声を掛け合って、頑張っていこう」
　半盲生だって見えないのだ。みんな同じ条件になってしまった。一人でも離れたら大変だ。かといって手をつないだらかえって危ないから、みんなの声と個々の力を振り絞ってのつながりを信じながら、斜面をつかむように、必死にあわてずに下っていった。

「おおい、平らになったぞ！麓についたようだ」
「バンザーイ！バンザーイ！」

みんなで手を取り合い歓声を上げた。

春の日は山の端に落ちて真っ暗だったという。

ああ、何という幸運なことか！あんなに右往左往しながら夢中で下りてきたのに、登り始めたところとそう離れていない地点に降り立つことが出来たなんて！私は山の精が守ってくれたのだ、さもなければ脱落者が出たかも知れない、と感動した。

「そうだ。佐野も長尾もみんなよく頑張ったなあ。擦り傷ぐらいですんだんだなあ」

黒木君や土屋君たちが口々にいってくれた。

腕を組み合い分校へ戻ったのは夕食がとっくに済んで8時近くにもなっていただろう。

分校では同級生の女子が

「山に登りたいっていってたから、もしかしたら‥‥‥‥」

と、先生に話したようで大変な騒ぎになっていた。警察に捜索願を出し、分校長は腹を切る覚悟で待っていたという。2階の分校長の部屋には先生方を初め同級生や上級生が大勢集まっていた。畳に正座した私たちは、こもごも、無断外出をお詫びし、また山の上りや下り、特に下りの危険だった経験を話した。無茶をした自分たちを反省する気持ちよりも、力を合わせた結果として無事に帰ってこられたのだという感激の方が勝り、みんな涙ぐみつつ話を続けた。同級生の女子も泣いてくれた。すぐ上のクラスとはよく喧嘩をしたが、最上級生はやんちゃな私たちのクラスに目をかけ可愛がってくれていた。

「良く無事に帰ってきてくれた！」

しみじみ、そう思ってくださったのだろう、先生方も上級生も私たちを叱らなかった。手足の擦り傷に赤チンがしみたし
「破れたズボンを後で持ってらっしゃい」と、優しかった寮母さんの声が忘れられない。
　胸はいっぱい、腹は空っぽ。遅い夕食のおいしかったこと。
　――若い時だからこそ出来た暴挙。実は山の怖さを知らない者の全くの暴挙だった。団結の力の素晴らしさを身を以て味わった私たちの絆が一層強固になっていったのは言うまでもない。
　そんなカラーを持ったクラスだったから、その後中等部でも、また師範部に入って新たに強力な仲間を加えてからは、なおさらに学校側を困らせるような、あるいは学校が一旦決めた大方針を撤回させる運動をするなど、騒動や事件を起こしたものだった。
　私たちはいつでも目的を果たさずには終わらなかったのである。それらのエピソードについても書きたいところだが‥‥‥。
　そうだ。あのとき先頭に立ってみんなを引っ張ってくれた黒木君。木村君。ひ弱な体で良く頑張った一樹君。無事帰ったことを泣いて喜んでくれた矢頭さん。市川さん達はいずれも今はもういない。
　昔のことが思い出されたり、また、それをよく口にするようになったりすると年を取った証拠だという。確かに私もそういう年になってしまった。良い思い出は不思議にいつまでも消えないものだ。素晴らしく生きた過去を思いしのび、一緒にあれもこれも築いてくれた友を大切にし、これからの１日１日をしっかりと過ごしたいと願っているこの頃である。
　（尚、この一文は５年ほど前に、ある団体の機関誌に載せたものであることをお断りしておく。）

2001（平成13）年

4．宇奈月を偲ぶ（第2分校）

元附属盲学校教官　島田保男

はじめに

　この度、私の大切な親友の一人である小笠原秋一さんの呼びかけにより、宇奈月の恒春館の屋根の下で同じ釜の飯を食べた多くの先輩や後輩からの文章を集め文集が出来ることとなり、心から喜んでいるところである。

　宇奈月は私にとっての第2の故郷であり、当時のことを忘れないようにしたいと思ってはいるものの、私は初等部3～4年生で物心も付かない頃であった為、しっかりした記憶にかける。

　そこで疎開地での生活の記録を見つけたいと思い探してみたが見つからなかった。

　この機会に皆様方にお願いし、出来るだけ誤りのない記録を作りたいと思い、私がそのたたき台を書いてみようと思うので、是非皆様からの訂正や追加事項があれば、私宛にお送り頂けたら幸いに思う。

　この企画を立ててくれた小笠原さんに再度心より感謝する。

(1) 学校から宇奈月へ

　第二次世界大戦の暗雲が、次第に深まってきた昭和19年（1944年）10月3日の夕刻、私たちは官立東京盲学校の校庭に集合し、中等部（現在の中学部）1年から4年生までは都電で、初等部（現在の小学部）2年から6年生までは目白まで歩き、目白駅から省線電車で上野へ向かった。そこで中等部生と合流し、信越線回りの夜行列車に乗り、4日の朝、三日市で富山電鉄に乗り換えて終点の宇奈月に到着した。

　駅頭には大きなキンモクセイの木があり、その甘い香りが漂っていた

のを覚えている。

　疎開地の住所は富山県下新川郡内山村宇奈月恒春館であった。恒春館は湯治客用に並列して建てられている木造2階建ての旅館の1棟を借り切って第2分校としたものであった。構造は1階も2階もほぼ同じで、廊下を中にして南側と北側に6畳と8畳の部屋が並んでおり、障子を開けると廊下だった。2階の南側に1号から9号室、北側に10号から17号室、炊事場、トイレがあり、初等部と中等部の女子生徒、それに教員の一部がおり、1階には18号から32号室までと浴室があり、中等部の男子生徒と教員の一部が住んでいた。

　東京から運んでいった教材はアップライトのピアノが1台、琴数面と三弦数竿だけで鍼按科用の教材は何もなかった。

　伊豆長岡の師範部が疎開したところを第1分校といい、宇奈月を第2分校と呼んだ。

　宇奈月は黒部川に接し周囲は山に囲まれた盆地で、街のどこを歩いていても黒部川の清流の響きが聞こえていた。

(2) 疎開地の教職員と生徒

　　教員は7名＝分校長・榊原清、副校長・鶴見明音、
　　　　　　　舎監・片山源二（以上普通科）、
　　　　　　　野本光弥、雨野徳太郎（以上鍼按科）
　　　　　　　齋藤正一（松声）、村田敬子（以上音楽科）
　　寮母2名　＝本多君江（現・近藤）、
　　　　　　　一色俊子（現・海保）
　　炊事夫1名＝井上清五郎
　　普通師（昭和19年度）8名＝大沢由子（現・大野）、加藤俊子（現・

河津)、井久間富子、和田久子、木下美津枝、中村好宣、吉江吉保、川俣・・・。

ほかに近くに疎開していた失明軍人寮から講師として芹沢勝助、小池・・・先生が来られた。

昭和19年度の生徒数は74名ほどで、そのうち初等部は本来3年以上を疎開の対象とするはずであったが、寮母の妹が2年生であった関係から2年以上という事になった。

初等部＝2年3名、3年5名、4年3名、5年5名、6年4名、計20名であった。

中等部については余り確かではないが、1年19名、2年9名、3年10名、4年16名ではなかったかと思う。

それに教員の家族が10名程度加わり、総勢100名を超える世帯であった。また翌年3月の卒業式を経て、新学期には普通師に3名の入学があったほか東京から19年度を休学した生徒が何名か入って来たので、宇奈月の生活を体験した者の人数は合計110名を超えたことになる。

(3) 日常生活

6時起床。朝礼とラジオ体操（宇奈月公園。天気の悪い日は2階の廊下で行う）。7時朝食。午前中4時間。昼食後2時間授業（居室に食卓を置き、その周囲に座布団を敷き正座しての授業）。授業開始や終了、食事、起床、就寝などを知らせるのは「チリン、チリン」と鳴る手で振るベルの音であった。

外来患者に理療実習を行う治療室も別館（元湯）の2階にあり、中等部4年生が担当し、そのことで町の人とも知り合いご馳走にもあずかったと聞いている。普通授業も専門授業も実技も空き時間などはなくきち

んと行われた。しかし雪が降るようになると屋根に積もった雪下ろし、食料の運搬や貯蔵、糞尿の処理（当時汲み取り式の掃除屋が用いていた肥樽で120樽分を雪に穴を掘り1ケ所に埋めた）等々、中等部4年生が中心になって行ったので授業にならなかったこともあったようだ。中等部の下級生は専門科目も実技（上級生を患者にして）も充実して行われた。

音楽科生は、琴や三弦の授業は生徒の部屋で行われたので、一日中休みの日でも琴の音が絶えなかった。

初等部の2年から4年までは普通師範の先生が全科目を担当したが、5、6年は普通科の教員が教えた。

6時夕食。夕食後読書会（寮母や中等部4年生が朗読をしてくれた）があった。自習時間。各部屋の前の廊下に並んでの点検、消灯が9時になった。

(4) 印象に残る主な出来事

昭和19年11月3日から雪が降り始めた。この年は60年ぶりの大雪とのことで、2階の窓から出入りできるほどつもった。1階の窓は全て板を張ってガラスが割れるのを防ぎ、暗いので昼間から電灯をつけっぱなしだった。

温泉は湯元から引いている木管が雪の重さで破壊されて出なくなったため、中等部4年生が、炊事場に持ち込んだドラム缶で沸かした湯を、人海戦術で狭い廊下や階段を通って風呂場まで運び下ろすといった方法で、2人ずつ風呂にはいるようなことが1日置きに行われた時期があった。

私の足は両方ともしもやけで丸く腫れ上がり、歩くと痛み、夜床に入

って暖まるとかゆくなった。それで朝、廊下で素足で体操をするのがとても辛かったので、ある時廊下に座布団を敷き、その上で体操をすれば冷たさも感じなくてすむのだと考えつき、こんな事に何でもっと早く気づかなかったのかと喜んで実行に移した。ところがたちまち鶴見先生に見つかってしまい、先生の部屋に呼ばれて

「日本の兵隊さんは厳しい戦争で命をかけて敵と戦っている、この時期に座布団を敷いて体操をするなんて、とんでもない・・・」
と、1時間以上立たされ、たっぷり叱られてしまった。

私たちはまだ変声期を迎えていなかったが、同級生の中で新貝正和君だけは背も高くおとなの声をしていた。

遊ぶ時間はたっぷりあったが、遊び道具はほとんどなく手製のトランプや飛行機合わせ（家族あわせのように飛行機を4つの部分に分け、ゼロ戦を集めたら何点、飛竜をそろえたら何点と競う）、動物あわせなどのカード遊びをしていた。

ある日、新貝君の所に、トランクのように外面は皮を貼った、手巻きの蓄音機とレコード1箱（数十枚）が家から送られてきた。その曲は全て歌謡曲で「人妻椿」「二人は若い」「男の純情」・・・などであった。私たちは意味も分からず6号室に集まって楽しく聞いていたら、担任の大沢先生があわてて駆け込んできて蓄音機とレコードをご自分の部屋に持って帰ってしまわれた。その後、新貝君は鶴見先生に呼び出され大変なお小言を頂いた上、退学しなさいと言われ、しょんぼりと部屋に戻ってきた。一緒にレコードを聴いた仲間達で集まって相談し、私が鶴見先生の部屋に行って

「どうか新貝君をやめさせないでください。彼をやめさせるのなら僕たちみんなも学校をやめます。」

と言った。そのせいもあってか、彼への厳重注意で許された。

　後年彼は酒に酔うと

　「おまえに救われた」

と、よくこの話をする。

　シラミが異常に増え、衣服の縫い目にはその卵がびっしり着いた。衣服を雪の中に埋め3日ほど置いてみても、煮え湯につけてみても、シラミは絶滅しなかった。

　暖房は各部屋に、四角形の、外側は木で出来た1辺60センチぐらいの火鉢があるだけで、毎朝火種と1日分の炭が上級生によって配られた。火鉢は夜の点検前に各部屋の前の廊下に、丸い金属製のふたをして出した。後は火の気のない雪の中で黒部川の瀬音や北風のうなり、そして遠く雪崩の落ちる音などを聞きながら丸くなって眠りについたものだった。

　食事は量が少なかった。そのため中等部4年生などは朝食を交代制で食べたそうだ。1人が3人分食べる朝は、食べられない2人は布団の中で寝ていたと聞いている。

　食器の数は3個で主食、汁物、おかずで同じ野菜類が続いて出た。大根、冬瓜、芋類（里芋、さつま芋、じゃが芋）、大根の葉、さつま芋のつるなど。魚はカワハギ、フクラギ（ブリの子）といったおかずで、主食は混ぜご飯や雑炊が多かった。一番ひどかったときは、じゃが芋4個だけの昼食ということがあった。

　昭和19年の冬休みは中等部生の帰郷は許されたものの初等生は空襲があり危険だからと言う理由で帰郷は許されなかった。その代わりとして慰問部隊と称して父兄が沢山の菓子（乾燥芋、いり大豆、せんべいなど）や衣服を背負ってきてくれた。2、3日泊まり帰るときには、雪で富山電鉄が走らず線路の中を歩いて帰るのを、窓をいっぱいに開け、さ

ようならを繰り返し、声が遠ざかって聞こえなくなるまで手を振って別れを惜しんだ。見送った後は急に寂しさが襲ってきて涙を流した。

雪が消えたのは5月に入ってからで椿、さくら、ツツジバラがいっせいに開花した。

課外授業としては学芸会があり、生徒や寮母が脚本を書いて沢山の劇を演じたり、歌や筝曲の演奏があった。

雪がとけてからは月に一度の行軍といって、遠くは鮎元の変電所まで、往復軍歌を歌いながら歩いた。

音楽会は延対寺の本堂で開いた。運動会は宇奈月公園で行った。

遠足では滑川へ潮干狩りに行き、肩まで潜って取った大漁のアサリを持ち帰り、翌朝のみそ汁にしてもらって食べた。

あまりのひもじさに絶えかねて、理科の観察用に畑で作ってあった胡瓜のなっている所を覚えておき、夜中に友だちと一緒に窓から抜け出し、溝や池に落ちぬようポケットにいっぱい詰め込んだ石を投げて確認しながら、やっとの思いでたどり着きありついた、あのときの胡瓜のうまかったことといったら未だに忘れることが出来ない。

私は同室の友だちを驚かしてやろうと押入に隠れている間に眠ってしまい、担任を初め寮母達が青くなって捜し回るといった事件を起こし、心配をかけたこともあった。

昭和20年8月15日は旧のお盆で昼食におはぎが出たのでとても嬉しかった。生徒一同1台しかないラジオのある部屋に集まって、玉音放送を聞いた。雑音がひどく天皇の言葉は聞き取れなかったが女子生徒がいっせいに声を上げて泣き崩れた。日本が戦争に負け無条件降伏、それが悲しくて泣いているのだと言うことが分かった。しかし私は「これで両親の元に帰ることが出来る嬉しいな」と思い、何故泣くのか分からなか

った。

当時の私の好きな軍歌に「勝ち抜く僕ら小国民」と言うのがあった。歌詞は

　　　勝ち抜く僕ら小国民
　　　天皇陛下の御為に
　　　死ねと教えた父母の
　　　赤い血潮を受け継いで
　　　心に決死の白だすき
　　　かけて勇んで突撃だ

（2番以降は忘れてしまった）

もう、これからは死なないで良いなとも思った。死ぬのは怖かった。

12月に入り友だちは続々と家から迎えが来て帰っていったが、私の家からは迎えが来なかった。空襲で2度も家が焼かれ、しばらく防空壕暮らしをした後、焼け跡に父が手作りのバラック小屋を建ててから迎えに来たので、15日頃だったと思う。

家の廻りは畑ばかりで、家はまばらになっていた。

昭和21年、中等部は3学期も宇奈月で授業を行ったが、初等部は3学期は自宅学習となった。

私にとって苦しいことも楽しいこともあり、懐かしい第2の故郷である宇奈月の街が昭和21年5月21日の大火災によりほとんどが焼失してしまった。

数年前、宇奈月へ行ったが恒春館のあとにはニュー・グランドホテルがそびえ立っていて昔の面影はなかった。

最後に分校数え歌を記す。

[分校数え歌]

一つとせ　人もうらやむ新家庭
　　　　　親父はにこにこ分校長
　　　　　とこ榊原さん

二つとせ　日本一の按摩さん
　　　　　宇奈月なりゃこそ人も言う
　　　　　とこ野本さん

三つとせ　みんな頑張れと大声で
　　　　　大根運びに汗をかく
　　　　　とこ片山さん

四つとせ　四つの眼を光らせて
　　　　　説教自慢の和尚さん
　　　　　とこ鶴見さん

五つとせ　いつも頸まげ思案顔
　　　　　お琴の作曲余念なし
　　　　　とこ齋藤さん

六つとせ　虫の鳴く音かソプラノか
　　　　　東盲一の声自慢
　　　　　とこ村田さん

七つとせ　何が何だと訊ねれば
　　　　　あれはコウだと理屈詰め
　　　　　とこ雨野さん

八つとせ　焼芋出されりゃ大沢さん
　　　　　鍵盤叩いて加藤さん
　　　　　とこ15号

九つとせ　小粒で辛いお姉さん
　　　　　玉と転がる炊事場で
　　　　　とこ本多さん
十とせ　　とうとう来ました宇奈月で
　　　　　日本勝つまで頑張るぞ
　　　　　とこ恒春館

2001(平成13)年10月

――――以下2編は、卒後55周年記念文集「きずな」より転載（編集部）――――

5．学校疎開のこと（第1分校）

元筑波大学附属盲学校教官　山縣久美

　太平洋戦争がしだいに激しさを増し、東京にも空襲警報が発令されるようになって、東京盲学校もついに疎開せざるを得なくなった。昭和19年9月、師範部の鍼按科と音楽科は第1分校として、静岡県田方郡伊豆長岡町に、師範部普通科と初等部・中等部は第2分校として、富山県下新川郡内山村宇奈月にそれぞれ仮校舎が設定された。

　疎開地の選定に当たっては、当時の教頭末久二男先生が、片山昇校長の指示を受けて函南・田方地方の知己をたずね歩いて決めたものと、後日末久先生からうかがった。

　伊豆長岡町は、その東側を狩野川が流れ、西側は沼津市と接し、三津浜海岸のかなたに富士を望む景勝の地で、当時の人口はおよそ6500人程度（長岡町役場調べ）であった。

　伊豆長岡では、温泉街のはずれにある酒屋旅館という、木造2階建ておよそ80坪程の建物に、鍼按科の学生およそ60人と教員3、4人が、

また近くの宗徳寺の本堂に、音楽科の学生8人程が合宿し、各居室が昼間は教室として使用された。また音楽科の授業では、近くの農家（杉山さん）の土蔵も使用された。

　酒屋旅館では学生と起居を共にした教員には、高橋惣市先生・松本富穂先生・渡辺すみ先生が居られた。また小川源助先生も当初は町はずれのアパートに、奥さんと共に寄寓して居られた。それから音楽の石井きく先生は、大仁の生家から毎日土蔵の教室へ通って来られた。教頭の末久先生は、本校との連絡に当たり、時々酒屋旅館に宿泊していたようである。

　毎日の日課は、渡辺先生と当番の学生達による朝食づくりから開始された。米と雑穀の混合飯を炊き上げるには、水加減や火加減がむずかしかったようである。丼飯とばけつの味噌汁が各部屋に配られ、一時の静寂が訪れている間が、束の間の楽しみの時であり、充分には満たし得ない食欲に我慢を強いられる淋しさを味わう時でもあった。

　午前中は授業が行われ、午後は生活を支えるための作業が、各班に分かれて実施された。葛城山の山すそから雑木を刈り出し、これを薪に作る作業は最も困難なものであった。この作業には高橋先生や松本先生が陣頭に立って働き、屈強な身体を持つ最優秀部隊が活躍した。

　その他炊事や掃除など、馴れない手つきでそれぞれの持場で奮闘した。

　時には三津浜海岸付近の住民達に対する治療奉仕が実施された。松本先生の案内で、海沿いに点在する農漁村の家々に行ってマッサージ治療を行ったが、その後に出してくれる昼食は、今でも忘れることのできない銀米のおむすびであった。

　畑毛温泉の陸軍病院での、傷病兵に対する治療奉仕は、学生2人を1組として、1週間単位で兵舎の中に泊りこみ、長期間にわたって実施さ

れた。衛生兵の指示で、骨折後の拘縮関節や、切断肢に対するマッサージを行った。そして当時はまだ用いられていた拘縮関節に対する、暴力的な徒手矯正を見ては肝を冷やした。しかしこの宿泊期間中は、兵士と同様の食事にありつけるわけで、それは日常では到底口にすることのできない量と質を伴った食事であった。

いつの頃か、末久先生の案内で数十人の学生が、三島市沢地にある円通山龍澤寺に座禅を組みに行ったことがあった。バス停から曲がりくねった農道を歩いてたどり着いた寺の雰囲気は意外に荘重で、白壁も一段と清楚に、雑念の渦巻く娑婆とは一際ちがって屹然とした堂塔の構えであった。聞けば正宗国師白隠の開山になるものだそうで、臨済宗の禅寺としての信仰を広く集めているとのことであった。

法主の法話が終わって、さて座禅に入ることになった。結跏趺坐して上体を軽く左右に振って安定を計り、目は半眼に開いて視線は前方三尺の畳に落とす。そして呼吸を整え沈思黙念する。これで無心の境地に自分を導入する態勢はでき上がったわけである。

座禅といえば達磨大師が思い出される。達磨は南インドから中国に渡り、嵩山の少林寺で9年間の面壁座禅をした。そして達磨は永寧寺の九層の塔を見上げて動かなかったといわれている。人の作ったものは、いつかは大地にもどるというのが達磨の信念であった。メソポタミアの文明も、万里の長城もすべて崩壊して土に帰る。紀州の田舎の年経て古びた生家の面影が目の前に浮かんでくる。生き残った母親が腰をかがめて、何やら農作業をする姿がぼうっと現れてくる。しだいに腹の力が抜けて顎が前にせり出してくる。何がな空腹感らしきものが想念の中を横ぎって行った。その時、急に背中でバシッという音がして警策の直撃を受けた。私は思わず息をのんで我にかえった。そこは龍澤寺の本堂であった。

若い学生達にとっては、雑炊や水団の食事では食欲の半ばを満たすこともできなかった。そのため放課後は、時に応じて急に買い出し部隊を編成して出かけることもあった。韮山方面に出かけては甘薯や牛乳を、また三津浜方面に出かけては、当時運搬手段の無いまま滞貨していた蜜柑を買いつけ、学校に運んで学生達の空腹を満たした。一度に蜜柑30個以上を平げる剛の者も居た。

1日の作業を終わり床に就く頃は、皆気分もなごみ会話もはずんだ。全盲のT君が、朗朗と読み聞かせてくれる宮本武蔵の物語りの中にいつしか引き込まれつつ、しだいに眠りに落ちて行くこともしばしばであった。そのT君も卒業を待たずに他界した。

第1分校の疎開は20年12月で終了し、3学期から戦災を免れた懐かしい校舎に復帰することができた。重厚な木造の本校舎を見上げたとき、「戦争は、本当に終わったんだ」と、しみじみ感じた。

疎開中に病に苦しむ人が多く、家族と死別したり、戦災で家が消失したりして帰省する我が家を失った人もいた。しかしあの疎開地での困窮生活に耐えて、教師も学生も共に支え合い、生き抜いて終戦を迎えることができたのは正に僥倖というべきであろうか。当時の生活の印象は、その後も長く私達の心にとどまっている。

2001（平成13）年3月

追記　岡崎壊滅（疎開中）

20年7月19日、終戦を間近にひかえた夏休みの際の帰省旅行で、夕方三島駅から大阪行の夜行列車に乗った夜のことであった。東京―大阪間を14時間ほどかけて走る超鈍行列車であるが、時間の関係でこの列車を利用することが多かった。深夜を過ぎて疲れのため、車内も静まり多

くの乗客がそれぞれの形で仮眠をとっているころであった。列車の速度が急に遅くなり数分後には全く動かなくなってしまった。

そのうち窓から首を出していた乗客の1人が「空襲らしい」と低い声でうめいた。周囲の人達も一瞬表情を固くして窓外に見入っている。すると突然車内燈が消され、列車は東京の方へ少しずつ後ずさりを始めた。列車は蒲郡と岡崎の間を走っていたのであろう。列車は数キロメートルも後退してから闇の中で息をひそめて2時間程そこに待機した。

窓外が白んで来てから列車は岡崎方向にそろそろ動き出した。窓から覗き見をしていた人達の話では、岡崎方向の上空には多くの火花が散乱していたというから、多数の焼夷弾が投下されていたのだろう。岡崎の市民達は昨夜どんな状態で一夜をすごしたのだろうか。これから列車はその岡崎市内に向かって進入して行くのである。固唾を呑んで窓外の光景を見つめて居た。

そして列車は郊外のまばらな町並を通ってしだいに中心部に徐行して行くと、急に光景は一変して、ほとんど建物らしいものは見えず随所から、湯気とも煙ともつかぬ気体がそこかしこに立ち登っているのが見えて来た。見わたす限り大きな建築物はほとんど見当たらず、黒ずんだグレーの塊りが随所に堆積して白っぽい煙を上げているものが多かった。何万人の方々がこの下に埋もれて犠牲になったのであろうか。ただ身を固くして拳を握りしめ、何かに耐えているのが精一杯であった。後に岡崎市の教委の人に伺ったところ、20年7月20日未明の空襲は、岡崎にとって最大のもので、数万の市民が亡くなったと思われると語って居られた。合掌。

2010(平成22)年7月

昭和20年度甲種師範部鍼按科卒業

6．思い出（第1分校）

元柳河盲学校教諭　馬場博

（中略）

　昭和19年4月、原級留置きかと思っていたが、2年生になっていた。授業では、国語が「古事記」になった。雨宮教師が漢方の脈診法を少し始めた。指導案についての授業もあるようになった。他の教科は、何をしたか思い出せない。

　食料事情は益々悪くなり、外食券が無いと外食出来なくなった。雑炊食堂が多くなった。

　学校も次第にあわただしく緊張して来た。防空警戒のため、本校の玄関を詰所にして夜間交代で1、2時間詰めることになった。僕も夜中に1回当番した。夜盲症の僕が何の役に立とうか。

　7月上旬疎開と決まり疎開先に送る夜具等荷造りして名札を付けておき、あわただしく帰省する。

　2学期は、伊豆長岡温泉の酒屋旅館で始まる。鍼按科は酒屋旅館、音楽科は宗徳寺に分宿する。教師職員は高橋（国語、舎監長）小川、松本（鍼按科）渡辺女寮母兼炊事係。

　授業は、国語が万葉集の連歌について講義を始めたが、我等が興味を示さなかったから、恋歌のみを授業された。恋歌の2・3点思い出す。恋い恋いてあえるときだに美わしきことつくしてよ、ながこと思えば。

　小川教師は、治療学と按摩技術だったようだ。按摩実技では、再び、かみなり手をしてもらったが、あの振動がどうして起きるか、不思議である。

　松本教師は、体操と、はり実技、授業は午前中が主だった。

日課のように午後は、薪取りに、契約してある雑木山に出かけた。数本の鋸と、なたで作る薪の量は、多くは出来ない、各人持てるだけ持って運んで来る。生木を焚くのだから、かまど一杯に押込まないと燃えないので消費量が多い。雨の日もあるから、不足しない様に薪取りをしなければならない。

　何日頃から炊事を担当したか記憶しないが失敗もあった。大豆粕を炒って雑炊に入れると、うまいと聞いたので、やってみたら、もさ々して悪かった。

　喜ばれたのは、うどんと、芋まんじゅうである。たまには、よかろうと、貴重な小麦粉を多量に使って、うどんを作った。やった事もない事だったが出来た。芋まんじゅうも同じだが、さつま芋を輪切にして、小麦粉をこねて包み、蒸した。一人３切れ宛にしても、200個位作らねばならない。大釜に竹ひごの、さなを作って蒸した。皆、喜こんだ。

　農家から、みぶ菜をもらったことがあった。野菜に、飢えていた時だったから、おひたしにして食したことを思い出す。

　長岡では、１日の時間が30時間もあったのか、いろいろなことをした。

　宗徳寺に防空壕も掘った。何人でしたか思い出せないが、加賀谷、伊田君等で掘ったと思う。

　寺で切干を干すざるが欲しいと云うので、竹ヒゴを作り、80センチ角のざるを作ったこともある。

　三津浜へ、ミカンの買い出しに行き、希望者に分けたこともある。

　夜は、あんまに出かける者もいた。僕は宇部から山茶荘に、疎開して来ていたおじいさんを、もみに行っていた。ある晩孫娘の、ふじ枝と云うのが、鉄腸室までついて来たが、おじいさんが後を追って来て、連れて帰った以後、あんまに来てとは云わなくなった。ふじ枝に虫が付くの

を恐れてか。

　行事として三島の、龍沢寺で座禅。陸軍病院へ1週間交代で治療奉仕。三津浜の漁村へ宿泊しての治療奉仕もあった。

　漁村の奉仕に対して、お礼にメジマグロと云う60センチ位の、ずんぐりしたマグロを2・3尾いただいた。2・3日しないと固いと言われたが、そんな余裕はない、すぐ料理されたと思う。

　ここの生活に、温泉がなかったら僕等は、みじめで耐えられなかっただろう。

　高橋寮長は「命の保証は出来ない（食事、栄養の面）ので帰りたい者は、帰ってよい。」と云っていた。僕等は卒業まで頑張るつもりで残った。帰った者はいなかった。滝田君と添田さんは、初めから来ていなかったようだ。

　こんな状況の中での温泉は、有難かった。毎日の入浴は唯一の楽しみであり、活力源だった。ゆっくり長湯をすることもある。

　こんな事もあった。体を洗いながら「さらばラバウルよ‥‥‥。」と、口ずさむ者がいると皆声を合わせて唄い出す。歌が歌を呼んで、次第に、にぎやかに歌声も高くなる。

　翌朝、高橋教師が、ボヤキ口調で「風呂で騒がないように。戦時下であるので、自重するように。」と注意する。

　6月の中頃だったか、盲腸炎で入院する。加賀谷君が、泊り込んで看病してくれた。氷で冷やしに冷して、手術せずに済んだ。便器等の世話までしてもらって感謝している。3週間位で退院したと思う。

　夏休みになり体力のないまま帰省し終戦となる。

　終戦後2学期も長岡での生活は続いた。薪採りも続く。しかし思い出すことはあまりない。昨年よりみかんの値が、3倍になったことを覚え

ている。

　21年1月より、雑司ヶ谷で3学期が始まる。寒い毎日だった。郷里より持って来た米など出し合って、炊いて喰べたものだが、どの部屋に誰と一緒だったか思い出せない。

　空腹で眠れないでいると誰かが、今一番喰べたいのは何かと話し出した。青山君が、三重弁で「わしはのう、黒いあんこのべっとりついた、ぼた餅が喰いてえ」と、真に迫っていったので、一同唾を呑み込んだこともあった。我等の3年間は、色気無しの喰い気一途の青春だったといえる。

　いつからか、衣類に、しらみが這うようになって困ったのも、思い出だ。銭湯からのものと思う。

　卒業になり分散会を行う。誰だったかウイスキーを持って来たので、これを別れの酒とした。

2000（平成12）年4月
昭和20年度師範部甲種鍼按科卒業

昭和20年度第2分校卒業記念

昭和20年度卒業記念

昭和28年度卒業記念

第3章　「むつぼしのひかり」は輝く　～同窓会小史～

大橋由昌

はじめに

　筑波大学附属視覚特別支援学校（以下「附属盲」と略す）が現京都府立盲学校とともに、わが国における盲教育の先駆的役割を果たしてきたことは、すでに第一部第1章において岩崎氏が記述している。筑波大学附属盲学校同窓会（以下「同窓会」と略す）もまた、盲教育会にとどまらず、視覚障害者の世界において、点字の普及に象徴される、情報提供など文化向上に多大な貢献をしてきた。オピニオンリーダーの役割を担ってきたのも事実だ。これは決して、同窓会長の私が、単に自画自賛しているわけではない。現存する明治・大正時代における点字出版図書の発行元をみれば、その多くが同窓会であることからも、十分に納得してもらえると思う。「貢献した」という表現はいささか傲慢に聞こえるかもしれないが、それは多くの先輩たちが汗をかき、自ら切り開いてきた活動の結果と同議なのである。

　したがって、伝統ある同窓会の歴史を概観するとき、近現代の盲教育や視覚障害者の生活実態を、舞台裏から垣間見ることになるといえる。特に、明治期から昭和初期までの大凡70年間の資料が少ないため、同窓会関係の点字資料は貴重な文献として注目を集めているくらいなのだ。以下、簡単に会活動の軌跡をたどってみるが、便宜上1．結成から会の再生化したと推定できる1903（明治36）年までの「草創期」、2．社団法人として認可された1930（昭和5）年までの「啓蒙期」、3．事務所を校外に移転した1965（昭和40）年までの「激動期」、4．事実上の再結成をした1996（平成9）年までの「休眠期」、そして5．活性化に取

り組み始めた現在までの「再生期」に区分してみた。その中でも、特に全国的な影響力を発揮していた戦前までを記すことにしたい。

1．同窓会の結成

　当時の母校は盲唖学校であったから、同窓会とは「盲生同総会」のことであった。その結成年月日については、諸説あって特定しえない、というのが良心的な解釈だろう。附属盲の記念史でさえ、同窓会の起源は異なっており、『東京教育大学教育学部雑司谷分校九十周年記念』には、明治24年7月16日とあり、『東京盲學校六十年史』（以下、『六十年史』と略す）では、後述する社團法人櫻雲會誕生の項で明治25年1月17日の記述がある。また、『東京盲學校同窓會沿革』（以下、『沿革』と略す）では、明治25年となっている。無論、目的は同一内容で、「卒業生の親睦を主とし、併せて相互の知識を交換するにあり。」というものであった。

　附属盲元教官で資料室の整備に尽力された下田知江氏の著書、『盲界事始め』（あずさ書店）では、明治25年とある。同署によれば、鍼按科の関係者がときおり集まり研鑽につとめ、点字雑誌『盲人世界』を発行していた。さらに、明治27（1894）年からは『盲生同窓会報告』（以下、『報告』と略す）も発行されていた、と記している。「明治は遠くなりにけり」とは言い得て妙で、今後、設立年月日を特定できる一次資料が発見されるにはあまりにも時が流れすぎた。点字の資料が見つかるかもしれないが、その可能性はきわめて少ないだろう。そうだとするならば、前述した文献の範囲において、私は同窓会の誕生日を明治25年1月17日と仮にしておく。明治32年の設立説もあるが、『報告』などが継続して発行されているところからみて、それは活性化したとか再興したとかいう年であったのではないかと思う。いずれにせよ、母校の創立10年程で同窓

会の必要性が論議され、明治24、5年ごろ設立されてきたのはほぼ間違いないであろう。

また、『沿革』によれば、『報告』第6号が発行された1897（明治30）年以後、活動を休止していた旨の記載があることから、結成はしたものの、その実態は「準備会」的なものだったのではなかろうか。あるいは、どんな団体にも共通する、結成当初の熱意が年月を経るにしたがって薄れていく、いわゆる組織の中弛み状態だったのかもしれない。母校の教頭を務めた後に都立葛飾盲学校長を歴任された、鈴木力二氏の著書『中村京太郎伝』によると、その当時、鍼按科の卒業生による「鍼按學友會」、音楽科の卒業生による「楽々會」がすでに組織化されており、同窓会に対しても互いに意見が合わなかった、との校内事情を伝えている。私が在学した1970（昭和45）年前後においても、専攻科の理療科生と理学療法科生の間には、漠然とした溝が存在していたので、そうした状況はよく理解できる。1899（明治32）年の生徒数が唖生200人、盲生70人で、現在の盲学校の平均的な生徒数よりもかなり多いのだから、そうたやすく一枚岩には成れなかったのだと思う。

2．点字印刷機の効用

さらに、鈴木氏は前掲書で、たまたま来られた前島密男爵が「同窓会の再興の相談があるそうだ。至極賛成だ。仲良く助けあってやり給え」といって10円を寄贈された。そのお金を出版部に回し、『憲法』など点字印刷物を発行したところが評判がよく、会費を取らずに同窓会が運営できると役員が自信をもった、と筆を進めている。

私はこの記述の中で、「点字印刷物を発行したところが評判がよく」という内容に、特に着目している。視覚障害者の生活向上において、全般

的に点字の果たした役割が多大であったことは、誰もが認めるところだろう。その普及に貢献したのが、同窓会及び在校生の活躍だったと考えているからだ。無論、この時期の同窓会の主体は、教職に就いた卒業生であったと推測する。自ら読み書きできる文字を習得した教師も生徒も必要に迫られて、点字印刷に取り組んだのに違いあるまい。

時代は半世紀以上も下るが、1955（昭和30）年には、母校の生徒会が中心になって、全国盲学校生徒点字教科書問題改善促進協議会が結成され、高等部用点字教科書の保障を訴えた。いわゆる「全点協」と略称される運動だ。それは、9月9日付の『朝日新聞』夕刊の「せめてひと揃いの点字教科書を！」という記事がきっかけで、全国の盲学校生徒会に波及し、大きな社会問題にまで発展していった。この結果、戦後10年経ってようやく理療科専攻科の点字教科書が保障されるようになったのである。

こうした歴史を踏まえるならば、明治期の母校において、教師も生徒も点字印刷図書の製作にまい進するのは至極当然の成り行きだと思う。当時の先輩たちにとって点字印刷機、すなわち足踏み式点字製版機及びローラー式点字印刷機は、まさに文明の利器だったといえよう。すでに印刷機は、1893（明治26）年にアメリカから輸入しており、これを用いて翌年に『報告』第1号を創刊したと考えられる。前掲書などによれば、1899（明治32）年に小西信八校長がアメリカの盲教育界を視察されたとき、日本に点字製版機を持ち帰り、それを鍼按学友会に貸与され、今田束著『實用解剖學』を製作、続いて『生理學粹』を完成・発行したのであった。

また、同年の『沿革』の項には、盲生主任教員であった石川重幸先生が同窓会長となったとあるが、その後の記述で会費を得るために1901

（明治34）年になって、「自らの著書『点字讀本』三巻を初めて点字に出版し、一般の求めに応じた。これを本会出版部の初めとす。」とあり、翌年には『盲人教育』をも刊行している。ここで重要なのは、「一般の求め」があったという事実だ。それは、当時の通信事情を勘案するとき、視覚障害者が知識や情報に渇望していた実態を知る証となるからである。

蛇足だが、私の個人的な関心として、同窓会の運営費の捻出に苦慮していたことも読み取った。時代背景は異なるが、同窓会長として、真に身につまされる話だ。しかも現在の情況は、一般から求められる事業をなしえていないのだから・・・。

それはさておき、同窓会員は草創期において、徒弟制から抜け出て近代学校教育を受け、読み書きができる文字を獲得、その上、一人の人間としての自覚を持ったことにより、視覚障害者の世界で指導的役割を果たせるよう、固い決意の元に巣立っていったのだろう。のみならず、職業人たる誇りを持って生きるために、鍼按學友會員は、自ら率先して医学書の点字印刷に望んだ、と思えるのである。

3．「むつぼし」は輝く

同窓会活動が軌道に乗り、全国的な影響力を発揮し始めたのは、便宜上第2期に区分した「啓蒙期」からだったといえよう。それは、1903（明治36）年5月24日、鍼按学友会総会、並びに盲生同窓会臨時総会において、両会の合併が可決され、正式名称を「東京盲唖学校盲生同窓会」とし、事務所を学校内に置いた時点から始まる。翌6月には、年4回発行の『報告』第20号を廃刊し、月刊雑誌『むつぼしのひかり』第1号（点字のみ、以下「むつぼし」と略）を発行している。こうした出版活動が、いわゆる盲界（盲人の世界）の世論を形成していったものと考えられる。

第1巻の「発刊の辞」には、「平易な文章で、興味と実益とのなるたけ多いように、また多少文学的趣味を含むようにするつもりで、その材料は広く全国に募る考えである」（原文は点字）と、編集方針を記している。その内容は、「鍼按学講義」など、医学関係の記事を中心に、「論説」や「雑録」欄において時事問題から盲教育への提言等、多岐にわたっている。2年後には、雑誌の購読者を一般より募って、早くも拡販体制を整えていた。発刊時の部数は60部程度で、50数ページの小冊子であったが、一般誌として需要があったという事実は、1890（明治23）年に石川倉次により日本点字が考案されてから、わずか10数年後の当時としては、点字の習得率が高かったこと、書き手も読み手も意欲的だったことを物語っているように思う。点字との出会いは、一種のカルチャーショックだったのかもしれない。現在もなお、盲界の動向を伝える、点字週間新聞『点字毎日』が創刊されたのは、1922（大正11）年のことであったから、「むつぼし」は文字通りほとんど唯一の点字総合雑誌だったといえるのである。

　2005（平成17）年から3年間、文部科学省が予算化し、「むつぼし」のデータ入力作業が開始されるなど、この雑誌は、盲教育にとどまらず、当時の盲人の生活や文化の実態を知るための他に類のない文献ともみなされている。私もデータ化作業プロジェクトに参加している関係で、その様子を現場報告の意味合いからも、「読書権運動の起源──明治期の点字雑誌に見る点字図書館創設への願い──」（『図書館雑誌』2011年1月号）に寄稿した。プロジェクトの一員として、せめて1号から50号まででもよいから、何とか出版に漕ぎ着けて欲しいと願わずにはいられない。

　前掲の『60年史』や『沿革』などを辿れば、1912（明治45）年には「むつぼし」第100合発刊祝賀会を、1920（大正9）年には第200号記念祝

賀会を挙行しているのに対し、1928（昭和3）年では創刊300号記念号の出版にとどまっている。この違いは、『点字毎日』の発刊など、盲界の変化により、「むつぼし」の位置づけが変わっていった結果だ、と私は考える。ちなみに、発刊時に60だった部数は、100号時点で300部に、後述するが社団法人化した1930（昭和5）年には平均385部までに達していた。ラジオも『点字毎日』もなかったころの「むつぼし」は、情報知識の伝達ルートとして、ほとんど唯一ともいえる貴重な総合雑誌となっていたのであろう。

4．点字出版事業の発展

もう少し点字印刷図書について述べるが、同窓会の出版活動は、「むつぼし」の発行が主ではなかった。大正時代になると、各地に盲学校が創立されてきたこともあって、図書の注文に応じ切れず、神田近辺の製本所や浅草の伊達点字印刷所に委託して需要に応じたほどであった。しかし、1923（大正12）年には関東大震災がおこり、これらを委託していた点字印刷所で『近世内科全書』や『鍼按要論』などの原版が焼失し、一時は事後処理の対応に苦慮したようだ。

その他の具体的な出版書の実例を示すならば、1912（明治45）年の5月25日付で、東京盲学校は『内外盲人教育』を創刊したが、1916（大正5）年にはその発行名義を同窓会に改め、それ以後もなお継続されていた。1917（大正6）年には、帝国盲唖教育大会の決議により、同窓会が高等小学用国定教科書の点字化を請け負うことになった。昭和初期から事例をひとつ引くならば、1929（昭和4）年には、鍼按科教員の編纂した『中等部鍼按科教科書』が完成し、その内訳は『治療各論』（上、中、下）、『病理総論教科書』（上、中、下）、『生理教科書』（上、中、下）、『解

剖教科書』（上、中、下）、『鍼術教科書』、『灸術教科書』、『マッサージ術教科書』、『あん摩術教科書』、という合計16冊の大部なものであった。要するに、同窓会は現在の点字出版所と同等の位置づけで、しかもその役割を十分に果たしていたといえる。こうした事業をなしえたのは、1915（大正4）年、校舎内に点字印刷室が新たに設置され、同窓会も使用が許されたからである。

　話の序に付け加えるならば、伊達点字印刷所は、同窓生の伊達勝芳氏が創業した。明治期から大正初期にかけて「土曜会」という最新のマッサージ学を学ぶ勉強会があり、後に同窓会の顧問を努めた江村悌造医師がフォッファー著のドイツ語の原書などを和訳し、講義をしていた。弱視生だった伊達氏が和訳分を製版し、講義のテキストとして間に合わせていたそうだ。会の解散時には何冊もの点字書ができていたので、卒業後その原版などを基に創業した施設だったという（元附属盲教官阿佐博氏の談）。大正時代の整形外科分野において、マッサージは新しい治療法のひとつとして注目されていた。そのマッサージ師の養成に、母校は期待されていたと思われる。1907（明治40）年に東京大学付属病院においてマッサージ実施練習が許可され、1924（大正13）年に同病院にマッサージ科を新設し、「卒業生が主任となる」と、『沿革』にある。こうした記述から、母校の鍼按科は概ね最先端に近い医学知識と治療技術を学べる環境にあったのである。

　話を戻すが、前述した国定教科書の製版を会員が無償で行っていたのだろうか。それは、どうやら「否」といわざるをえない。時間給にせよ出来高払いにせよ、今日の学生アルバイトのような感覚で製版作業に関わっていたと思われる。栗原光沢吉著『大正時代の東京盲学校』によると、それまで点字図書の製版・印刷は無償で行なってきたが、1912（大

正元）年に初めて報酬を支払った旨の記述があるからだ。また、『桜雲会110年史』（以下、『桜雲会史』と略す）には、「大正時代は学校の中で点字練習生を募集していた。練習生になると月5円もらえた」といった証言記録も散見される。正確な年月を特定することは難しいが、出版物と収入の増加により、当時運営上の改善がなされていたことは、まず間違いあるまい。

　事実、大正期になると、同窓会の事業が多岐にわたるため、出版も手がけていた事業部を含め、同窓会の改革への気運が高まり、1919（大正8）年から会の改革議論が始まった。教科書などの点訳には専門的な知識や技能が求められたためか、この年、活動の中心が寮生から卒業生に移っていった。私は、出版需要の拡大により、専従の職員を置く必要性に迫られたからではないかと推測している。そして、翌年4月の総会において、改革案を元に会則の改正を行い、役員数を増し、有給の常務理事や雇い員若干名を置くことになったのである。

5．先駆的諸事業に取り組む

　さて、同窓会の出版活動以外の事業をみると、それはまた多岐にわたっている。次に、いくつか紹介してみるが、紙数の関係から、概略を記すにとどめざるをえない。詳しくは、『桜雲会史』を参照されたい。

①「盲人の必需品」を販売した購買部

　大正14年及び昭和2年などの資料によって諸説があるが、大正時代から、物品販売を行っていたようだ。1912（大正元）年に岸高式算盤他2点の特許権を譲り受け、在校生などからの求めに応じていたから、かなり早い時期に販売活動をしていたものと思われる。明治の終わりごろだった可能性もある。昭和初期の記録によれば、学習道具としての仲村製

点字器や岸高式盲人用算盤、盲人用作図器、鍼按科向けに青木製の鍼と鍼管、鈴木医療器製の消毒用器具や治療機器、音楽科用に楽器付属品、そして生徒用にボタン、襟章、帽章などを取り扱っていた。さらには、電気器具や盲人用時計までも販売していたという。個人的に興味を持って、電気器具とは何ぞや、と調べたが見つからなかった。概ね同窓生が全国の盲学校や盲人団体の長をしていた関係で、購買部、出版部の収入は多かったのも事実なのだ。

　私が中学生のころ、昭和40年ごろは中学部生徒会で点字用紙の販売を行っていた。担当委員が集まり、1枚1枚数え、100枚単位にして紙テープで結び、薄紙90斤と厚紙110斤の束を作って販売したものだ。その利益は、生徒会活動に使われたように記憶している。先輩たちの話によると、昭和30年代まで、野口功理科教官の実家から仕入れたパンなども、同窓会が売っていたという。特殊な物品が多かったのに加え、移動に不自由な生徒の利便性を配慮し、学校側も容認していたのだろう。

②学習環境を支えた図書館

　「むつぼし」第6・7号（1904年）において、オックスフォードに留学後、英国で商事会社を経営しながら、欧米の盲人事情を伝え、さらにわが国の盲人運動を組織した〔近代盲人福祉の先覚者〕と呼ばれる好本督は、「盲人の読書機関」と題し、「国民盲人用図書貸出館」創設の必要性を力説している。すでにこのころから、少ない点字図書の有効活用が議論されていたのだ。『沿革』には、1911（明治44）年に点字書類参考図書館を開き、翌年、奥村三策先生が逝去された際、ご家族から先生が収集された貴重な蔵書が寄贈され、奥村文庫を学内に開設した、とある。具体的な図書の貸し出し記録は、『桜雲会史』によると昭和2年となっている。貸し出しは貸出券を買った人にのみ郵送していたようであった。

更に、『60年史』には、翌昭和3年に「貸し出し文庫を開設」とあるから、この時期に図書館業務が拡充されたのだろう。集書内容までは記されていないが、「会員よりの寄付100冊、その他購入せるもの」とあるので、現在の視点で見れば貧弱なものであった。しかし、当時とすれば、1冊1冊が価千金の貴重本に感じられたのではないだろうか。

このころの点字書の多くは、寄宿生や教員が点字版で1点1点打ち出したもので、授業に必要なものがほとんどであったといえる。先輩たちの話によると、戦後の昭和20年代でさえ、寮では友人から借用した点訳書を転写するコツコツという音が絶えなかったという。左手で点字を読みながら、右手で点字を打って複製を作ったのだ。まして、半世紀も前のことであったから、学習環境を下支えする図書館の存在は必要不可欠なものであったのであろう。

③盲人運動の牽引的役割を担った同窓会

関東大震災により、罹災会員が焼死2名、家屋焼失29名、全倒壊5名も出たため、同窓会は義援金を募集し、協力者200名、543円20銭を集めて配分した。これをきっかけに、1927（昭和2）年に会の正式な事業として、小西・町田両元校長の寄付金を基金に共済部を設置している。こうした事業は、会員のみを対象にするのではなく、結果的に不特定多数の人へと広がっていった。1937（昭和12）年に日中戦争が勃発し、翌年には国家総動員法が、翌昭和14年には物価統制令が公布され、生活必需品はほとんど配給制になった。会員の今関秀雄氏や新津吉久氏らなどが中心となり、物資配給事業連盟を組織し、点字用紙、亜鉛版、治療用鍼、点字機器の給付から配給まで、調整に奔走した。関東地域は、高橋豊治氏が陣頭指揮に当たるなど、同窓会が大きな役割を果たしているのだ。

また、1926（昭和元）年には、全国盲学校同窓会連盟第1回総会が開

かれた。その事務所は、同窓会が引き受けている。前述した全点協運動を彷彿とさせるが、盲教育界で扇の要の役割を常に担ってきたのが、母校と同窓会なのであった。

6．桜雲会と同窓会

　この拙稿を終えるに当たり、最後に社会福祉法人桜雲会と同窓会の関係について述べておかなければならない。なぜならば、両者ともその起源を一にするにもかかわらず、その関係性が曖昧になっているからである。

　『沿革』の1916（大正5）年の記載では、「町田校長が同窓会の名を櫻雲會と名付けた」とある。つまり、これ以後は「櫻雲會」が同窓会の呼び名となった。通称にせよ正式名称にせよ、ほとんどの大学の同窓会には名前が付けられている。筑波大学の同窓会は、無論お馴染みの「茗渓会」だが、近隣の大学では、日本女子大が「桜楓会」、学習院が「桜友会」だ。町田校長の前任校である現御茶ノ水女子大は、「桜蔭会」というから、ここから「櫻」の字を読み込んだのではないか、と私は推測している。

　会の事業拡大にともない、社団法人化の気運が高まり、1930（昭和5）年3月に東京府へ「社團法人櫻雲會設立申請書」を提出する運びとなった。そして、同年11月12日には、文部大臣田中隆三氏名によって、「社團法人櫻雲會」の設立が認可されている。法人格を取得した団体だからこそ、前述した国定教科書の出版なども委託されたのではないかと思う。

　こうして法人格を得たものの、軍靴の音の高まりにつれ、その運営は厳しさを増していった。戦時下の情況については、残念ながら割愛しておく。続いて、戦中戦後の混乱期を乗り越えて、新制度改革への流れに呼応し、櫻雲會は1952（昭和27）年5月に、「社会福祉法人桜雲会」として認可されたのである。

社会福祉施設となったとはいえ、戦後の混乱期には、活動がいっそう停滞していたようだ。さらに、桜雲会にとって、追い討ちとなったのは、1965（昭和40）年に東京教育大学雑司ヶ谷分校から事務所を移転せざるを得なくなったことだ。これは、国立大学の規則が改正され、校内に他団体の常駐が認められなくなったからである。当時、ポスト60年安保や学費値上げ反対闘争など、学園紛争が多発していたため、政府及び大学当局がその管理上から閉め出したものと考えられる。

　その経緯は別として、桜雲会の理事会も移転問題で、ずいぶん頭を痛めたらしい。理事会もかなり紛糾した、と聞いている。『櫻雲會史』には、昭和40年の記録として、東京都新宿区戸塚町の高橋豊治宅に事務所、点字出版所を仮住まいする、また、定款の変更を厚生省に提出するも返事なし、という事態になった。結局、高橋豊治氏が桜雲会をそのまま引き受けることになったようだ。

　私は、この桜雲会が盲学校の敷地から分離独立した時点で、はっきりと附属盲同窓会との関係を整理すべきだったと考えている。そうでなければ、現在も母校の同窓会が社会福祉法人桜雲会と、私が会長を努める同窓会の二つ存在することになる。これはどうみても不合理としかいえない。当時を知る先輩たちの思いもあるだろうが、かつて桜雲会が同窓会だったと理解しているものがほとんどいなくなった今日、現実的な決着を導き出したいと思う。

　来年、2012（平成24）は同窓会設立120周年、社会福祉法人化60年の節目になる。ちょうどよい機会なので、高橋昌巳理事長とも話し合って、すっきりした関係に整理したい。そして、両会が協力し合って、盲教育及び盲人福祉の向上・発展に努力していければ、と願っている次第である。

第二部 雑司ヶ丘の日々
―― 学校生活の想い出 ――

第1章 セピア色の授業風景

1．昭和十年代の初等教育 ―― 手先の訓練 ――

元筑波大学教授　長尾榮一

　私が官立東京盲学校初等部予科（今の幼稚部、一年保育）に入ったのは1937年4月8日、私が6才の春であった。

　当時、初等部（今の小学部）の建物は本校（中等部や師範部）と運動場を隔てて校地の南側にあり、約百名の生徒が在籍していて、7学級に編成され、約10名の教官によって教育されていた。生徒数が多かったから、学校行事のいくつかは初等部独自に実施されたことをはじめ、たいへん活気に満ちていた。それに加えて、障害を感じさせずに生徒の能力を伸ばそうという教官一人ひとりの熱情が結集し、それでいて、自由な雰囲気がただよった校風であった。

　こうした考え方が日常の教育実践にきめ細かく反映していたようにうかがえる。ちなみに教材や教具の工夫（地図や円周走等々）、翌日の授業の準備（粘土や木工、手芸など）、各種学校行事の支度に放課後おそくまで活動する先生方の姿があった。

　"自由な雰囲気"といったが、たとえば生徒が発想した学芸会や勉強会に教官はこころよく対応してくれていた。

　教育の受け手側で、しかもこどもだったから、学校の、あるいは教官

の教育方針がどうであったかは知るよしもないが、手先の訓練（今なら養護・訓練の一部）にポイントがおかれていた気がする。

　教科別に見ると、予科から初等部二年までは「直観」という教科が組まれ、野菜、果物、家具はいうにおよばず、なんでも触わらせ、そのうえで、凸図に画かせた。別に「図画」という教科があってなんでも画いていい授業があった。図画のテクニックは高学年の「算術」の図形製作にもつながるものであった。

　予科に入って間もなくは、木の枠に取り付けた二枚の布のボタン掛けや紐結び、積木遊びと積木の風呂敷包み、砂遊び、珠刺し（一種のペグボード）の競走や珠刺しによる図形作りが行われた。

　予科から三年生までは「手工」の授業で粘土細工、芋細工、豆細工、きびがら細工、折紙、切抜きの貼り絵などが扱われた。四年生から六年生までの男子は「工作」として木工、女子は「手芸、裁縫」が組まれた。木工では鋸で木材を切り、カンナをかけ、サンドペーパーで磨いた素材から本立て、状差し、ペン皿彫りなどが行われ、時間の経つのを忘れさせた。

　理科では、観察したものを凸図に画くほか、朝顔などの種まきから潅水、支柱立てなどもやった。国語では予科の二学期から二五マスの点字器を使った点字教育が始まり、五十音書きやメ書きの競争が頻繁に行われた。「算術」では二年生からソロバンが利用され、そのため、卒業時にはかなりの腕前になっていたはずである（当時はまだ珠算競技会はなかった）。

　また、五年生から希望者に課外で「按摩」が教えられた。これは「鍼按科（今の理療科）」へのオリエンテーションだったか、手先の訓練のひとつだったかはわからないが、私たちを喜ばせたものだった。こう考え

ると高学年が低学年の教室や校舎の廊下を素手で雑巾がけしたり、トイレの掃除をさせられたのもその一環かもしれない。

　このようにして受けた教育内容と実践とはその後の生活や職業にとって陰に陽に役立つものであった。このことは私のみならず私の同期生や私の前後の卒業生も異口同音にそう語るのである。良い教育をして下さったものだと一生感謝している次第である。

（筑波大学附属盲学校創立120周年記念文集「輪唱」より転載）

昭和25年度甲種師範部鍼按科卒業

2．あの頃のこと

元筑波大学附属盲学校教官（家庭）　後藤綾子

　私が盲学校に就任したのは昭和25年、2年前義務教育の延長、いわゆる6・3制の施行、男女共学、家庭科を男子も必修という状況の時で、当時の校長、松野先生が自宅までおいでになり家庭科の教師をしてもらいたいと、丁重なお言葉を頂き、自信はなかったのですがお受けすることにしたのでした。

　それまで赤十字社の活動の手伝いでリーディングサービスに行ったことはあったのでしたが、教師という立場で、生徒達と向き合い、校内を観てまわると、女生徒も在学しているのに特別教室はなく、ミシンは勿論、調理実習の鍋包丁茶碗から調えなければなりませんでした。男生徒も必修という新しい家庭科教育をどのようにとらえたら良いか、国立の学校であるから文部省の方針を聞いておこうと本省へ行きこの関係の指導官にお尋ねしたのでした。その方は「一般の生徒達の指導書もまだ出来なく

て困っています。盲学校までは手がまわらない。あなたの好きなようにやれば良いよ。」というお答でした。

　家政学という教科は、それまでも色々な考え方がありましたが、女学校では家事、裁縫とよび、社会一般としても女性だけが必要な技術教科として理解されているのが大勢を占めていました。「あなたの好きなようにやって良い」と言われまして、私は困ったなと思うと同じくらい嬉しくなりました。

　家庭生活は、人が生まれて最初の人間関係を体験し学習する大切な場所、豊かな情緒の育つ場であり、日々化学や物理学衛生学の合理性も必要とする場でもあるのです。家庭科という教科はその名称のように盲学校の家庭科という教科はどのような授業をするのが良いか考えました。参考になる書物を読んだり、卒業した大学へ行って先生や先輩方の御意見を聞かせて頂いたりしました。結論として私は目の前にいる生徒達の日常生活から、何が必要かを知ることだと思いました。私達は周囲の様々な事物を無意識に雑然と肉眼でとらえ、その中から必要とする時改めてしっかり観るのが日常生活だと思います。視力に障害が有れば事物を理解する範囲が狭くなるのは当然のことで、その点を家庭科で補えるのではないか、学校の現校歌に「なずれば指にあきらけし」とありますが、なずれないものも沢山ありますし、又、たまたま自分の体験したことや、物に固執する時は（人間は誰でもその誤りを致すものですが）意識の狭い淋しい生活をすることになります。

　私は生徒達に出来るだけ物事にこだわらないで広い意識を持ち、自分を高め、豊かな社会性（社交性ではありません）を持った人に成長して欲しいと心の中で願いました。私は考えた末、墨字の中学の教科書1年から3年分を解体して、衣、食、住、その他、と分けてまとめ、その中で生徒達に

必要と考えられるものをとりあげて重点的に教え、出来るだけ実技の時間を多くしました。教科書にある裁縫調理に入る前に中学部の１年の始めは、躾しい姿勢、正しい話し言葉、発音、挨拶の仕方、本来なら家庭での仕付に依ると考えてよいようなことですが、緑茶や紅茶などのいれ方、勧め方、飲み方、和洋菓子の食べ方など日常的な起居動作とも言えるものでした。しかしその方法としては、とかく前屈位の多い生徒に美しい姿勢と口で言っただけでは徹底しません。点字の本を頭に乗せて落とさないように廊下を歩かせると、生徒達は面白がってよく理解しました。（授業中にしなくては他の歩行者とぶつかるので出来ません）又近くの護国寺や、鬼子母神へ行き、その建立の由来などを聞かせて頂いたりしました。途中の公道の歩き方、学校付近の大まかな地域の理解、特に寮生達には生活に必要な商店の位置や、正しい名称も覚えてもらいました。

　衣食住の変遷の簡単な歴史も講義し、自分の生活がどのような過程を経て現在に至っているか、望ましい家庭生活はどうでありたいか、又今後、どんな変化や発展があるだろうか。自分個人のことだけでなく家族のこと、視覚障害者のグループだけでなく、地域社会の人々のことも考えられる人になって欲しいと思いました。和菓子で緑茶を飲む授業の時は学校のものだけでなく、私の家にある湯呑み茶碗や茶托の種類を持参して、その形、大きさ、厚さなど触れてもらい、更にそれぞれ色、模様のあることを知ってもらいました。

　夏休みの宿題について、中学部１年は自宅の近くに住むお年寄りの方を訪ね、その方の子供の頃の自然や、人々の生活のあり方に変わったことがあったら、お聞きしたことを書いてくること、２学期の始めには読み合って、級友の住む地方の様子や生活の変遷も知りました。

　２年生の宿題は自宅にある布の端切れを母親から頂き、その生地の名

称、色、模様などを聞き、家人の何を作ったものの残り布か、一枚づつ点字紙にとめて書いて来ることにしました。これも２学期の始めにお互いの持ちよったものを交換して話し合い楽しみました。授業で被服の原料とか、その性質とか話しても、現実に生活と密着した観念がなければ関心は深まりません。又こうしたことによって、家族も盲児への理解が深まるのではないかと考えたからでした。

高等部の授業については、新憲法によって変った、家庭生活に関りの深い家族法の中の結婚、親権、相続等、育児では妊娠、出産、乳幼児の発達心理の基本的な概略、社会福祉、児童福祉法など講義しました。又中学部で授業した日常的な起居動作の高度なあり方について、例えば、洋間や座敷での作法、人を紹介する時の順序、名刺の交換などについてでした。名刺については、通学生は自宅にあるものを持ちより、私も自宅から何種類か持参し、形や、大小、紙質の違い、書いてある肩書から、文字の種類の違いなど、触れてもらったり、読んで聞かせたりしました。

思い出してみますと、現在生活科と言われている教科や養護訓練といわれている授業の一部を、家庭科で代行していた。しなくてはならないような現状だったと思われます。

私としては非常に不本意な家庭科の備品、（例えば洗濯の実技に、自宅が近いのが幸で物干し竿を家からかついで行ったこともありました）実技教室も、年々充実してきましたが昭和42年、新校舎の建設に伴ない、日本の一般家庭に近い生活の場のモデル（当時の）として、満足出来る教室が与えられ、生徒達のためにも、教える教師達のためにも、大変喜ばしいことでした。現在では普及した洋式の便器も、当時は珍しく、生徒が困ることのないように、触れて納得出来るように教室の一隅に使用禁止の洋式の便所を作って頂いたり、全身が映る三面鏡を、ぜひとお願いして買っ

て頂いたりしました。その頃、増えて来た弱視の生徒達が大喜びで、鏡に映る姿をあれこれ話すのを聞いて、全盲の生徒達も見えるということ、他から見られるということはどういうことか、友達から自然のかたちで伝わって行くのをみて、私はやはり買って頂いて良かったと思いました。蛇足ですが、その後、ある国立大学家政学部の教育の教授が見学に来校された時、大変な賛辞を頂きました。

　私が盲学校で教師としての想い出は、言葉に尽くし難いものであります「あなたの思うようにして」と言われて、自由にさせて頂けたことを本当に有難く思っています。

　築地の魚市場へ見学に行き零下何十度という冷凍室へ入れて頂いたこと、教育大（現筑波大）附属中学校へ１日入学を許可して頂き一緒に授業を受けさせて頂いたこと、大塚署に行き、少年課の担当の方から、文京区の少年犯罪の実態調査の結果を聞かせて頂いたこと。（当時犯罪者の年令若年化が問題になっていました。寮生の多い学校ですから身近な実態を教えておきたいと思いました。）

　高等部の学生達は、家族・社会福祉の授業の一部として、少年院の練馬鑑別所に見学に行き、鍵のかけられた小さな部屋、中には小机の他何の調度もなく鉄格子の付いた小さな窓、室内のすみの床に蓋をあけて用をたす便所、自分達と同じ年頃の少年達がどんな理由で、このような処へ来なければならなくなったか、所長からお話しを聞き、皆で考えてみたこともありました。（当時練監ブルースという歌が街では流行していました。）

　卒業をひかえて、中学部も高等部も最後の実技は、茗渓会館にお願いして、西洋料理のフルコースのテーブルマナーの勉強でした。希望される先生方や、父兄も一緒に、料理長から説明を聞きながら楽しい最後の授業でした。

昭和47年、退職するまでの長い間盲学校の教師をさせて頂いて、それまで知らなかった様々の事を勉強させて頂き、心から感謝しておりますが、私が盲教育に、何かお役に立ったことがあったろうか考えて見ました。全日本盲教育研究会という組織の中で家庭科部会に属しておりました。地方の盲学校ではまだ消極的な考え方が一般で、調理の一部とか、手芸的なことをさせて安住している先生方が多く、他方元気の良い先生方は家庭科の教師は教員室での発言をとりあげて頂けない、などの話題が多いようでした。男女必修になった理由を考え、教師が先ず大切な教科を自覚するよう励ましあったものでした。

　私は寮の生活指導の部会へも出席しましたが、生徒の異常行動の指導に困惑している寮母さん方の発表がいくつかありました。私は大学校の卒論を精神薄弱児について書き、十年程その教育に携わった経験から、その生徒達は盲精薄児と考えるのが妥当であるようで、その線に沿った教育を考えた方が良いと判断しました。運営委員の先生方にお願いして、二重障害を持つ生徒の研究部会を設けて頂きました。盲教育の進展にいくらかお役にたったなら幸だと思っています。

　私が就任した年の秋の文化祭に兼常清佐先生御夫妻をお招きしました。劇や独唱、合奏など、終わるまで聞いて下さいました。先生は大正、昭和期の音楽学者で、日本音楽の独特な研究や評論活動で著名な方ですが、学生、生徒の明るく、積極的で気力溢れる姿に驚かれ「あれだけの能力のある生徒を更に伸ばしてあげたい。私達と全く同じ情報を彼等に与えることが出来たなら、もっともっと幸せになるだろうし、社会のためにも役立つ人々になるだろう」と感嘆されました。その頃に比べて驚くばかりの情報が社会に溢れ、盲学生達にも届いていると思います。私は退職後も学校の近くに住み、往来でよく学生達に逢うのですが、あの頃の障害を乗り越え

て何でもしてみるぞといった気力が、かえって薄れたように見受けられるのです。あの頃日本全国から進学して来た個性豊かでやんちゃな学生達、若い悩みを真剣に教師の私にぶつけてきた学生達を思い出し、兼常先生の熱い口調で語られた言葉と重ねて、複雑な想いでいる私です。敗戦、外国の占領下で教育界も混乱していた頃の盲教育の一端を書かせて頂きました。

　　　　　　　（筑波大学附属盲学校創立120周年記念文集「輪唱」より転載）

3．木造校舎での青春

　　　　　　　　　声楽家・エッセイスト　塩谷靖子（旧姓　浜田）

　附属盲学校の高等部に普通科ができたのは1960年のことだった。

　「いよいよ来年度から普通科ができるんだって」。私たち中3のクラスは、この話で持ち切りになった。だが、「普通科」という言葉は、私たちにとって魅力的であると同時に、安易に口にしてはいけない「タブー」でもあった。理療科と音楽科しかない高等部に普通科ができるということは、確かに画期的なことではあったが、初めてそのコースに進む者にとっては、言わば実験台にされるような不安があった。

　「普通科なんかに進んで、その後どうするのか。大学に行ったって教科書はないし、就職だって難しい。そんな危険な道を選ぶのはやめたほうがいい。理療科へいくのが一番安全な道だ」とアドバイスする先生や先輩も多かった。もちろん、私たちのことを心配してのことだっただろう。だから、「普通科」という言葉はなんとなくタブーのように思えたのだった。

中学部を卒業して普通科へ行くのが当たり前になり、多くの人が大学へ行くようになった今の人たちには、あまり実感できないかもしれないけれど、当時、大学進学は、いわば「無謀な行為」とされていた。

　一方、その数年前から「専攻科第2部」（通称「2部専」）という3年コースの理療科ができていて、一般の高校を卒業した人たちが入っていた。だから、普通科を卒業してから、2部専へいくという方法もあった。

　結局、その年に普通科に進んだのは、私も含めて、わずか3人だった。しかし、予想していたとはいえ、授業のやり方は実にややこしいものだった。例えば、どの科目も、同じ学年の理療科（5年コース）の生徒との合同授業と、普通科だけの授業の両方を受けることになっていたから、内容に一貫性がなく、進んだり戻ったりという状態だった。

　我が家の近所に住んでいる高校生たちに、時々、授業の様子などを聞くことがあった。そして、「これでは、とても太刀打ちできないな。大学受験なんてとても無理だ」と思ったものだ。

　普通科ができても、先生の人数はそのままだったので、全ての授業を普通科だけで行う余裕がなかったという事情もあったのだろう。また、「大学受験」ということを意識して授業をする先生も少なかったことは事実だ。期末テストの問題も、点訳せずに口頭で読み上げて生徒に書き取らせる先生もいた。

　点字の教科書も、それまでと同じように職業高校用のものしかなかったので、普通科用の教科書は、自分たちでなんとかするしかなかった。

　このように書くと、いかにも大変な努力をして勉強していたように思われるかもしれないが、少なくとも私は、先生や先輩たちのアドバイスに逆らって大学へ行く勇気がなかなか出なかったことや、家庭の経済状態への心配もあり、2部専に行くことをほぼ決めていたので、それほど

の危機感もなく、好きな科目の好きな部分だけを勉強していた。「2部専を出て理療の免許を取ってから大学へ行ってもいいし」などと、漠然と考えていた。

しかし、同じ普通科でも、最初から大学受験だけを目指していた人もいたから、そんな私は、ずいぶん迷惑をかけたように思う。わずか3人しかいないのだから、教科書や参考書の確保ひとつにしても、3人で力を合わせなければならなかったのに、私はいつも受身で、恩恵を受ける側にいたように思う。

理療科との合同授業では、何ヶ月もの間、毎時間、好きな小説の続きを読んでくれる先生がいたりした。私は、それを結構楽しみにしていたものだが、最初から本気で大学受験を目指していた人にとっては割り切れない気持ちだったことだろう。

今の時代だったら、「普通科を創っておきながら、教科書の用意もなく、普通科としてのカリキュラムもないなんて。期末テストの問題も点訳しないなんて。授業中に小説ばかり読むなんて。」と、生徒からの抗議があるはずだが、まだ柔順でしおらしかった私たちは、黙ってその方針を受け入れたのだった。世の中全体の権利意識もまだまだ薄かった時代である。

もちろん、大学受験のことを本気で考えてくださる先生もいた。だから、先生同士、目には見えない対立の構図があったことを、私たちは薄々感じていたものだ。

次の年からは、普通科へ入る人数も増えていった。そして、数年後、教科書も一通りのものはそろうようになった。

当時、ようやくオープンリールのテープレコーダーが個人で持てる時代になっていた。自分たちで用意しなければならない教科書や参考書は、

ボランティアの方々に録音していただくことで、なんとか間に合わせていた。

　こんなこともあった。ボランティアの1人に、こちらが何も指示しないのに、完璧な読み方をしてくださる方がいた。その方には数学や物理をお願いしたのだが、書かれている順に読むのではなく、聴き手に分かりやすいよう、臨機応変に優先順位を考えて読んでくださっていて感心したものだ。ご自身、理系の仕事に携わっておられるとは聞いていたが、数年後の1965年、朝永振一郎氏が「くみこみ理論」によってノーベル物理学賞を受賞されたとき、その音訳ボランティアが朝永氏夫人であったことを知ったのである。

　あの大きくて重いレコーダーは、とても持ち運べるようなものではなかったし、かといって2台のレコーダーを買うことなどできないから、ダビングはいつも寮生の人たちのお世話になったものだ。

　オープンリールはテープがむき出しなので、しょっちゅう絡まったり切れたりした。その度に、はさみやセロテープを使って繋いだものだ。当時は猫を飼っている家が多かったので、回っているテープやリールに猫が爪を引っかける騒動も多かった。カセットが当たり前になったのは、それから7・8年後である。小さくて軽くて、横にしても裏返しにしても大丈夫で、猫も見向きもしないカセットを手にしたときは感動したものだ。そして、今はデジタル録音時代になった。二槽式洗濯機の時代には戻れても、オープンリールの時代にはもう戻りたくないものだ。

　オプタコンもパソコン点訳もインターネットもない時代だから、そして、我が家のように電話のない家も多かったから、私たちにとって、テープレコーダーは1日たりとも手放せない大事な情報源であり、楽しみを与えてくれるものだった。

当時、寮には毎週のように朗読ボランティアが来て小説や学習参考書を読んでくれていた。希望者は、食堂などに集まってそれを聞いていたようだ。朗読は録音され、ダビングしたものを私たち通学生も借りることができたので、ずいぶん恩恵にあずかったものだ。ボランティアは、東洋英和や日本女子大の学生が多かった。男子の寮生と彼女たちとのロマンスもいろいろ漏れ聞いたものだ。

　今は懐かしい死語になったが、「点写」というものがあった。1冊しかない参考書や小説などをひたすら点字板で書き写すことだ。左手で原本を読みながら、右手で書き写すのだ。授業中に、この点写するコツコツ・ガタガタという音が、教室のどこかしらで聞こえていた。事情が分かっているので、先生も注意することはなかった。だが、普通科3人だけの授業のときは、さすがに点写するわけにはいかなかった。電子レンジのない時代には戻れても、点写の時代にはもう戻りたくないものだ。

　あれから半世紀も経った今、先生や生徒や世の中の意識も変わり、卒業生の進路も広がった。喜ばしいことだ。

　私はこの原稿を書きながら、半世紀の流れと、その変わり様に、改めて思いを馳せている。そして、長い間忘れていた、あの古い木造の校舎の空気や、その中で繰り広げられた悲喜こもごもの出来事を懐かしく思い出している。

　いろいろ批判的なことも書いたけれど、それらも、今の時代にたどり着くまでのプロセスの1つとして、当時としてはごく自然の姿だったのだと思っている。

　　　　　昭和37年度高等部普通科卒業・昭和40年度専攻科理療科第2部卒業

4．弱視の立場から

大谷まさみ（旧姓　小林）

　私は先天性の白内障です。

　戦後の混乱期に生まれ栄養不足が原因だそうです。両親は動物園や遊園地に連れて行っても何の反応も示さない私を本校に入学させました。そして1年生から点字を覚えました。ところが中学の時、担任だった工藤先生が僅かな視力があれば普通文字を覚えなさいとおっしゃって放課後練習帳を使って鉛筆の持ち方、文字の書き順などを指導して下さいました。でもなかなかうまくいかず現在に至っています。

　普通校から転校してきたクラスメートは国語の授業で熟語の意味を漢字を聞いてすらすらと答えていたのを記憶しています。

　幸い就職先の病院ではカルテに記入するといった事もなく、仕事をしていて特に困った事もなかったように思います。

　患者さんの氏名、病名、施術部位が理解できればOKでした。

　字が読めない時は同僚に聞いたり、病室が分からなくなったら周りの人に聞いたりしました。

　電話交換の仕事をしていた時は仕事自体、交換機は障害者対応の機械でしたし、座席票は年に1度人事異動のとき新しいものを同僚に読んでもらって覚えることと、簡単な連絡事項は口頭で伝えてもらえるし、困った事はありませんでした。

　最近はサービス業も含め役所や金融機関も親切になりました。

　健常者も永く視覚障害者と接していてもすれ違いはあるけれど、多くの人は接した事がないのだから紆余曲折があるのは当然の事だと思います。弱視は見え方も千差万別。暗いほうが見やすい、文字が大きすぎて

も見にくい、画面が暗すぎても明るすぎても見にくい、視野が狭いなど、さまざまです。

　これからもこの中途半端な不自由な生活とうまく付き合っていかなければなりません。

昭和43年度高等部専攻科理療科第1部卒業

5．弱視教育草創期のころ

大生病院リハビリテーション科係長理学療法士　榎本得衛

　附属盲学校の弱視教育は、昭和42（1967）年に、中学部で始まりました。私たちは3期目でしたが、当時は統合教育という考えがなく、基準の視力に満たない児童・生徒は盲学校を勧められるといった時代でした。そういう時代であったので、私は附属の小学部に入学しました。入学してから4年ぐらいは点字で教育が行なわれ、点字教科書が使用されていました。私たちは点字を覚えると、指で読まずに目で見て読んだのを覚えています。こうした状況でしたが、私たちは親（当時はほとんど専業主婦だったので、母親）から字を教わり、小学生向けの学習雑誌で字を覚え、子ども向けの本を読んでおりました。高学年（5～6年）になると、最近の「後援会通信」にもお名前が載っていて、当時は新卒だったと思いますが、金本先生が来られ、私たちの担任になりました。それからは一つの学級に点字使用者と一般の字（明治の言葉でしょうか、盲学校では墨字といっていました）がいるといった状況でした。そうした中で、私たちは国語の漢字を覚え、算数の筆算を覚えたりしました。私たちは昭和42（1967）年に中学部に進学しました。

当時は現在の校舎が建設中であり、私たちの教室は女子寮の１階にあり、畳の上に机を並べていました。点字使用者のクラスはＡ組、弱視学級はＢ組と呼ばれていました。当時のクラスは附属の小学部出身者、他の盲学校出身者、都内の区立小学校出身者がおりました。そのころは福祉機器も、字の大きな本もありませんでしたが、それでも精神的高揚感のようなものがありました。頑張ろうという気持ちがあったように思います。

　半年余りで現在の校舎に引っ越し、教室は２階になりました。そのころ３枚合わせの最大 15 倍の拡大レンズを皆で購入したのを覚えています。これは辞書を引いたり、その他いろいろなことに役に立ちました。私は今でも高倍率のレンズを持ち歩いていますが、それは「細かい字はわからないので、そのままにする」ということをしていると、知識そのものが不十分になるからです。もう一つは、単眼鏡の使用でした。教室の前の方の席に座っても黒板の字がよく見えないというときにはこれが重宝しました。こうした光学的な用具のほかに、先生方の指導にも感謝しています。国語の宮内先生（故人）にはよく漢字テストをしていただきました。今はパソコンの時代で手書きの書類もなくなりましたが、あのころ覚えた漢字が今でも役に立っています。

　弱視学級というのは、一定の視力に満たない者は盲学校を勧められるという現実と、一般の字を覚えたい、使いたいという弱視者のニーズのすき間を埋めるものでしたが、当時の私たちには自分が盲学校にいるとか、弱視学級にいるとかの意識は特になく、ぬるま湯につかっているような状況だったので、特に進路に悩んだりすることもなく、私たちは高等部に進学しました。

高等部（普通科）では点字使用者とともに一つのクラスになりました。2年生になると、今までの生活ができなくなり、進路を考え、対策を立てなければならなくなりました。私たちの時代から、点字使用者を含めて、大学進学を志す者が増えました。大学進学はその後の職業の問題もあり、悩みも多かったのですが、一度盲学校を出てみたい、自分を試してみたいという衝動のようなものがありました。当時は点字使用者は受験の交渉から入らなければならない時代でしたが、私たちは一般の受験生と同じ条件で受験しました。振り返ってみると、当時の志がかなった人も、そうでなかった人もいます。しかし、もっと大きな試練が職業に就いた後にきたように思います。中年期になると病気の進行による視力の低下などの問題に直面する同級生がでてきました。

　こうして色々なことがありましたが、私たちの学年は50代後半を迎えようとしています。振り返ってみると、あの畳の上に机を並べた教室は、私のその後の人生の原点だったのかもしれません。

昭和47年度高等部普通科卒業

6．弱視の私が学んだ盲学校

三菱東京UFJ銀行　田畑美智子

　私は幼稚部年長組から高等部普通科まで附属で育った、いわゆる「純粋バイオ」です。弱視として13年間盲学校で学びましたが、今ほどITや補助機器が発達していない中で、確かに、自分も、先生方も、親も、一生懸命でした。

幼稚部では、私より視力の低い人たちも含め、結構色を扱っていたのが印象に残っています。右手に赤、左手に黄色のチューリップを持ってお遊戯をしたり、大きな画用紙に信号の３色を書いたり。私には信号の黄色がオレンジ色に見えたのでオレンジに塗ったら「違う」と言われてがっかりしたり、私より視力の低い友だちが青信号を緑ではなく本当の「青」で塗りつぶしたり、笑えるような笑えないようなことが色々ありました。

　幼稚部に入る時は、担当の先生と母が面接をしている横で三輪車を乗り回していただけですが、小学部に入る時はれっきとした入試がありました。中身は殆ど覚えていませんが、１つだけ記憶にあるのは、黒板に何か文字を書き、それを読むように言われたことです。６歳の私には、高いところにある文字は見えませんでした。そこで、試験官が私を抱きかかえ、それで黒板の文字が読めて、そして褒められました。私の名前でも書いてあったのでしょうか。

　左右がそれぞれ0.01という視力では普通、墨字教育は難しいとされているそうですが、そんなことは後になって聞いた話で、私の小学部１年生は当初、Ｂ組に私より視力が低い同級生もいました。教室に入ると書見台が机の上に並んでいました。きっと、本に顔を近づけても姿勢が悪くならないようにと考えていただいたのでしょう。この書見台の上に教科書を置いて読むのが中々難しく、結局は両手に持って読んでいました。使わない書見台ほど邪魔なものはありません。

　私より視力の低い同級生は、１学期が終わるとＡ組に移りました。拡大教科書がなかったので、教科書の文字が見えないと点字に移行していったのです。最近ようやく拡大文字の教科書への動きがありますが、当時は母や一部ボランティアの手書きがあるかないかといった状況でした。

けれども、弱視にとって実は、手書きの文字ほど苦手なものはありません。私も、母の手書き拡大写本より、少し小さくても活字を選んだくちです。後に米国の盲学校に留学すると、疾うの昔に拡大教科書が印刷・製本されていたのが強く印象に残りました。米国の拡大教科書はA3より大きなページなので、持ち上げることはなく、机と自分の体の間に斜めに立てかけて読んでいました。

　小学部高学年になると、教科書に書いてある文字がめっきり増え、裸眼では文字が読み難くなってきましたが、幸い、ただの虫眼鏡より性能の良いルーペを手にする機会がありました。大きいけれど倍率の低い弱視レンズでは余り役に立たなかったのですが、視野が狭くても倍率の高いルーペを使うことを覚え、辞書などに果敢にチャレンジするようになります。辞書と言えば、当時買った拡大版の英和・和英・国語・漢和などの辞書が今でも書棚に鎮座していますが、ただでさえ大きいのに紙まで分厚く、点字のように卓上に置いて見るのも姿勢が悪く苦しいので、実は余り使っていません。重い拡大図書を左手に持ち、右手でルーペを持つのは、決して楽ではありません。

　体育でも遠足でも林間学校でも、私くらいの視力があると、もっと視力の低い人の手引きをすることになります。校庭で自転車に乗る授業では先導役をしましたが、A組の人の方が自転車に乗るのが上手だったりしました。ハイキングの手引きは、今思うとちょっと怖くなるような山道も手引きしたものです。後日、全盲の人に、弱視に手引きされるのが怖かった経験談を聞きました。ちょっと申し訳ない気がしますが、仕方ないです。ただ、こうやって育っていくと、社会に出て逞しく生きていくことが出来ているのかと思うことがあります。晴眼者の人数が足りない時でも、すぐに何人も連なって移動しようと反射的に考えます。

小学校を卒業する頃になると、下級生に拡大読書機を利用する人が例外的に出てきました。確か未だ1台相当の価格だったと思います。実験的に使っていたのでしょう。私が実際に拡大読書機に触れるのは、養護訓練のような場だけで、日常的な学科の学習に利用するまでには至りませんでした。ただ、今でこそパソコン上でもウィンドウズのハイコントラストで白黒反転がかなり一般的になりましたが、読書機の中で黒板のように黒い壁に白い文字が並んでいるのには感激しました。他方、目はやはり疲れました。家ではいつも母に、目が疲れるからという理由でテレビを見るとうるさく言われていたので、何となく矛盾を感じたのも事実です。

　中学に入り英語に目覚めるのですが、もしかしたら漢字よりアルファベットの方が画数が少ないからだったのではないかと思うことがあります。漢字はとにかく苦痛でした。細かい線はよく見えないし、何だか似ている文字が多いし、手本は苦手な手書きだし。今だったらパソコンが普及しているので、例えば先生の作る教材ももっと読みやすい活字で大きく出来たのではないでしょうか。あ、先生方の字は上手でしたので、誤解なきよう。

　小学校の高学年から中学部にかけて、視聴覚教室を使う授業が現れました。教育テレビの番組を、個人個人の読書機みたいな端末で見るのがメインです。このテレビのネットワークに拡大読書機を組み合わせて、先生が前で何か書いて、それぞれが端末のテレビで見るような形態がありました。テレビの感覚は楽しいのですが、やはり目は疲れました。

　B組の授業は最後までよく黒板を使っていました。漢字の書き取りの問題を先生が黒板に書いて、単眼鏡で見る人もいましたが、私は途中で座席から読むのを諦め、黒板まで歩いて行って、問題を覚えて席に戻っ

たものです。

　振り返ると、私が在籍した頃は、ある種の過渡期だったのかも知れません。丁度少しずつ高度な技術が弱視の学習環境に登場してきたり、先輩方が起こした大学の門戸開放の流れが更に一歩一歩進む中で、学科の教育にもスポットライトがそれまで以上に当たっていたのかも知れません。国連の障害者年があったり、雇用促進法が新しくなったり、女性である私にとっては均等法も施行され、企業で働く道も少しずつ開拓されていった、そんな時期だったのでしょう。

　盲学校で勉強したことで、その後の人生を逞しく生きる礎になったことは間違いありません。当時の用語で言う「統合教育」を受けて育った弱視とその後何人か知り合いましたが、盲学校だからこそ試行錯誤しながら色々な経験が出来たと今でも確信しています。他方、高等部を卒業して大学に進学した時に感じたギャップが大きかったのも事実です。やはり地元に友人がいない、そして少人数の中だけで過ごしてきたことが影響したのだと思います。盲学校で得られる逞しさや着実な学力などの強みに、盲学校だけでは得られない地域に根ざした社会性などを補えたら素晴らしいのだと思います。

昭和 56 年度高等部普通科卒業

7．私の世紀末カルテ

水野整形外科勤務　小島啓司

　失明するなら若いほうがいいのか、歳をとってからのほうがいいのか。いったいどちらがいいのだろう。中学 3 年の 14 歳の頃、失明したが、そ

のことが自分にとって不幸だったのか不幸でなかったのか、その最終的な答えを出すのは先延ばしにして 70 以上生きてから結論を出したい。今はかみさんも元気だし、子供もまだ中学生と高校生だから、幸せの家庭というものを継続しなければならないと思っているところだ。とはいえ、あの中学生の時にもしも失明していなければと想像を巡らすことはよくある。マルファン症候群の性質をもっと熟知し、あの時プールに入らなければ網膜は剥がれることは免れたはずだ。そうすれば、なんとかどこかの一般高校に行き、一夜漬け的の勉強でどこかの大学に入ったかもしれないし、高卒で車の免許を取り小さな会社でサービス残業をさせられていたかもしれない。友人はいただろうか、恋人はできただろうか、結婚はとあれこれ考える。ギャンブルと同じで「もしもあの時ああしておけば」などと考えるのは空しい話だ。その時が再びやって来ることは二度とないからだ。

　現実を振り返ってみると、14 歳で失明した後、1975 年に東京教育大学附属盲学校に入ることができたが、これは自分にとって運が良かった。それも保健理療科という新しくできた中途失明者を対象にした学科だったから渡りに船だった。

　自分自身、失明してしまった焦りもあってか、急いで自立できる方法を知りたいという希望も強くあった。今まで無事に過ごして来た親・兄弟のいる平和な家族の中で、自分が不幸の発生源になることはどうしても許せないと思っていた。

　上記の盲学校に入学後、今まで経験したことのない刺激を沢山受けることになる。それは今まで想像もできなかった光景だった。視覚障害を持った園児が廊下を走ってきて、私にふわっとした感触でぶつかると、これまたふわっとした動作で私を迂回してまた走って行くのだ。なんと

いうことでしょう。見えなくても廊下を走る視覚障害者がここにいる。それまで盲学校というと、非常に暗いイメージで捉えていたが、それが大きな間違いであった事を痛感させられる事は他にも沢山あった。独り暮らしを実現している人、杖を持たずに家から学校まで通ってしまう人、楽器を器用に操る人、大学に進学する人、治療院を開業する人、盲学校の教官になる人、スポーツの大会にチャレンジする人、視覚障害者自身が立ち上がり、読書環境を改善しようと働きかけるグループ、視覚障害者用のソフトやハードを開発する人、などなど、とにかく、色々な強者が沢山いた。

そのような沢山の先輩方の刺激と、寮に入るよりも自宅から通えという先生の思慮深い御指示のお陰で、６年間墨田区の自宅からこの学校まで通うことができるようになったし、学校以外のお店や友人宅へもほっつき歩くことができるようになった。学校では勉強だけでなく、多くの視覚障害を持った、頼りがいのある先輩方から色々な知識を得て、コンピューターにも詳しくなったし、音楽を通じて親しい友人もできた。その当時、私を迎えてくれた先輩達の言うことがおもしろかった。「今度、盲人らしい盲人が入って来たぞ」と言うのだ。私から見れば君らのほうが正真正銘の盲人だろうが…、と言いたくなったが、現状をよく考えると彼らの言う事のほうが正しい。右も左も分からず、杖のつき方、歩き方、どれもこれもぎくしゃくした頼りない状態だったから、これが彼らには「盲人らしい盲人」という穿った表現になった訳である。そういう彼らに誘われて、一緒に街中をほっつき歩き飲食店にもよく出掛けた。旅行にも度々参加させてもらった。その楽しい特訓のお陰で卒業後は念願だった独り暮らしができるようになったし、歩行時の怪我も少なくなった。今だったら「盲人らしい盲人」とは言われないだろう。学校の就

職担任の先生に連れられて訪れた病院に就職し、もう少しで30年が経過しようとしている。高給取りではないが仕事が安定したお陰で結婚もでき、2人の子供も授かった。

　たかが盲学校、されど盲学校。あの盲学校は私に多くのヒントと力を与えてくれた重要な存在だ。中途失明者であった自分は、今まで見えていたものが見えなくなったということで、自分がいつもマイナスを背負っているという意識があった。周りに対して劣等感が強くなり、卑屈な物の考え方をするようになる。何でも諦めムードになる。頑張っている人、朗らかな人をまぶしく感じて遠ざかってしまう。などなど、自己嫌悪する材料には事欠かない状況だった。それが周囲の優しさと勇気を持った人達のお陰で色々なことを試してみようか、何でも諦めずに続けてみるかという気持ちに変わっていった。そして希望が持てるようになった。失明したと同時に、ある意味で自己開拓ができたのかもしれない。50歳を過ぎた今、改めて振り返って見ると、これが不幸な人生と言えるのだろうかと考える。見えないことは確かにハンディーだ。ただそのハンディーのお陰で巡り合った人たちがいる。良い飲み仲間もできた。音楽も在学中の仲間が今でも継続してつきあってくれている。辛いこともないことはないが楽しい事の数のほうが多いように思える。言い過ぎと言われるかもしれないが、私の周辺には悪人は存在していない。花園の真ん中にちゃっかりと座らせてもらっているように思う。このまま子供らが無事に大人になってくれれば言う事はないのだが。障害者としても、人間としても半人前以下の自分を広い心で見守ってくれた人達のお陰で今の自分があると思う。先生方、先輩方、友人達、兄弟、今はいない両親に感謝したい気持ちはこれからも変わらないことでしょう。

　　　　　　　　　　　　　　　昭和56年度高等部専攻科理療科卒業

8．青春の追憶

栃木県立盲学校音楽科教諭　南沢創

　東京盲唖学校から盲学校と聾学校が分離して100年、そのあゆみを同窓生の証言によりまとめようというプロジェクトに寄稿者として参加させていただける幸運をいただき、私事ではあるが筑波大学附属盲学校在籍中の想い出話をすることにした。学校の公式な年賦には決して乗ることのない、しかし同窓生には本当に懐かしい想い出の扉を開くきっかけとなりうる出来事を書き記したい。

　私が筑波大学附属盲学校高等部専攻科音楽科に在籍していたのは、1992年の5月19日から1995年の3月末日である。

　1992年といえば歌手の尾崎豊が肺水腫で亡くなった年、バルセロナオリンピックが開かれた年、そして9月から試験的に公立学校に週5日制が導入された年である。

　附属盲学校の歴史に目を移すと、3人部屋の薄暗い寄宿舎が、全室冷暖房完備の超近代的な建物に建て替えられたのは1993年から4年にかけてのことである。

　私が盲学校を卒業する1995年は、1月17日に阪神淡路大震災があり、3月20日にはあの地下鉄サリン事件が起きた。

　話を私と附属盲学校との出会いへと進める。1992年春のこと、網膜色素変性症の急速な進行により、視力を失う過程で地元の公立高校を卒業した私は、将来に対する大きな不安を抱え、もがくようにして生きていた。

　大学受験失敗、それでも進学への思いが断ち切れず、両親に懇願して予備校に通わせてもらった。しかし当時の視力では墨字を使って翌年、

受験することは不可能だった。

　私は地元の長野県上田点字図書館へ相談に行った。相談を受けて下さった訓練士のＮ氏は即座に

　「予備校に行っている場合ではない、点字と生活技術の訓練を今すぐにはじめよう」

と言った。それでも私は翌日からも予備校に通った。しかしＮ氏は予備校の前で私を待ち受けていて、気づいたら点字図書館……という日が何日か続いた。こうして私の予備校生活は２週間もしないうちに終止符を打ったのである。

　ゴールデンウィークを目前にしたある日、Ｎ氏が私に、筑波大学附属盲学校に、高校を卒業した人を対象とした学習の場があって、音楽を学びながら点字や歩行などの生活訓練が受けられるということを教えてくれた。私は即座に附属盲学校に電話をかけ、教育相談の約束を取り付けた。

　教育相談から数日後、相談窓口の先生から電話があった。
「年度の途中ではあるけれども、君が望むのであれば本校で学ぶための試験を実施する許可を文部省から取り付けました。」

　ゴールデンウィークが終わって１週間が過ぎた頃、私は入学試験を受けた。そしてその年の５月19日より筑波大学附属盲学校高等部専攻科音楽科の生徒となったのである。

　その後３年間の盲学校生活は、私にとって宝物のように尊く、充実したものだった。中でも盲学校の特徴で印象深いこととして心に焼き付いていることを列挙すると、以下の通りである。

①異年齢集団による大きな家族のような寄宿舎生活

学生中心の自治会がしっかり機能し、親睦会が充実していた。また、年長者が年下の者に、先生が教えてくれないような生きていく上で大切なあれこれを教えてくれた。

②専攻科では留年が当たり前のようにあった。

私も点字の読み書きがなかなか身に付かず、１年生を２度やっている。

③音楽科の夜間練習

夕方６時から９時まで、校舎内の練習室や教室で楽器や歌の練習をすることができた。

④活気のある行事

文化祭、音楽科の定期演奏会等には、一般のお客さんや同窓生が多数来ていた。

⑤濃密な友人関係

同級生や寄宿舎の同室者で旅行を計画して出かけることもあった。また、卒業後のつながりもかなりしっかりしている。

私は急速な視力低下による自信喪失の中で盲学校生活をはじめた。落ち込んでいる私を何とか励まそうと、多くの職員や友人が一生懸命私の話を聞いてくれた。少年時代に自然が大好きだったことを知って、釣堀に連れて行ってくださった先生もいた。この釣堀ではその後ずっとお世話になるボランティアさんとの大きな出会いがあった。

２度目の１年生をすることになった時には、それまでの同級生が一生懸命点字の読み書きを教えてくれた。

自分の得意分野を開拓しようと、全国盲学校弁論大会にも取り組んだ。話の舞台は小さな釣り堀。常連客と、急速に視力を失いながらも魚を釣ろうとする私との心の距離が徐々に縮まっていく様子を語り、附属盲学

校出身者としてはじめて全国優勝の栄誉に輝いた。

　そして３年間が過ぎ、点字の読み書きを覚え、何と大学進学をすることもできた。振り返ると全て多くの人々の支えによって実現されたことのように思われる。

　卒業の年の１月17日、阪神淡路大震災の日、私はみんなで献血に行こうと寄宿舎で呼びかけ、夕方、大勢で手をつないで池袋の献血ルームに行った。本当に多くの仲間と、困っている人たちのためになりたい、その正義感に燃えた強い思いで出かけて行ったことを懐かしく思い出す。

　私たち卒業生は皆、自由で温かい校風の中で、人として大切な何かをたくさん身につけることができた。そのことを誇りに、そして大切にこれからも歩んで行きたい。よき伝統が後輩たちに末永く継承されることを願う。

平成6年度高等部専攻科音楽科卒業

９．統合教育と盲学校教育を通して思うこと

日本盲人職能開発センター　鯰江百可

　東京盲学校雑司谷キャンパス開設100周年おめでとうございます。長い歴史のある学校に６年間過ごせましたこと大変光栄に思っています。

　私が本校に入ったのは中学からです。約20年ほど前になりますが、受験で本校を訪れた時、当時はまだ受験者数も多く、私と同じ視覚に障害を持った同級生がたくさんいたことにびっくりして、少し戸惑ったことを覚えています。というのも小学校は統合教育を受けていて、その小学校に視覚障害者は私１人だけだったからです。私は地域の幼稚園と小学

校で教育を受けました。

　当時の義務教育現場は、視覚障害者は盲学校に行くのが当たり前という考え方で、統合教育を受けさせたいと思う親はたくさんいても、なかなか受け入れてもらえなかったようです。両親は将来社会に出て働いてほしいと願い、せめて小学校だけでもたくさんの子どもたちの中で社会性を身につけてほしいと、障害児教育の専門の先生や地元の視覚障害者の方々の支援やアドバイスを受け、小学校へ通えることになったのです。小さかった私には視覚障害者であるという自覚はありません。姉と同じ学校に行くのがとても嬉しくて、みんなと同じ学校生活が出来るのを楽しみにしていたのです。

　でも現実は少し違っていました。遠足やプールの時は親が付き添わなければ出来なかったし、登下校は親の送迎が必要だったり、特に体育に関しては、一部の球技のときは見学だったり、跳び箱は思い切り助走がつけられなくてあまり飛べなかったし、バスケットは思うように走り回れないので、ボールをゴールに入れる専門になっていたし、ドッジボールにいたっては球を避けられないので、ほとんどチームの役には立っていませんでした。みんなと同じにはできなかったけれど、私も参加できるよう先生が色々考えた結果で、それはそれでよい体験だったと今にしてみれば思います。そして大変だったのが点字の教科書です。保護者側で用意するのが入学の条件のひとつでしたので、市中の点字ボランティアの協力を得て教科書、テスト、ドリルはすべて点訳してもらいました。全部の教科書を点訳していたのですから、時には間に合わなくて教科書のない授業もありました。今の統合教育では考えられないのではないでしょうか。おかげで体育以外の授業はほとんど参加することができました。

授業は、基本的に読みは点字ですが、このころ視覚障害者がパソコンを使えるようになり、漢字を覚えておくと将来役に立つかもしれないと、書き取りはレーズライターを使って墨字で行っていました。作文のときはタイプライターを使って別室で書いたり、写生など図工の一部の授業は別の課題をやることもありましたが、ほとんどの授業はほかの子どもたちと一緒でした。ただ、算数でも桁の多い数の計算や漢字の読み書きなど、なかなか思うようについていけない部分もあったので、それは家庭教師に来てもらうことで補いました。

　しかし、6年間順調だったわけではありません。いわゆる「いじめ」というものを体験したのです。2年生までは友達もいて、楽しく生活できていたのに。それは私がうまく授業についていけない時「みんなと同じことができないなら、特殊学級に行きなさい」という教師の心無い言葉から始まりました。教師の言うことは絶対です。私の将来のために何でも1人で出来ないと困るから手を貸してはいけませんという。こどもは正直です。ひとり、ふたりと友達が離れて行き、寂しい思いをしました。その教師が担任だった3年間はちょっと辛い思い出です。それでも卒業までいられたのは、皮肉にも「みんなと同じことができないなら、特殊学級に行きなさい」という言葉でした。3年間、事あるごとに何度も何度も言われ続けたことが、それまで少し気弱だった私に「しぶとさ」を植えつけてくれました。出来ない子のレッテルを貼られるのは悔しい、負けたくない、この学校を卒業するまで頑張るんだ。そういう意味では、このいじめという体験も、私の人間形成にとってはプラスに働いたのではないかと思っています。そして自分が視覚障害者であるという自覚にも繋がっていったのだと思っています。

　本校への受験を決めたのは、ある方から大学へ行きたいなら、中学か

らは附属できちんとした教育を受けた方がよいとアドバイスを受けた両親の配慮からでした。小学生のころから、大学生の家庭教師に勉強を教わっていたせいか、将来何になりたいとまでは考えていませんでしたが、大学に行きたいということだけははっきりしていたので、中学から盲学校へ行くことには抵抗は感じませんでした。本校に入学して、まず最初に感じたのは、その圧倒的な活気でした。生徒は13人。私が通っていた小学校のクラスの半分以下ですが、それに匹敵する、あるいはそれ以上の活力がありました。私は、それまで視覚障害を持つ同年代の子どもたちと接したことがほとんどなかったので、初めはどう接してよいのかわからず、戸惑うこともありましたが、クラスメイトたちはあまりにも自然に、スッと馴染んできてくれました。この活力はどこから来るのだろう。私なりの考えを述べれば、それはある主の「仲間意識」だったのだと思います。

　先日、附属中学部の広報を読む機会があって、1年生に入学した感想が書かれていました。皆一様に「友だちがたくさんできてよかった」と楽しく学校生活を送っているのがよくわかりました。地方の学校では1クラスが少人数で、場合によっては卒業までマンツーマンで授業を受けるということもあるようで、勉強はもちろん、視覚障害者として必要な教育はきちんと受けることができますが、社会性、コミュニケーションはどうでしょう。一方、私の場合は40人前後という大人数の中の1人だったということで、コミュニケーション力や適応力はついたと思います。しかし、クラスメイトの中には「面倒を見る」という感覚で付き合っている子も多かったので、本当の意味で友だちと言える友だちはいませんでした。後で聞いた話ですが、両親が私を普通校へ入れるか盲学校へ入れるか迷っていたときに、「本当の友だちがほしい」と言ったのだそうで

す。実際、中学時代のクラスメイトたちとは、いまでも当時担任だった先生方も交えて、数年に一度はクラス会をやります。中には、趣味を通じてときどき連絡を取り合うような子もいます。

　ここまで「統合教育」と「盲学校教育」、両方の体験を改めて振り返ってみても、どちらがよいとは一概には言えません。ただ、人格形成の基礎ができる小学校時代と多感な中学校時代に両方を経験できたことが、現在の私にとってプラスになっているということは言えると思います。もちろん、教育を受ける本人にとってどちらの環境が合うかはそれぞれ違うと思います。しかし、最近、学校教育に福祉が組み込まれるようになってから、特に若い世代の障害者に対する理解度が変わってきたな、と感じます。こちらからも積極的に社会と関わっていけば、大勢の中で障害者がもっと自然にいられるようになるのではないでしょうか。それは学校教育だけに限らず、会社でも、趣味を通じてちょっとした交流を持つだけでもよいのです。特にこれから巣立っていく若い皆さんには、機会を逃さずどんどん外へ出ていろいろな人と交流し、一般社会を体験していってほしいと思います。

　最後になりますが、筑波大学附属視覚特別支援学校のさらなる発展を心よりお祈りします。

平成9年度高等部普通科卒業

10. 自由と責任　先輩方・先生方から教わったこと

静岡県立沼津西高校勤務　大胡田裕

　「本校には自由な校風があります。しかし、それは同時に、私たち自

身が自らの行動に責任を持たなければならないと言うことです。」

　これは入学式で聞いた生徒会長浦野さんのスピーチの1節である。これからどんな毎日が始まるのだろう、と期待と不安でいっぱいになりながら歓迎の言葉を聞いた日のことは、今でも昨日のことのように思い出される。「すごいところへ来たなあ。このようなスピーチをする先輩方と学べるなんて、なんて光栄なんだろう。」と誇らしい気持ちであった。

　私は平成8年4月からの3年間、高等部普通科に在籍した。同級生は普通科20人、音楽科3人の23人で、およそ半数が高等部から加わった仲間だった。中学までは全校生徒およそ30人の盲学校で学んでいたので、クラスメイト23人、全校生徒百数十人という環境は、まるで外国のように感じられた。また、実際に学校生活が始まってみると、浦野さんがおっしゃったとおり、私たちにはしたいことなら何でもできる自由な雰囲気と、自分の思い通りに使える余りある時間が与えられていたのだ。親元から出てきたばかりの私にとって、それは喜びであったと同時に、大きな戸惑いでもあった。「いったい私はここで何をしたらいいのだろう？」と迷ったあげく、何人かの先輩に相談した。ある先輩の「一度きりしかない高校時代なんだから、後から振り返って、あれをしたなあ、と言えるものが1つあればいいんじゃないの。」というアドバイスが深く心に残った。「それなら柔道だ！」と私は迷わず思った。中学3年で柔道を始めていた私は、東京でも稽古を続けて、できれば初段が取りたいと考えていたのだ。しかし、学校に柔道部はなく、指導してくれる人を見つけることもできなかった。それでも私は、最初のうちは、同室者の迷惑もかえりみず、居室や非常階段で1人で練習していた。また学校や寄宿舎で知り合う人に「柔道の練習がしたいのだけど...」と手当たり次第尋ねたりもした。9月になってやっと、講道館という柔道場に通ってい

る理療科教員養成施設の先輩と出会い、その先輩のおかげで練習場所を得ることができた。講道館といえば柔道の総本山。柔道をする人で知らない人はいない名前だ。たたみに立ったときは天にも昇るようなうれしさであった。「この学校では、自分から行動を起こせば誰かが助けてくれて、何だってできるんだ！」と強く感じた。

　このようにして、1・2年生のころの私は、夕食後の時間の多くを柔道の稽古に当てることになった。道場まではバスで通っていたので、10時まで外出が認められるというのはとてもありがたかった。講道館には柔道を習い始めたばかりの人からオリンピックチャンピオンまで、様々な人が世界中からやってくる。毎晩のように、外国から来た人たちとの英会話を楽しむことができた。師範や先輩たちが英語で技を解説しているのを見て、私も「**Which do you like better, osoto-gari or ouchi-gari?**"（大外刈と大内刈どっちが好きですか？）などと組み合いながら話しかけていた。入学当時は戸惑ってばかりで力をもてあましていた私も、1年生が終わるころには、このように自分なりに自由な時間を思い切り楽しめるようになっていた。結局柔道初段を取得するという目標は高校時代には果たせなかった。しかし、それ以上に、自分から外に出てたくさんの人と関わった経験は、大きな自信になったと思う。また、少しではあるが、日常的に英語が使われている環境に身をおいていたので、日ごろの英語の授業には前向きに取り組むことができた。それが、大学に進学し英語を勉強したい、という気持ちにつながり、英語教員という今の職業にまで結びついていると思うと、とても不思議である。

　2年生のときには、10月の修学旅行に向けた準備を担当した。担任の中田先生は、「5日以内に帰ってくること」と「予算が1人8万円を超えないこと」という条件を満たしていれば、どこへ行くか、何をするか、

どこに泊まるかなどクラスで話し合って考えてよい、と言ってくださったので、私たち旅行委員は張り切った。行き先が北海道に決まると、鳥山由子先生が紹介してくださった函館のボランティアさんと連絡を取り、計画を立てた。ボランティアの皆さんには、現地での宿泊や活動・移動などのあらゆる場面で面倒を見ていただき、本当に感謝している。おかげさまで修学旅行は大成功！！ 同級生1人1人にとって、3年間のハイライトとなるイベントになったと思う。しかし、私にとって最も忘れられない出来事は、旅行から帰って数週間後に起こった。寄宿舎には舎監といって、毎晩交代で男性の先生が宿泊されていた。その夜は地学の間々田和彦先生が当番だった。私が地学を選択していたこともあり、間々田先生は旅行の準備の時から頻繁に相談に乗ってくださっていた。「少しはなしをしたいから、夜私のところに来るように」と言われ、10時の点検が済むと1階へ降りていった。間々田先生は開口一番に、「函館のボランティアさんたちには御礼をしたのか？」と尋ねられた。私が「まだです。」と答えると、先生は真剣な口調で次のようにおっしゃった。「君はこの修学旅行がどれだけのボランティアさんの力に支えられていたと思う。まさか自分ひとりで全部やったなんて思っていないだろうね。人が1人でできることなんて何もない。周りの人に協力していただくことで、初めて何かができる。人間関係は生きていくうえで最も大事なものだ、ということを、君は分かっていない。誰かにお世話になったら必ず感謝の気持ちを伝える。そこまでしてやっと、君は委員長としての責任を果たしたことになるんだ。」大成功に酔っていた私にとって、先生の言葉は、夢から一気に目を覚まさせてくださるほど強烈に響いた。泣きそうになりながら夜中函館に電話をかけたことは、最も鮮烈な修学旅行の記憶である。あれから13年がたとうとしている。自らを振り返ると、まだまだ

社会人としての責任を十分果たせるようになったとは言えないし、ちょっとうまくいくと調子に乗ってしまうところも変わっていない。あのとき私の甘いところや未熟なところを率直に指摘してくださった間々田先生のことを思い出すと、感謝の気持ち以上に、恥ずかしさと申し訳なさで胸がいっぱいになる。

　現在私は、出身地の静岡県で高等学校の教員をしている。私が勤務する県立沼津西高校は、100年以上の歴史を持ち、普通科と芸術科が併設されている。そのようなこともあり、自らの母校に校風はよく似ていると思う。しかし、言うまでもないことであるが、盲学校と普通高校では、教員1人の指導する生徒数は決定的に違う。1学年230人の普通高校で勤める中で、1人1人の生徒と時間をかけて関わることの難しさは日々感じている。私は今でも、高校時代にお世話になった先生方のことを、脳裏にはっきりとよみがえらせることができる。担任してくださった先生はもちろん、3年生のとき放課後遅くまで補習をしてくださった先生、浪人中に静岡まで応援に来てくれた先生、英会話の楽しさを教えてくれたALTの先生、文化祭で一緒にバンドで演奏してくださった先生、修学旅行先の博物館で熱心に解説してくださった校長先生など、エピソードを数え上げればきりがない。遠慮を捨て、一生懸命接してくれた先生方と出会うことができて、私も将来は教員になり、生徒の役に立てる人になりたい、という希望を持つようになった。今の私は、生徒たちのためにどれだけのことができているだろうか？声と名前を一致させるのがやっとという生徒が少なくない中で、恩師たちのような存在に少しでも近づけるよう、試行錯誤を続けている。

　今思い返すと夢のように楽しい3年間であった。現在の私にとって核となる経験をさせてくださった筑波大学附属盲学校、そしてそこでお世

話になった先生方、先輩の皆様、同級生や後輩の皆様に、改めて感謝申し上げます。

平成10年度高等部普通科卒業

11. おもいで

元附属盲学校教官（体育科）　上杉麗子

1　子持ちでの採用

　1967年（S42）年3月、私は寄宿舎の前庭になるあたりで、昼休みでフォークダンスをしている生徒達（高等部生か専攻科生）を眺めていました。明るく楽しそうな雰囲気に、これなら私でも勤められるかもしれないと感じました。正に「百聞は一見に如かず」でした。当時教頭だった林（祐）先生に、「3年は辞めないでください」と言われ、3年位なら頑張れると思い「ハイ」と答えたのが、何と定年まで勤めさせていただきました。同期は有宗先生、木村先生、小島先生、椎名（荻窪）先生などです。

　中学部に弱視クラスが新設されたことから新人採用が続きましたので、先輩の栗原先生、船川先生等の呼びかけで「若者の会」が生まれました。回覧文には「若者と思う者は集まれ。参加しないと村八分」などとありました。新人が抱えた不平・不満から始まり、様々な問題を吐き出し、お互いを理解する事と問題を解決すべく話し合いを持ちました。新人達は会議でも発言するなど、若者の会は活動し続け、結果、新校務分掌作成という課題が与えられ、主に小島先生、有宗先生が中心で取り組み、原案を会議に提案し改変されました。この会を今でも覚えてくださ

り、「バカ者（若者）の会はどうしてますか」などと年賀状で懐かしんでくださったのは、元校長の上田先生です。上田先生は着任間もなく御招待し、物理室で会のメンバーで作ったカレーライスをいっしょに食べていただきながら、会の主旨をお伝えした唯一の校長先生だったからです。その後の校長先生達とは筑波移転問題で対立のまま、またその後は新人もしばらく入って来ない状況の中で、若者も各々大人になっていったように思います。今思うと、生意気な事を沢山言いながら、それでも言い出したからには何とか責任を果すべく頑張っていたこの会を、遠くの方からジーッと見守ってくださっていた河辺先生、山縣先生、岩見先生など、経験豊かな先生達の存在を感謝せずにはいられません。若者の会を知る人も、語る人も少なくなりました。健在だったらきっと書き留めてくれたであろう有宗先生を思い出さずにはいられません。

　乳幼児がいて採用されたのは私が初めてだったようですが、若者の会の皆に助けられながら、その後2回産休を取り、3人の子持ちとなっても仕事を続ける事ができました。私の時代は産休は前後6週間、育休制度無しでした。今は育休制度も整い、女性ばかりでなく男性でも育休が取れる恵まれた時代になったものと思わずにはいられません。

　着任当時、寄宿舎は完成していたものの、新校舎は工事の真っ最中。校舎は1／3しか使用できず、中学部のHR教室は寄宿舎女子寮1階の3室を使用していました。勿論グラウンドも体育館も無し。体育授業は、当時空き地だった現在のプールの場所でした。バレーコート一面がやっとの広さで、うっかりするとボールが講談社側の崖下に転がり込むという状態でした。そんな中でも体育の全校行事として、秋に全校運動会が実施されていました。小学部生から専攻科生まで紅白の組に分かれ、小学部生のかわいいダンスや競走から始まり、教員と事務職員までが加わ

っての大綱引きで終わるのが恒例でした。グラウンドが整備されるまでの間は附属中学校のグラウンドを借りてまで実施されていた全校運動会でしたが、校内紛争後は小学部のみの運動会となり、体育の全校行事は無くなりました。

2 高等部運動クラブ

中学部所属だった私は、伊藤先生が着任されてから高等部所属になり、運動クラブに顧問として関るようになりました。野球部、バレー部、陸上部が毎年のように発足されました。私が関ったのはバレー部（男・女）と陸上部です。

野球部の顧問は功力先生の後を専攻科の野村先生や養訓の赤池先生などが引き受けてくださり、体育科が顧問になる事はありませんでした。それは専攻科生主体のクラブだったせいかもしれませんが、弱視生の少ない中でチームを組むのはかなり大変だったと思います。夏休みに入りすぐに試合ということから、私には夏までのクラブという印象があります。現在の「グラウンド・ソフトボール」のルールは、厚生省の依頼を受け功力先生が手掛けられたもので、ソフトボールを基に作られたものだそうです。このルールが発表された年の全日盲研体育部会に出席させてもらった私は、「勝手にルールを作り、功力はけしからん」との批判の言葉に何とも返すことができず、困ったものでした。盲学校では「盲人野球規則集」で試合を行っていました。新ルールは身障団体に取り入れられた盲人のチームゲームである盲人野球のために作られたものでしたので、社会人ルールと呼ばれるようになりました。関育体連の試合もしばらくの間は以前の盲人野球規則集に従って実施され、学生ルールと呼ばれました。しかし卒業生はいずれ社会人ルールで試合する事になる事

を考慮し、関盲体連の試合でも新ルールで試合するように移行していきました。

　盲人バレーボールのルールも功力先生が考案し、関盲体連の試合はこのルールで実施されてきました。6人制バレーボールを基に考えられたもので、現在の「フロア・バレーボール」の基になったものです。当初は屋外での試合が前提になっていましたから、試合当日のお天気が一番の心配事でした。

　私がバレー部の顧問を始めた頃に非常勤講師をしていただいた植竹先生は、盲人バレーの攻守のフォーメーションを色々考えて授業で丁寧に教えてくださいました。おかげで授業もクラブもとても合理的に行うことができるようになりました。時間があると放課後は練習にも付き合ってくださいました。

　バレー部は高等部生主体のクラブで、数名の専攻科生が加わってチームを組むことが多かったと思います。一番多く顧問をしたバレー部の思い出は、やはり夏休み後半の合宿練習だったと思います。5泊6日校舎に寝泊りし、調理室で食事作りをしての合宿でした。昼と夜の食事作りは寄宿舎職員の杉浦先生にお願いすることがほぼ毎回でした。男子の合宿から始まり、何度目かの合宿では強化練習を組んだ柔道部が3日間昼食を共にしました。その時に柔道部の顧問は河辺先生と水原先生でした。昼食準備のため生徒よりひと足先に調理室に着きましたら何と、河辺先生がおにぎり作りを杉浦先生といっしょに一生懸命されていました。私を見付けると「なかなかうまいもんだろう」とテレながらおっしゃったのを今でもほほ笑ましく思い出されます。

　村上先生が着任され、女子バレー部も毎年のように発足するようになってからは、村上先生が男子部顧問、私が女子部顧問になることが多く

なり、合宿も男女合同で実施するようになりました。合宿中はゾロゾロと列を組んで近くの銭湯に出かけたものです。手引の関係で村上先生と時間を打ち合わせて銭湯の暖簾をくぐる事も多々ありました。校舎改修工事の折には代々木の青年の家に宿泊し、附属小学校の小グラウンドを借りて練習したこともありました。残暑厳しい8月末、練習はかなりきつかったと思います。苦しい合宿を乗り切りチームとしてのまとまりができ、試合に臨む。暑い暑い日々、本当に沢山の汗を流し、最後はうれし涙になるか悔し涙になるか。そんな中で女子の10連勝は本当に汗と涙の栄光と言えましょう。しかし、女子が強くなれたのは男子が練習相手になってくれた賜物であることにちがいないのです。私はこの10連勝に関わらせてもらえた事を幸せに思います。新しく寄宿舎が建て直されてからは、合宿ではなく強化練習となりました。また少子化に伴い、試合では女子の部が無くなりかわりに混成の部ができました。私は男女を問わずバレー好きの生徒に巡り合い、いっしょに合宿したり、強化練習したりして共に汗を流した日々が、昨日の事のように懐かしく思い出されます。

　陸上部の思い出としては、校舎改修工事の時に、千駄ヶ谷の都のグラウンドに練習に通ったことでしょうか。6、7限がクラブだった日は地下鉄とJRを乗り継いで千駄ヶ谷まで行き、1時間半位練習をして帰校。舎生は何とか夕食が食べられるということを何度かしました。一般開放のグラウンドでの練習でしたから、周囲の人にぶつかったり、しないかと、ちょっとハラハラの時間でした。陸上部も高等部生主体の少人数のクラブでしたが、各々自分の目標を持って練習していました。春は都の身障スポーツ大会、秋には関盲体連の陸上大会と年2回試合に出ることが可能でした。春の都の身障者スポーツ大会で好記録を出すと、秋の身

障団体の東京都選手として出場できる可能性が高いことから頑張っている生徒が多かったと思います。非常勤講師の植竹先生は、陸上部の練習でも生徒達といっしょに走ったり、記録を取ったりしてくださいました。また、パラリンピック候補の生徒を筑波に連れて行き、筑波大学陸上部の練習を見せてくださったりしていたようです。植竹先生の後に非常勤講師で来てくださった青田先生は陸上部だったこともあり、放課後はほとんど陸上部に付き合ってくださいました。陸上の授業の中では、基本パターン練習というのを生徒に教えていただきました。おかげで陸上部は青田先生がいらっしゃらない日でも、部長を中心に自主的に練習に取り組めるまでに成長しましたので、私は手ばたき・声だし・記録取り位の関わりでした。原田（清）先生が着任後は陸上部顧問は原田先生となり、それまで何かと心配して、時間があればグラウンドに出ていてくださった伊藤先生は舎監主任とか教頭職とか、お忙しくなっていかれました。

　バレー部にしても陸上部にしても、いっしょに汗を流し、悔しがったり笑ったりして過した日々は私の大切な宝物です。ただ、この宝の陰には数多くの先生達の協力がありました。クラブ活動は横でサポートし支えて下さった先生方無しではできなかった事です。合宿中、強化練習中に通いで冷たいお茶等を作ってくださった先生。試合だけの引率者として付き添って応援してくださった先生。泊まりを伴う試合に、何とか都合を付けて引率してくださった女子の先生等々。本当に心から感謝せずにはいられません。

3　冬期教室（スキー教室）

　伊藤先生が着任されてから行われた体育行事は、冬期教室（スキー教

室）です。私が高校まで競技スキー部だったことを知って伊藤先生は、生徒にスキー体験をさせたいと考えられました。そして葛飾盲学校がPTAと共催でスキー教室を春休みに実施していることを知り、その実態調査をされた上で、本校でもスキー教室をしようと発案されました。本当に行事として可能かどうか種々検討し、会議で合意を得て1974年（S49）年度から中学部冬期教室が始まりました。3月の卒業式の翌日から3泊4日、山形県上山市の猿倉ゲレンデで実施されました。1・2年参加（ドクターストップを除く）、3年生は希望参加でしたが、ほとんどの3年生が参加していました。また、初めの頃は保護者の参加も呼びかけましたので、数名のお母様も参加されました。

　夜の教員ミーティング終了後は、お母様達といっしょにビール片手に語り合う楽しい親睦会（？）を毎夜していました。そんな場では、「どうしてうちの息子だけシゴクのですか」など、親ならではのお言葉も出たりしました。良き時代だったと言わざるを得ません。

　高等部冬期教室は中学部の実績から1979（S54）年度から始まりました。1・2年生全員参加（ドクターストップを除く）、4泊5日でやはり山形県上山市の猿倉ゲレンデで実施されました。生徒約40名の行事なので、指導者不足を補うため外部からスキー指導ボランティアをお願いしました。主に音楽科の広瀬先生を通じて武蔵野音大のスキー部に依頼し、大学生数名に参加していただいてました。宿泊・交通費は冬期教室の費用に含まれていましたが、日当0円の本当のボランティアでしたので、参加してくださった大学生の方々が熱心に技術指導に当たってくださったばかりでなく、冬期教室の主旨を十分理解して協力いただいた上に、若々しい楽しい雰囲気まで加えてくださいました。参加した生徒達にとって年齢が近い学生ボランティアの存在は、色々な意味で刺激となり、

今でも忘れられない思い出の中にしまい込まれていると思います。

　生徒の感想文では、1回目の1年生はやはり日常に無い冬山での生活と初めてのスキー体験はかなり苦痛なものだった事が解ります。長いスキーに翻弄され、転んでばかりいた事がやはり悔しかったようです。2回目の2年生は長いスキーに自分の意志が伝わり、滑るのが楽しく、風を頬で切って滑る気持ち良さにもっと滑っていたかったとまで書いていました。そして1・2年生ともに、ボランティアの先生（大学生）には沢山の感謝の気持ちが書かれていました。

　中学部、高等部ともにお世話になりました猿倉ゲレンデのオーナー（この方もスキー指導員の有資格者）は、毎年のように私達を暖かく迎えてくださいました。日程もよかったとは思いますが、ゲレンデか貸切り状態で、思いっ切り練習することができましたし、毎日おいしい昼食も用意していただきました。事前に資料を送り、生徒ひとりひとりに合わせて貸しスキーと靴をセットしていただいたり、何かと便宜を計っていただきました。そしていつも「先生とこの生徒さん達は頑張るね。沢山滑って本当にいいね」と言ってました。冬期教室前の1ヶ月程は体育授業でスキーの予備学習をします。陸上スキーと言ってましたが、体育館でスキー状の長い板（通称板スキー）を足につけて、スキーフォーム、転び方、立ち方、歩き方、方向の変え方等々、スキー用語をできるだけ使って授業をしました。板スキーは技術の古市先生に作っていただいてました。予備学習の結果、現地では長々と説明する必要があまり無く、その分回数多く滑ることができたのではないかと思っています。

　体育科としては続けたかった行事でしたが、1983（S58）年度の冬期教室を最後に中・高ともに中止となりました。普通学校とは比べ物にならない程の引率者と指導者を必要とする冬期教室は、多くの旅費を必要と

したことは確かです。旅費が切り詰められていく中、引率教員の日当無しという大きな負担をかけてまで行われていた行事は、消えざるを得ませんでした。その後入学して来た生徒に、「スキー教室があると思って楽しみにしていたのに」といわれました。私自身も、体育科も、本当に残念というその思いは同じでした。

4　恐い先生

　私は恐い先生でした。生徒に厳しく、言葉も乱暴、誉めることが下手という先生だったと思います。中学部で宮内先生と１年生の担任をした時のことです。宮内先生が男子生に「乱暴な言葉を使わないように」と注意されたところ、「何で柳各（私）先生は、コラ！とか、うるさい、静かにしろとか、乱暴な言葉を使ってるのにいいんですか」と問われたそうです。宮内先生は、「体育のような危険な授業の中で、お静かになさいませとか、おやめくださいなんて言ってられないでしょう」と、弁明してくださったそうです。本当にありがたい弁明をしていただき、宮内先生には感謝です。悪ふざけしたり、サボったりしているとすぐに叱りつける私でした。生徒に厳しく、自分には甘いという恐い先生でした。「先生って恐かった。本当に恐かったんだから」と、今は笑いながら話してくれる卒業生の何と多いことでしょうか。担任をした人、バレー部の人、陸上部の人、身障団体にいっしょに行った人、授業で関わった人等々、皆とても素敵な生徒でした。沢山の可能性を自分が持っていることに気付こうともせず、青春の臭いがプンプン漂っていました。今ではその皆が家族のように、私も仲間に加えてくれます。何とありがたいことか、本当にありがとう！

12. 筑波大学附属盲学校における「養護・訓練」(現「自立活動」)

元筑波大学附属盲学校教官　赤池信夫

　各障害共通の「養護・訓練」という領域が1971年（昭和46年）小学部、72年中学部、73年高等部に導入された。簡単に言ってしまうと「養護・訓練」は、関連ある教科の中で、放課後や行事などで指導されていた分野、また、なかなか指導しにくかった分野の指導を校時程の中で指導できるようになったことが特徴である。

　附属盲学校では70年に小学部の養護・訓練の専任教諭として香川邦夫氏が選ばれ、施行に伴い各学部に養護・訓練委員会が設けられ、寄宿舎を含めた全校の委員会も設置され、企画立案をし、基本的に全教員が担当した。専任教諭は75年に中学部に1名（赤池）、71年に高等部に2名（阿佐、古畑）、72年に小学部に1名（金子）が増員され、専任5人体制となり、その後全校委員会は解散され、指導も専任集団で担当するようになった。現在は領域名も「自立活動」に変更され、8名の専任教諭が在籍し、指導にあたっている。

　「養護・訓練」（「自立活動」）の柱立ては各障害共通になっているが、障害が異なれば取り扱う指導内容等は全く違うものである。また、学部によっても、各児童生徒の状態やニーズによっても指導内容は異なってくる。小学部の場合、学習の前提となる指導や障害を補う指導が多く、年次カリキュラムを組んで担任と専任が協力して指導している。歩行の一部は中高等部の専任も担当している。中高等部は教科担任制であるので、自立活動は専任が担当している。主な指導内容は①点字指導、②弱視に関する指導、③歩行指導、④生活訓練、⑤文字によるコミュニケーション（以前はカナタイプ、現ワープロ、情報処理）である。また、入

学時のオリエンテーションや通学指導、卒業時の歩行や生活のケア、点字切り替えや中途失明者のケアなど個人のニーズにあった特別指導も行っている。

与えられた紙面に限りがあり、全容を書くことができないので、赤池が主に担当していた歩行指導に絞らせていただきたい。養護・訓練の取り組みや指導内容全般について知りたい方は、本校の120周年記念誌「今日の視覚障害教育」「第5章　養護・訓練および情報処理教育」等を参照されたい。

1．歩行指導

私は1975年附属盲学校に赴任し、退職するまでの33年間、歩行指導を主に担当したが、思えば実に様々なケースがあり、対応した回数も1回で済んだケースや何年にもわたったケースもあった。また、歩行は個別指導であったので個人とのふれ合いの度合いも強く、一人一人が印象深く思い出される。

(1) 小学部、中学部、高等部1年、ある時期の理療科1年では、校時程に養護・訓練の時間が組まれていた。指導目標で分けると次のようになるが、実際は個人の状況によりいくつかを組み合わせて指導した。

①白杖の基礎指導（小学部、中学部）

②学校周辺のファミリアリゼーション（ファム）（中学部、高等部）

③歩行能力の向上（論理的な歩行・目的地歩行）（中学部、高等部）

④通学指導（小学部、中学部、専攻科）

⑤帰省指導（中学部、高等部・専攻科）

⑥上京入学者に対するファム・特定の目的地（高等部、専攻科）

⑦将来の失明に備えて（専攻科）

(2) 養護・訓練が校時程に組まれてない学年や、通学指導は放課後（休日、休暇中）に対応した。

①小学生の通学指導（通学を始めるために、時には保護者と一緒に）

②中学生の通学者の指導（入舎しない人は入学後直後、通学生の安全指導）

③授業のない高等部、専攻科で希望する人の歩行指導、通学指導

④帰省指導（高等部、専攻科）

⑤専攻科の実習先までの歩行

⑥病院や役所など、個人が希望する目的地までのファム・歩行指導

⑦大学・予備校や就職先までの通学、通勤指導（自宅学習期間や卒業後に、関西地区等対応できない場合はその地区の他機関に依頼したこともあった）

(3) 次のようなケースの場合特別に時間を組んで、あるいは休暇中に指導にあたった。

①中途失明者（学校に復帰後は特別時間を組んで主に点字指導、歩行指導、生活訓練を、また、退院後自宅に赴いて失明後の生活訓練、歩行指導も行ったケースも4件あった）

②外国人留学生（留学生オリエンテーション期間中に歩行調査、必要に応じてその後入学までの間、入学後は正課の中で）

③通学指導（寄宿舎改修中、入舎できない生徒に対し、音楽科の教員と協力して通学指導）

④重複者の指導（養護・訓練だけに限らないが、学校、寄宿舎でチームを作って生活全般について指導にあたった）

2. 中途失明者について … 「必要な人に必要な指導を」「生活に役に立つ指導を」

正課の授業における養護・訓練はカリキュラムにそって、個人の状況

を考慮して進めるので十分に効果はあったと思うが、養護・訓練が一番有効であったのは中途失明者（視力低下者）に対してであったと思う。卒業生に会って、「あの時、先生方が対応してくれたので、それが転機になって今がある」と喜んで話してくれた時、養護・訓練の教員でつくづくよかったと思う。

　中途失明者の歩行指導は一応カリキュラムもあり、一定の期間（授業の場合は1年）の指導である程度（レベル）の歩行はマスターできた。退院後、自宅療養中に家庭に出向いて立ち居振る舞いから歩行の基礎、近隣の歩行などの指導は学校復帰を早めたし、その後のリハビリに役に立った。養護・訓練の教員がおり、教員仲間が支えてくれたからできたと思っている。また、留年を前提に正課の授業をやめ、点字、歩行、生活訓練の特別授業を受けた人もいる。また、正課の授業と並行して頑張った人もいた。

　網膜色素変性症など将来失明が予想される人は習う必要性を感じるかどうかで受けるかどうかを決めればよいが、年をとり徐々に視力低下し、殆ど失明に近い人がその後指導を受ける機会もなく我流で危なっかしく歩いているのを見ると、同情せざるを得ない。近年ガイドヘルプの制度や施設・設備などは改善されてきたが、専門的に歩行指導を受けるとなると待機期間が長いし、仕事などの中断も余儀なくされる。大勢の弱視の人に歩行を指導したが、基本的に今ある視覚を活用する歩行を指導し、白杖の使い方や失明後の予備的な知識などを指導した。自己満足かも知れないが受けてない人に比べて安全に歩いており、指導は役に立っているようである。

　歩行からはずれるが、歩行以上に大変なのは点字の習得である。点字習得は学習に必須であり、入学試験を口頭で受験した者は養護・訓練で

点字の専任から指導を受けた。また、視力低下者の点字切り替えは、学習や受験、視力活用と将来への不安の狭間で悩んだ人が多い。中高生で点字を習った人で結果的に失明した人は切り替えていてよかったと言っている。指で読む点字は感覚が敏感な若い方が習得が速いし、年をとれば習得に苦労するのは確かである。卒業（自立）した後での点字切り替えは生活にも影響するし、指導を受ける機会も少ない。みんなが真剣に考える課題ではないだろうか。

第2章　雑司が谷闘争を振り返って

1. 座談会・自己に目覚めた学園闘争

構成・大橋由昌

───── 闘争の発端とその背景 ─────

大橋：本日の座談会には、学園闘争で当時高3と高2の生徒だったそれぞれのクラスからお二人ずつ、無理をいって集まってもらいました。さっそくですが、私たちが「雑司ヶ谷闘争」と呼ぶものは、1972（昭和47）年の10月28日、松本盲で開かれた関東地区盲学校弁論大会に参加予定のH君が、当日日光へ遊びに行ってすっぽかしたことが発端でした。学校側は事後処理を協議して、生徒会にHの対応の検討を指示したようですが、11月3日から5日まで文化祭だったので、生徒会は運営委員会を開けなかったんです。そこで学校側は、Hに1週間の自宅謹慎を命じた訳です。11月9日になって、彼のクラス、2部専攻科2年が処分撤回を訴え、まず専攻科に運動が広がっていったんです。撤回要求の理由のひとつは、生徒会として弁論大会に参加してるのに、生徒会が対応する前に処分を決めるとはなにごとだ、と。まあ、いろいろ理屈をつけましたが、将来への漠然とした不安とか、現在の職業教育への不満とか、その他もろもろ一挙に爆発したのが、専攻科生の2ヶ月ほどの闘争だったんじゃないかと思います。その全共闘の委員長に選ばれた大内厚さんは、盲学校の理療科を卒業後、病院勤務を経てから理学療法科に進学してきた人で、現場経験のある視点から、当時の理学療法科のあり方を問うていたように記憶して

ます。医学の進歩に伴って、リハビリテーション分野も、高等教育化の流れになってましたから。クラスからは浮いてしまったようですが、現場経験の有無は、職業課程では決定的な違いですからね。一方、高校生は、留年者を二人ほど出すなど、１年半にわたる長い戦いだったと記憶してます。

宮内：そう、高３も高２も普通科生が中心だったんですが、俺たち高３はすぐ卒業したんで、高２がずーっと尾を引いてました。大学進学熱が高まってましたし、ちょうど進路で悩む時期だったんで、なおさら長引いたんじゃないですかね。闘争の前年度（71年度）までの校長は、東京教育大教授の上田薫先生で、筑波移転反対の立場だったし、本校の移転問題などでなんとなく校内が落ち着かないムードもありましたね。

大橋：そんな雰囲気がありました。闘争の具体的な話しに入る前に、そうした伏線というべき動きがいろいろあったと感じてるんで、簡単に触れておきます。僕と１部専攻科の鷹林君が呼びかけ、小島喜一先生に顧問になってもらって、社会問題研究会を組織したのが７０年で、鉄道駅での安全に関するアンケート調査をやりました。確か、ホームからの転落を４回以上経験した人が複数いたので、翌71年の１月か２月に目白駅のホームに点字ブロックを敷設して欲しい、と要望に行きました。その様子が写真入りで、朝日新聞の首都圏版に報道されてます。ちょうど寮では、炊事婦人件費問題が起こり、食堂の廃止もやむなし、という自炊論者も出るなど大騒ぎになったのもこの年でした。問題意識に目覚め、学校に対してだけじゃなく、いろいろ生徒の要望が高まっていた時代だったように思います。

指田：高等部の立場でいいますと、闘争の背景には生徒会の「高専分離問題」があったと思います。生徒会は、高等部部会と専攻科部会があって、運営委員会が全体を統括してました。70年のころは大橋さんが生徒会長で、私が高等部部会会長になったのは71年で、あのころ何度も分離問題で話し合ったことを覚えています。72年の9月の高等部部会で「高専分離」が可決されたんですが、議事進行上の不手際があって、無効となって今までどおりとの決着が付いたんです。それから間もなく文化祭を迎えたその後に、専攻科生の方から処分撤回・全共闘だと独自の運動をはじめた。生徒会でも授業ボイコットを決定して、高等部生にもスト突入の指示があった、とのことで、11月11日の土曜日に寮の自習室で高校生の役員が集まって話し合ったんです。その会議で、専攻科生に引きずられるのではなく、とにかく学校へ行って自分たちの意見をまとめようと決めたんです。寮の週番室には専攻科生もいるので電話をかけられません。手分けしてあちこちの公衆電話から通学生へ、「スト破りの集団登校」の連絡をしました。とても大変でした。当時の生徒会長の笹田三郎さんは、高専分離推進派だったんで、彼だけを想定してるわけではないけれども、高校生を度外視して進める、生徒会役員の専攻科生たちに対する反撥が強くありましたね。

大橋：当時は、大学卒業後に入学した専攻科生がたくさんいたんで、高校生を軽視してた訳じゃないんだけれども、確かに高校生と一緒かよ、という雰囲気はありましたよね。

指田：時系列的にいえば、11月13日の月曜日はずーっと教官会議で、授業はありませんでした。運動場では専攻科生が、全共闘結成総

決起集会を開いていたので、高校生は呼びかけに応じなかったんだから自分たちで主体的に行動しなければ、と必死に話し合ってました。翌14日は、生徒会顧問だった有宗先生や、生徒会役員だった宮本さんなどを呼んで、一部の専攻科生の暴走だと「つるし上げ」ました。高等部理療科は授業を受けてたし、普通科はそれぞれのクラスで話し合ったりしてたんだけれど、高等部生の意見を出さなければいけないということで、生徒会ではなく」高等部総体」として要望書を出したんです。要望書の中身は、後に総花的だったと批判もされましたが、教育方針が不明確だとか、進路指導が不十分だとか、卒業生の追跡調査をしてほしいとかでした。12月に入ってから、学校からペラペラな「回答書」がきたのは覚えてますけど。

―― 自主ゼミ的、普音教育闘争委員会の実相 ――

濱田：細かなことは覚えてませんが、スト破りの連絡があったとき、大学で学園闘争などをやってきた２部専攻科の人たちが、平和な学校に騒ぎを持ち込んできた、という印象でした。Ｈさんが悪いのに、闘争にまで持っていくのは不本意だし、よく分からないのに巻き込まれるのがとてもいやでした。とにかく、授業が受けられないのは困る、と思いましたね。

長澤：そうでした。授業ボイコットをするにも専攻科の人に言われるからやるんじゃなく、高校生は「主体性」をもってやるべきだ、とみんなで話し合ったことを私ははっきり覚えています。そういう議論の中で、現在の盲学校は隔離教育で社会に出てからのことが不安だし、先生方は三療を押し付けるだけで、ちっとも新職業の

開拓もしないじゃないか、などなどだんだん盛り上がっちゃって。不満が一挙に爆発した感じでした。

濱田：みんな、目覚めちゃったのよね。（笑）

長澤：それで、校2の普通科生16人中13人と音楽科生2人の合わせて15人で、「普・音教育闘争委員会」を結成したんです。後に有宗義輝先生が『本校における学園紛争』を書いてるんですが、人数も間違ってるし、高2の理療科生ではなくて普通科生だったんです。

濱田：理療科生は後から加わってきたんで、学年全体として取り組んだというより、やはり普通科生が中心でした。

宮内：高3と高2の理療科生が、高3卒業時にあん摩マッサージ・指圧師の資格試験を受けるのに、臨床室での実習もないのはおかしい、免許を取れば法的には即患者を治療できるあマ指師になるんじゃないか、って闘争に参加してきたんだよ。当時高等部内に「保健理療科設置」の構想があったのに対して、設置反対でまとまったという事実もあったね。

長澤：高2の普通科では、理療科の先生方をはじめ、教科担当以外の先生方も呼んで教育方針を尋ねたり、授業内容を聞いたり、いろいろ話し合ったりもしました。理療科の阿佐博先生との話では、小さいころから近所の子どもたちと鬼ごっこをしたりもして、十分社会性を身につけていた、とおっしゃったんで、みんなが「じゃあ、今の盲学校の隔離教育をどう思ってるんですか！」とハイテンションで質問したりしました。物理の小島喜一先生が、「視覚障害者に欠けていることは、歩く・作る・読む・遊ぶことだ」といわれたのが今でも印象に強く残ってます。また、科学の林良重先

生との話し合いでは、本校の教育方針はトップクラスの盲人を作ることだ、底辺のレベルアップを待ってたんじゃ時間と労力がかかるから、トップを育てれば盲人の地位向上につながる、というようなことをおっしゃったんですね。私は、そんな考え方がとてもいやでした。一人一人の個性を尊重した、盲教育全体の底上げをして欲しいな、と思いました。

大橋：エリート教育は、脈々として今にもつながってる考え方でしょう。それが東盲の実績にもなってる一方で、その傲慢さが他から毛嫌いされたり反発されたりしてきたんですよね。

長澤：高2には墨字使用の弱視の男子生が何人かいたので、いろいろ本を買ってきては自主的に読んでくれました。たとえば佐藤君が、北海道の高校の生徒会による学校改革に関する図書、『学園自治の旗—北海道深川西高の記録』（1969年・明治図書出版）を読んでくれたばかりか、荒れた西高校を先生方ではなく、生徒会が自主的に治していったように、我々も自主的・主体的に教育を問い直さなければならない、と熱く語ってくれたのを覚えています。私は小1から盲学校でしたので、情報も乏しかったし、こんな前向きな考え方もあるんだ、と弱視生からとても刺激を受けました。当時話題になってた高野悦子の『二十歳の原点』（1971年・新潮社）や、奥浩平の『青春の墓標　ある学生活動家の愛と死』（1965年・文藝春秋新社）もまた、弱視生からの情報で知りました。さっそく、日本点字図書館で借りて読んだり、初めて墨字書を買って希望点訳に出したりしました。学園闘争に関する図書だけじゃなかったですけどね。

濱田：今振り返ってみれば、教師もよく話し合いに付き合ってくれたと

思いますが、逆に先生方も日々の授業の中で閉塞感というか、マンネリ感のようなものを感じてたんじゃないですかね。
宮内：俺は、うちの教員に不信感を持ってたから、先生との話し合いには消極的だったですね。生徒を踏み台にして、大学の教官を目指すやからが多すぎた。その種の反撥は、根強くありましたよ。
大橋：そうそう。みんな、ずいぶん論文の材料を提供した訳です。ところで、自主ゼミのような活動のほかに、アルバイトにも行ったりもしてたんじゃなかったかな？

――― 実体験から学び隔離教育を問う ―――

濱田：そうです。議論を重ねる中で、どうしても空理空論になってしまうように感じたんです。社会に出るっていうのはどういうことなんだろうか、晴眼者と一緒に生きるっていうのはどういうことなんだろうか、とずいぶん議論もしました。結局、実際にやってみないとわからないよね、という話の展開になりましたね。私は冬休み、関さんとデパートのレストランへ皿洗いに行きました。『アルバイトニュース』で調べたら、すぐに電話をしないと埋まってしまうことや、眼が悪いのでいとも簡単にたくさん断られたことなど、実体験からずいぶん学びました。彼女は、洗剤で手がかぶれたので、最後の方は私一人で通ったんです。時給が安く、晴眼者のアルバイトが長続きしなかったようで、私を最後まで使ってくれました。仕事を断られる社会の厳しさと、がんばればどうにかなるとの自信の二つを体験できたのは、今振り返っても私にとって大きな成果でしたね。小玉さんや渋谷さんの弱視二人も、別な所へ行ってました。晴眼の高校生がアルバイトするのとはまっ

たく条件が違ってるから、当時の私たちは命がけで飛び込んで行くような感じでした。４０年近くたった今でも、盲学校の高等部生がアルバイトするってことはなかなか難しいんじゃないですかね。

指田：最近、進路指導の一環として、インターンシップ制度を取り入れている盲学校もありますが、やはりそうした実体験を積み重ねることは、本人の自信につながったでしょうね。

長澤：私もアルバイトではなかったですが、ラジオで聞いた原宿に本部のあった市民活動団体に入れてもらい、宮城まり子のチャリティーコンサートのチケットを配ったりしました。電話するときは、とても不安でしたが、一緒に何ができるか考えましょうってことになって、できることを探しながら参加してました。あのころは一人一人が、外に向かって行動しようっていう気持ちでとにかく必死でした。

宮内：当時の学校全体に、よほどできる人以外は、「何かいっても聞いてもらえないし、何をやっても無駄だ」という雰囲気が蔓延してた。それに対して、小さいけど風穴を空けた点は、自信を持ってもいいと思うんだよね。

濱田：そう、さっきトップクラスの盲人を作る話が出ましたが、勉強してさえいれば何とかなる、という雰囲気にみんな不安を感じ始めてたところへストになったんで、ただ流されるんじゃなくて、自分たちが本当にできることは何なのかを探りたかった。自信もなかったし、閉塞感というのかある種の空虚さを感じてました。そうした自分を見つめなおす時期にちょうど重なっちゃって、闘争に拡大していったような気がします。「過激派」呼ばわりもされた

ようですけど、パターン化された党派の活動家を作るための学集会のようなものではなかったですね。

長澤：閉塞感みたいな感覚から抜け出したくて、「隔離教育」への疑問という形になったのかもしれません。

宮内：同じ敷地内に幼稚部から専攻科、教員養成施設まであって、教育方針が一貫してるようで実際はばらばら、っていうのが問題だったんだ。どこまで行っても世の中から隔絶された空間でしかない所に、10年以上も居るのが当たり前でいいのかって思ってた。おまけに寮まであって、通学生が少ないから、疎外感みたいなのを感じてた。授業が早く終わっても、スクールバスの時間まで待ってなきゃならないしね。闘争前史になるけど、７０年だったか７１年だったか通学生会ができて、学校に要望したりしましたね。

大橋：僕の学年が中心になって「かって連的な会」を創り、初めて学校にいくつか申し入れをしたところ、ひとつ実現したのが、何日か夏休みにプールを開放してもらったことです。全国から生徒が集まってくることがステータスになってて、通学生は二の次。高等部にもなると、学校全体のリズムが寮生活にあわせていたのは確かだと思います。僕は野球部だったんで、朝６時からの早朝練習をやってたけれど、２部専攻科２年の時に寮を出ていたので、通学生になってからは自宅が遠かったこともあって、参加できなかったですね。退寮させられたんじゃないよ。(笑)

—— 自己の出発点 ——

指田：うちのクラスでは12月にはいって、弱視生の榎本得衛君と小川晴士君と宮内君の３人が、苗字の一文字づつを取って「小宮本(オミヤ

モト）連合」と称して、弱視生の立場からのいろいろ問題提起をはじめたんです。僕も含めて点字使用者は、それまでの漠然とした弱視ゆえの悩みなどを初めて突きつけられた思いでした。それが、後の弱視者問題研究会の結成や、日本盲大学生会から視覚障害学生問題を考える会に引き継がれた、大学受験における「マークシート方式の改善」運動などにつながっていったという気がします。そして、この3人が、『自己の出発点』という文集を作って配ったんです。

宮内：俺は中学も高校も、進学するときに地元の隣接する学区に弱視学級ができていたことも知らされなかったんです。知ってれば、転校してたかもしれない。だから、学校は、年齢や発達段階に応じた障害補償をしてるのか、ハンディを補う情報提供をきちんとしてるのか、それらをカリキュラムとしてどう位置づけてきたのか、と怒り沸騰。附属盲は試験でふるい分けているから、学校にとって都合のよい生徒しかいないといえるだろうが、その中でもひとりひとり違う要求を持っているんだということを、強く訴えたかったんだな。

指田：あのころ、宮内君が進学に対する教師の指導や相談が欠けていた、と繰り返しいってたんですが、そうした背景があったんだ。ものすごくくどいやつだ、と思いました。（笑）そんな話を聞いていたかもしれないけれど、自分のことで精一杯だったんで、40年近くたってようやくその理由が分かりました。高校段階で、どこまで職業的な進路相談までできるかどうかは別として、今日的な課題でもありますね。

宮内：職業的自立について、学校としてもきちんとした考えを持ってい

るはずで、その情報を生徒にうまく伝えなければならないと思う。盲教育の専門性が問われるところなんだ。

長澤：理療科の先生方と話し合う中で、確かにあはき業に関するモアモアしたイメージがはっきりしてきたのは確かです。それまで私は学校に対して、ものをいってはいけない、というように思ってました。

濱田：言っても無駄だと思ってたしね。

指田：小宮本との話し合いのころ、担任だった英語科の岩田先生から呼び出され、「いつまで話し合いをやってるんだ？」といわれたので、ずーっとやってますよと答えたんです。すると、岩田先生が「予定表を出せ、そしたら授業として認める」といわれたように記憶してます。そこで、何日は誰先生との話し合いとか、表を作って翌年の1月20日まで自主ゼミのようにやってました。卒業学年でしたから、もともと3学期の授業はほとんどなかったんです。

大橋：『自己の出発点』のあと、高3も高2も文集を出しましたね。専攻科のほうは、要望書以外は文書らしきものは残さなかったんで、当時の生徒の「生の声」として資料室に保存しておいて欲しいな。僕の記憶では、盲学校に通ってたから近所に友達がいなかったとか、家にいるのが長い夏休みはいやだったとか、文集に載ってましたね。親への恨み節のようなのもあったんだけれど、家族の反応はどうでしたか。

指田：そうですね。12月の半ば頃だったか、東校長（校長事務取り扱い？）の手紙が親元に届いたので、大騒ぎになりました。自分たちの本音を聞いてもらうために、何とか親を説得しなければ、とクラスで話し合いました。

長澤：高２も自分のしていることをしっかり親に話そう、と決めて、それぞれが親を説得したはずです。理解してくれた親も、猛反対の親もありました。私の親は最初、「お前のいうことも分かるけど、先生にはお世話になってるんだから、あまり波風立てたらまずいんじゃないの」といいました。

濱田：まず親を説得できなければ、闘争にもならない、とがんばって話し合いました。私が、盲学校じゃなくて普通校に通いたかったって言ったら、「いまさらそんなこといわれても困るって」。（笑）

大橋：親にしてみれば、まあ一般的にはそんな反応だろうな。その後の話も聞かせてください。

——— 光を求めて、鉄路は続く ———

濱田：教室の後ろにロッカーで区切ったアジとがあって、そこで先生方と話し合ったりしてました。高３になると、いつまでも話し合ってても解決策が出てくるわけじゃないんで、だんだん授業に復帰するようになっていったんです。普通科16人のうち、3人は闘争に参加しないで授業を受けてましたから、結果的にはそこに合流する形でした。

長澤：3人ははじめから「主体的に授業を受ける」といって、最後まで信念を彼らなりに通しましたよ。

濱田：あの雰囲気で授業を受けてたんだから、すごい意思よね。

大橋：下級生からの反発などはなかったの？

濱田：それはありましたよ。私たちは渦中にいたので、個人的には掛け替えのない体験を得ましたが、下のクラスでは、生徒会は空中分解しちゃったし、迷惑を被ったと感じたんじゃないですか。ただ、

彼らも私たちが問題提起したことに、後で直面したはずですし、理解はしてくれたと思います。あの時点で後輩たちに、私たちの気持ちを十分伝えられなかったことは、とても残念だし、もどれるものならその点だけをやり直したいですね。

長澤：1度『点字毎日』が報道してくれたんですが、大学紛争から今頃流行おくれのっていうような、少しおちょくった表現だったんですね。ああ、こういう捉え方をしてるんだ、とがっかりしたことを覚えてます。『点毎』も盲教育関係者も、提起された中身を十分に伝えなかったのも、歪曲された反発の要因でもあるんじゃないですか。

指田：たしか75年でしたか、文化祭に教室をひとつ借りて、大橋さんと宮内君と私の3人が中心で、「闘争を振り返る」を企画したんですが、あまり反響はなかったように記憶してますが。

大橋：そう。社会科の岩崎先生に部屋を借りてもらったんだっけかな。とにかく、4回の図書室の石渡さんと上野訴訟の関係者数人が話し込んでいったぐらいでしたね。そこはお祭りの中で、異質な空間でした。

指田：といっても、高1や中学生だった人たちの多くが、後年、我々と一緒に活動したり、それぞれの分野で活躍したりしてるから、一時的な反発は別として、心情的に共感するところもあったんでしょう。私の行動の原点にあの闘争があるので、私なりにはある種の責任感もあって、問題提起した事柄の改善のために、ずうっとがんばってきたつもりです。

宮内：俺もずいぶん「罪滅ぼし」って訳じゃないけど、後輩たちの支援をしてきましたよ。大学進学のとき、試験問題の点訳に参加した

り、門戸解放の運動に取り組んだりね。決して、言いっぱなし、やりっぱなしにはしてなかったつもりですよ。

長澤：高2のクラスは、卒業時点で二人留年生が出たんですけれど、一人は「基本的な日常生活力に欠けてる」と自覚して、日本ライトハウスの生活訓練を受けに行きました。彼女は2年遅れて附属盲を卒業してから、日本福祉大学へ進学しましたね。私も、あはきの免許を取得してから、親の反対を押し切って、都内の治療院に住み込みで働きに行ったりもしました。当時住み込みの治療院は劣悪な環境だといわれてましたので、実際に確かめてやろうってね。そんな度胸も行動力も、あの闘争を経験してきたからだと思っています。

濱田：授業に復帰して、脱力感というのか、無力感というのか、落ち込んだ時期もありますけど、真剣に悩みぬき語り合った時期があったからこそ、今があると思ってます。修学旅行も私のクラスは無くなっちゃったし、まとまらないまま卒業しちゃいましたけど、みんなあのころを原点に、がんばって生きてると信じてます。

大橋：はるか昔の学園闘争を振り返ってきました。記憶も薄れていますので、時系列に若干の違いがあるかもしれませんが、その内容を誇張したり、美化したりはしてません。問題提起したほとんどが、すぐ改善できることでもなかったですし、それだからこそ、40年近くたった現在の課題にも通ずるので、この対談は、歴史的な事実を記録しておく意義があると考えて企画しました。たぶんこれから、みんなで雑司ヶ谷闘争を語ることもないでしょう。（笑）本日は、ありがとうございました。

（2010年9月4日、社会福祉法人櫻雲會にて）

出席者：（50音順）

大橋由昌　（朝日新聞東京本社勤務）昭和47年度高等部2部専攻科卒業

指田忠司　（独立行政法人高齢・障害者雇用支援機構 障害者職業総合センター研究員）
　　　　　　昭和47年度高等部普通科卒業

濱田登美　（旧姓庄司・神奈川県職員）昭和48年度高等部普通科卒業

長澤泰代　（旧姓上野・あはき治療院自営）昭和48年度高等部普通科卒業

宮内秀明　（四街道市職員）昭和47年度高等部普通科卒業

2．学園紛争の思い出

日立リハビリコンサル　大内厚

1. 学園紛争の経緯

　紛争のきっかけは、昭和47年10月に松本盲学校で開催された弁論大会に学校代表として参加予定の者が参加をボイコットしたことに対する学校側の処分を不当として、11月専攻科生の有志数名が集まり処分の撤回と今まで鬱積していた学校教育に対する不満を掲げ、密かに計画を立て、全学共闘会議の立ち上げと活動方針、資金カンパを行い闘争に入った。

　この紛争のきっかけの前に、数ヶ月にわたり学校教育、職業、視覚障害者としてどのように生きていったら良いのかなど土曜日の夜に集まり夜を徹して話していたので、この処分が発火点になった。

　授業のボイコット、校舎入り口の閉鎖、ピケ、立て看板、チラシ配り、全体集会を開き、ストへと突入していった。学校側と生徒側の対話集会が行われていったが、何か解決策が見つかったわけでもなく、不満、不消化のうちに12月には収束していった。

その間、リーダーとして活動を取り仕切っていったが、同級生からの突き上げ、専攻科生の全体会議での現体制の否定に対する不安の訴えなどがあり、活動家執行部と認識の違いなどが出てきたりして長く闘争を続けることは困難であった。

おそらく、この紛争をきっかけに真剣に自分の進路や教育、職業、生き方について考え、方向転換を計ったり、また改めて挫折した方もあったと思う。

2. 紛争で示された問題提起

① 専攻科教育課程の袋小路の打開

専攻科課程は短大でもなく、高等専門学校でもなく、大学互換単位に反映されない盲学校独特の袋小路状態からの脱却要求であった

② 教員の資質の変革

専攻科の理療科、リハビリテーション科の教員は特設理療科教員養成施設という大学でもなく、ただの教員資格を取得するだけの課程で、盲学校のエリート頂点で、生徒と教員が入れ替わっただけの閉鎖されたサイクルで、その指導能力には大きな疑問があり授業の質には大きな問題がった。これを打開するためには大学課程での教育体制整備が必要だ。

③ 教材の不足

教科書は盲学校生徒用に作成されたもので文字だけで理解しにくく、また内容の古いものが多く時代に合っていない。また図書館には図書が少なく参考資料がないなど、学習をサポートする現状にない。

④ 職業の適正選択のなさ

三寮の仕事しかなく、唯一盲学校界では理療科教員になるのが、エリートとしての道であった。新しい仕事としてリハビリテーション医療を担

う理学療法士の養成が開始されていたが、ほんとうに職業としてやっていけるのか、まだ不安定な状態であった。

⑤ 生徒の学力、生活行動能力の不足

地方の盲学校では基礎学力を高める教育が不十分で、上位学校や大学など新たな道が開けない状態であった。

　中途失明者、進行性の眼疾患者は障害の受容、先行きへの不安で精神の葛藤があるが、相談サポート体制がなく悶々していた。

　生活行動に関する指導はなく自己学習に任されていた。

3. まとめ

　闘争後、38年が過ぎているが視覚、聴覚障害者のための筑波技術大学、大学院がオープンされているが、専攻科課程の袋小路は解決されていない。附属盲学校理学療法科や理療科教員養成施設の統合が出ているが実現していない。少なくとも、この統合と専攻科卒業生の筑波技術大学への編入制度を構築すべきである。

　ＩＴ機器の発展によりパソコンを活用した教育環境が進んでいる。これらを活用した教育の推進が必要である。

　三療には晴眼者が多くなり、クイック、エステ、スパマッサージやカイロなど多様な形態で営業している時代になっている。

　視覚障害者の職域の確保と拡大を時代にあったものに変革すべき。

　中途失明者、進行性眼疾患も多くなり視力障害の程度も複雑になっている。

　盲学校も名称が変更になり特別支援学校になっているが、障害に応じた個別支援が重要な時代になっている。支援センターとしての機能、役割が発揮できることを期待している。

　　　　　　　　　　　　昭和49年3月高等部専攻科リハビリテーション科卒業

3．本校における学園紛争

元筑波大学附属盲学校教官　有宗義輝

はじめに

　昭和40年代初めは、日本全体が学園紛争の時代であったともいえるであろう。戦後の高度経済成長下にできあがっていった体制が、学生運動という手段によって根底から問い直された時代であった。それは1960年（昭和35年）の60年安保闘争を境に、多くのセクトに分裂した学生たちによって行われたのであったが、多くの大学での学園紛争はそのセクトを乗り越えた「全学共同闘争委員会（全共闘）」と大学当局との戦いという形で繰り広げられた。

　この学生運動がようやく終息しかけた1972年（昭和47年）に至ってその影響が本校にも及んだのである。紛争のきっかけは一人の生徒のちょっとした行動が引き金ではあったが、それが次第に本質的な問題提起へと変わり、生徒たちにとっての深刻な進路問題追及への問いかけとなったのである。

事件の概要

　紛争のきっかけは、1972年（昭和47年）10月28日長野県立松本盲学校で行われた関東地区盲学校生徒会連合主催の弁論大会であった。これに自ら進んで学校代表となり出場する予定だった理療科の生徒Hが、当日になって急にこれをボイコットしたのである。学校側は行方不明となっているHを探す一方、松本盲学校には急病のため出場を棄権する旨連絡、まもなくHからは「気が向かなかったので出場はやめた。いま日光に遊びにきている」との連絡が入った。

　学校側は校長、生徒会顧問、クラス担任などが集まり、この対策につい

て協議、とりあえず高等部生徒会に対して「生徒会としてHにどのように対応するか」検討するよう指示した。ところが生徒会は11月3日から5日までの文化祭の準備に追われ検討することができなかった。学校側はHに1週間の自宅謹慎を命じた。

　文化祭も終わった11月9日に至ってHの属するクラスである2部2年（現理療科2年）がクラス決議として「Hの行為は許されるべきことではないが、あくまで生徒会内部で処理されるべき問題であり、学校側の処分行為は不当である。よって2部2年は処分の白紙撤回を求める」旨提出。ここから紛争は始まった。

　11月13日（月）に専攻科5クラスが授業ボイコットを宣言し、高校生数名を含む70余名が校庭に集まって全共闘結成総決起集会を開いた。

　学校側は11月15日（木）に「処分ではなく教育的措置である」と口頭で回答するが、生徒側はこれを不満とし、スト決行を宣言した。

　11月16日（木）に至って第1回目の学校と生徒の対話集会が開かれた。そこでの生徒の主な主張は次のようなものであった。

　「約束を破るという社会的意味を教師は実践的に教育してきたか。本校の教育は知識偏重主義であり、自主性、創造性に乏しい人間を作り上げている。理療科、普通科において自己の能力を生かす教育がなされていない。特に理療科では三療の免許を与えるだけが目標になっている。病院経験も開業経験もない理療科の教師は何を生徒に教えようとしているのか。リハ科（現理学療法科）の実態はもはや高等部専攻科レベルではあり得ないはずだ。」

　続いて11月24日（金）に、第2回目の対話集会が開かれたが、ここでの生徒たちの主張は「リハ科は短大もしくは高等専門学校になるべきだ。理療科教師は開業以外の職域拡大になぜ努力しないのか」といったもので、

もはや紛争の内容はH問題を離れていったのである。

この間、高等部本科の生徒たちの動きはおおよそ次のようであった。

高等部本科生は11月13日の専攻科生からの授業ボイコット要請を拒否。全共闘のピケも集団登校で突破。しかし11月25日(土)の校内音楽会を「その時期にあらず」として中止を申し出るが、学校側はこれを拒否。そのため高校生は音楽会をボイコット。

高等部2年理療科生11名と音楽科生2名は独自に「普音教育闘争委員会」を結成。11月27日(月)より授業をボイコットし、自主活動に入ると宣言。

11月28日(日)と12月16日(土)の二度にわたり、高校生と教官との対話集会がもたれるが、生徒の納得のいくものとはならなかった。

彼らの活動の特徴は、各授業担当教官との話し合いを通じて教育問題、障害者問題を考え、さらに各人が資料を読むだけにとどまらず、アルバイトなどの自主的体験を積むなどによって問題の本質に迫ろうとしたところにある。そして彼らの意志は「自己の出発点」(12月4日)及び「俺たちの声」(12月20日)などの文集によって表明されたのである。

1973年(昭和48年)に入ってもこの紛争の余波は残ったが、学年末も近づき、生徒たちの留年を懸念する気持ちなどもあって、次第に授業も正常化され、なんとも結論の出ないままこの紛争は終わりを告げたのである。

この間の学校の対応を象徴するものとして、12月7日付東校長より生徒の父母あての手紙の一部を紹介しよう。

「(前略)以上のような一連の生徒運動は、学校の授業形態を若干混乱に導くものでありました。しかし生徒たちの訴えた不満は、学校教育における欠陥や不十分な面に対してなされたものであり、特に各自の生徒が持つ進路に対する不安や障害の補いに対する配慮の不十分な面についての

やむにやまれぬ叫びであったように思われます。学校としてはこれら生徒たちの不安や要望に対して可能な範囲での対策を検討中であり、可及的速やかに適切な具体策を講ずるべく努力を傾けております。前記の一部の生徒たちも各教科の教官と話し合いつつ平常の授業に復帰しつつあり、生徒たちの意図する教師と生徒双方のより積極的な教育への取り組みが早晩実現するものと思われます。(後略)」

一方、高校生の文集「俺たちの声」よりその主張の代表的な一文をここに示しておきたい。

「(前略)さて中学へ入って、私は弱視や家族に遠慮し卑屈になっている自分がいやになり、全盲でもやればできるんだと思って自分を変えることを試みた。けれど白杖のつき方、使い方すら教えてもらったことのない私はやはり一人では歩けなかったし、うちの近くでは家族が白杖をつくことに偏見を持っていたのでそれを破ることもできなかった。家庭科でお料理を習っても、肝心の味付けや火を使うところは弱視にしかさせないのでなんにもならないし、うちでも危ないからと何もさせてはくれなかった。(中略)そこで私の気づくことで、盲教育の一環として行われるべきことの具体例を少し書きたい。

(1) カナタイプ、英文タイプ、歩行訓練の徹底。
(2) 弱視者の漢字教育の徹底、できれば全盲生にも教育漢字を教えてほしい。
(3) 盲人独自のスポーツを作ることも大切だが、できるだけ(特に視力のあるもの)には普通のスポーツを教えた方が、晴眼者との交際を考えた場合いいと思う。
(4) 常にリーディングをしてくれる人、眼のコンサルタントなどを置いてほしい。

ほかにもまだまだあるだろうが、このようなことが徹底的に行われ、盲児を持つ父親、母親の偏見を取り去るような努力がなされた上で、晴眼者との統合教育へと方向づけられるべきだと思う。

　なんだか考えが足りないのに書きすぎたような不安な気がする。これからももっとじっくり考えていきたい。」

終わりに

　以上のように多くの問題を後に残しつつ、紛争はなんとなくうやむやのうちに終わった。そして生徒たちは卒業していったのである。

　その後、学校はいかに変わったであろうか。養護・訓練という領域が独立し、歩行訓練、生活訓練、漢字指導、パソコンによる情報処理など、当時の生徒たちが要求していた教育は行われるようになった。理療科においても、企業内におけるヘルスキーパーなどといった職種も増えた。高等部の普通科からは、当時より多くの生徒が一般大学へと進んで行けるようになった。とはいうものの、相変わらず盲学校の卒業生たちの進路はほぼ三療に限られている。その三療でさえ都道府県知事試験から国家試験となり、免許取得が難しくなっている。この分野への健常者の進出はめざましい。統合教育へ進む視覚障害児たちは増えたものの、そのバックアップ体制が進んでいるであろうか。当時の生徒たちが問いかけた問題はまだまだ未解決なのである。この紛争を振り返りつつ、本校の将来計画も考えていきたいものである。

（「今日の視覚障害教育」より転載）

昭和38年度高等部専攻科理療科卒業

第3章　課外活動に燃えた青春群像

1．東盲かたぎ万華鏡

元東京都立文京盲学校教諭・日本盲人会連合副会長　時任基清

創立75周年祭の前後

　私は強度弱視として一般中学を出て、高等部に入学した。丁度創立75周年に当たる昭和25年。多分前年から準備したのか、記念学芸会で、歌劇「カルメン」など、大層な演目があり、柘植さん、小松さん等、ソリストが声を張り、朗々と歌った。小学部児童が「兵隊さんと一諸に僕らは進む・・・」と歌いながらステージ上を行進したのも瞼に浮かぶ。学芸会では、河辺先生指導演劇「カールハインツ」も演じられ、下宿屋の娘ケティー役、鈴木さんとカール役、野村さんが別離を惜しんで抱き合う時、恥ずかしがって腰を引き、実に妙なラブシーンになった。敗戦後の自由潤達な校風があり、学校中で足が地に着かないお祭り気分だった。高等部に演劇研究会、放送劇研究会が出来、合同発表会を行なった。演研は舞台劇「俊寛」放送劇「魚紋」。放研は放送劇「父帰る」を発表。忘れられないのは僧俊寛役の五十嵐さんがあまりの熱演に呪いの言葉が恐ろしくなり、舞台上でガタガタ震え出したことだ。舞台を一層感動的にしたのは島津さんがアドリブで弾く琴のオドロオドロしい響きだった。

銅像が鐘を被ること

　私の入学前年の話。当時、本校では授業の開始、終了を用務員が木槌で鐘を打って知らせた。町田則文先生銅像付近を通ったT.さん、M.F.さん、M.T.さんが「鐘を帽子代りにかぶせては・・？」と考えた。たちまち一決。鐘を台から外し銅像に登り被せた。これが一時限の休み。当然

ながら2時限以後、鐘は鳴らない。用務員は激怒。自室に引き篭もった。この話し、首謀者が校長室に呼ばれ、始末書を取られて一件落着。

寝言で一日をリピート

寮生、O.さん、その日あった全てを寝言で繰り返す。自宅に帰省して、彼女との逢瀬を復習。両親にこっぴどく叱られたのを寮で又繰り返した。嘘の付けない誠に愛すべき人だ。

相撲部は顧問発病で廃部

相撲は盲学校スポーツの花形。寮の中庭に土俵があったことから、力自慢が創部。清水先生を顧問に迎えて毎日「ハッケヨイ‥」。部員のTに顧問教師から「突きを練習せよ」と指導、顧問を相手に熱心な練習。熱心のあまり、先生は肋膜炎発病。部は半年で呆気なくポシャッタ。

穂坂さんの点字は雨垂れの音

寮の一階室員の面々、毎晩夜中に晴天下の雨垂れの音に首を傾げた。調べた結果は穂坂さんが自分のノートやら、他人のノートを点写していたと判明。点写の速度があまりに速いので、どう聴いても雨垂れになる。当時は異能人が居たもんだ。

毎朝時間割を聞く大声

養心寮4号室のT.M.毎朝その日の時間割が分からず、中庭を越えた誠之寮1号室のT.H.さんに「おゝい今日の時間割は何だ？」と学校中に響く大音声で聞く。365日欠かさない。周囲も全く反応しないし、T.H.さんは毎日嫌がりもせず教える。全く変な学校だ。

寮室の畳に積雪

北向き最悪の誠之寮5号室。ある冬、東京を大吹雪が襲った。あの立

て付けだ。畳上に深い積雪。室長のK.さんは布団を持って押し入れに避難。他の室員は南向きの少々良い部屋の友人の所へ避難だ。この室員には実に健気なY.さんが居た。家からの仕送り無しで寮費をはじめ、学費一切を賄う。放課後深夜迄、按摩笛を鳴らしながら上野、浅草界隈を流し按摩。実家から石油缶で送られたピーナッツを古新聞の三角袋に詰めて販売。早朝に「なっとなっとう」と売り歩く。無駄金を一切使わない故「けちべえ」の尊称。振り返れば見上げたもんだ。

教官室でマナー競争

ロシア語に精通の国語教師、H.先生と、世界史ベテラン教師、S.先生、教官室で口論。曰く、「ざるそばとカレーライスはいずれが静かに食し得るか？」。周囲に囃され、実験。出前を取りH.先生はそば、S.先生はカレーライスに挑戦。結果、双方、全く無音で食事完了。勝敗を分けたのはスプーンを皿に置く「コツン」の音。H.先生の優勝。当時の教官室は誠に優雅だったと偲ばれる。

避難訓練は寮生のもの

「マッチ一本火事の元」そのものだ。古い建築の校舎、寮舎は薪を組み合せた構造。当然、毎月避難訓練があった。寮生は考えた。「火事を寮監だけが承知しているのは変だ。一度、寮生だけが知っている避難訓練をやろう！」。猫鈴問題は籤引きにより決死隊を選び、非常ベルを鳴らしに行く途中で寮監の押した非常ベルの響き。計画は呆気なく破綻だ。お陰で生徒に処分者もなかった。この後日談。昭和29年2月に寮監室付近から出火、養心寮、洗心寮、寄宿舎監理棟、教員養成部研究室棟などを全焼。ところが、学校でも寮でも屡々避難訓練を重ねていたので死者は勿論、負傷者もなかった。例外的に、避難訓練のつもりで逃げた避難先

で本当の火事と知って気を失った女性があった。

芹沢先生の「何、心配はいらない」の一言

当時、色変（網膜色素変性症）の治療として、頚動脈腺切除術という手術が流行していた。飯田橋の日本大学第二医院眼科に入院するN. さんの布団一式等、入院の品々を自転車に分けて積んだH. T. とM. T. の両名、護国寺から音羽通の坂を下り、江戸川橋交差点に差しかかった。折悪く、横断歩道に5才女児がフラフラと歩き出した。2人はブレーキをかけたが、何しろ、自転車屋で借りたボロ自転車と、学校のボロ自転車だ。荷台には布団袋。M. T. が子供を引っ掛けてしまった。幸い、子供に外傷は無いが、江戸川橋交番の警官が来て、連れて行かれ、こもごもとお説教だ。学校に連絡が行き、寮監長、芹沢先生が跳んで来る。交番に入るなり「学校の自転車を無断で持ち出すとは何事だ。駄目じゃないか！」と頭ごなしにどなりつける。警官が可哀そうがって「先生、まあまあ・・・」と宥めに回わった。芹沢先生、両名を受け取って交番を出るなり「何、心配することは無いよ！」。つまり、お芝居でどなっていた訳。先生はなかなかの役者であられた。この後、両名は予定通り、日医第二医院に入院の品々を届けた。

当時の入院は布団、寝間着、洗面具など一切自分持ちであった。

教卓から猫

猫の大嫌いな河辺先生の授業前に級友のF. M. さん。子猫を教卓の引出しに詰め込んだ。先生の授業が始まるなり「ニャーニャー」と子猫が鳴き出す。「これ、何ですか？」と河辺先生は大層のご立腹。結局、F. M. さんが猫を窓から放って一件落着。

模型の骨に抱き着かれた柴田先生

　昭和25年7月、高1教室に物理学期末試験に来られた柴田先生。ドアを開けようとしたら、鴨居から黒板消しが降って来た。身を引いて反対側からドアを開くと、今度は全身骨模型が抱き着く。それを避けて、教卓まで来た柴田先生はカンカン。一向試験をしようとしない。無言状態が数十分続いてI.W.が「先生、僕の顔に免じて試験を始めて下さい」と頼んだ。先生「き、君は一体何者だ…」つまり、偉そうな口を利くな！との意味。時間終了十分前になって先生、やっと出題してくれた。それでも多分、全員合格点はもらったもんだ。

昭和29年度高等部専攻科理療科卒業

2．表土と伝統

蓮池鍼灸院自営　蓮池悟志

　昭和41年といえば、明治43年に建てられた由緒ある母校の本校舎が取り壊された年です。あの堂々たる古い木造校舎に愛着を感じておられる方は多いことでしょう。私も、歳を経るに連れ、あの洋風木造校舎をなつかしく思い出しているものの1人です。現在の校舎でも約2年を過ごしましたが、なつかしさを感じるのは、やはり、あの古い校舎です。隅々まで知り尽した校舎の風景は、今も記憶から消えることはありません。

　この旧校舎については、栗原光澤吉がその著書「光うすれいく時」で詳しく書いています。著者が入学した大正3年当時の周辺の様子は、私が中学部受験のため、初めて訪れた昭和35年当時とはかなり違っていま

したが、校舎内部の描写は、私の50年前の記憶と寸分も違わない、貴重な歴史の証言だと思います。いまとなっては知る由もない当時の有様を、薄れいく記憶の糸をつなぎ合わせていくと、新たな母校の姿が浮び上がってくるように思います。

　私が母校の特徴の1つとして感じているのは、校舎建設当時に植えられたと思われる木々が多く残っていたことです。昭和35年当時にも、校庭の通路側には、何本かの大きな木がありました。この年、狭い運動場を整備するために切り倒され、校門近くに1本だけが残されました。この校庭整備で、町田則文校長の銅像も、事務室前の校舎脇へ移動されたと記憶しています。

　明治時代の校舎建設当時に植えられたものか、雑司ヶ丘のなごりなのか、校内のあちこちに残されたこれらの木々は、玄関を中心に左右対象な木造本校舎に、盲教育の殿堂としての風格を与えていたように思います。同時に、この校舎には、もう1つの顔がありました。それは、校舎の裏手の顔です。いわば、人目に付かない母校の素顔とでも言うような一面です。学校や寄宿舎の生活に慣れてくるに連れ、誰も好奇心から周辺を歩き回るようになるものですが、寄宿生の日曜日の一番の楽しみといえば、こうした未知の場所へ足を向けることでした。あちこち探索してみて、次第に母校が雑司ヶ丘という小高い丘の上に立っているのだということに気付きます。しかも、雑司ヶ丘の端にあることを知るのは、校舎の裏手へ回って、音羽通りから這い上がって来る街の騒音を聞いた時です。

　現在の正門は、当時は裏門で、開かずの門でしたので、裏手へ回るには、一番西側の正門脇にあったスクールバスの車庫と校舎の間を抜けるか、北側の寄宿舎側から回るかのいずれかでした。石が敷き詰められた

裏庭は、裏門から真っ直ぐに奥へ続いていましたが、いつ行っても人気がなく、ある種不気味さを感じる場所でした。特に、一番北の突き当たりにあった建物は、いつでも入ることができるようになっていたにも関わらず、利用されないまま放置されている建物で、古い建物にありがちな怪談めいた逸話を想像させる雰囲気がありました。使われなくなって、ところどころ音が出ない古いピアノが、ひっそりと置かれていたのも、何か曰くあり気に感じたものです。この裏庭の印象は、古い木造建物特有のものなのかも知れませんが、校舎の中庭の雰囲気から生じていたものだったようにも思います。

　校舎の中央の棟は1階が音楽科の教室、2階が講堂でした。一番西側の棟は、1階が高等部2年と3年の教室、2階が1年の教室で、1階の奥に桜雲会がありました。この音楽科と高等部の棟との間にあった中庭は、裏庭から1メートル程の段差があって、階段も設けられていなかったので、ほとんどの生徒はあまり足を踏み入れることはなかったと思います。私は興味本意で、何度か入ったことがありますが、そこは、裏庭とは全く異質な空間でした。というのは、足元は、厚さ40〜50センチ程の、少し湿気を帯びたふかふかした土で覆われており、大きな木が枝を広げていて、あまり光が差さないせいかなんとなく暗い感じの不気味な空間でした。その異質な空間が、足元の土によるものであることは、特有の感触と腐葉土の匂いから分かりました。しかし、なにか落ち着ける空間であったことも事実で、青春期ならではの鬱々たる気分で、木の幹に寄り掛かりながら、音楽室から流れて来る箏やピアノの音に耳を澄ませて、無意に時を過ごしたこともありました。その特有の土が「表土」であることを知ったのは、今から13年程前のことです。

　1998年（平成10年）は、長野冬期五輪が開催された年です。この五

輪の開催に当たって問題になったのは、スポーツの進行か自然保護かという論争だったことをご記憶の方は多いことでしょう。文芸春秋誌上でもこの問題の特集が組まれ、当時JOCの初代委員長だった堤善明と地元の林業家が対談していました。

この対談の中で、林業家が強調していたのが「落葉広葉樹林帯にある厚さが数メートルにも及ぶ表土だけは、是非保護して欲しい」という主張でした。「表土は、文明が頼りにする最も貴重な資源であり、肥沃な表土がなければ、基本的に植物は育たないし、森を守ることはできない。一旦失われた表土は2度と復元することはできないのだ。」と断言しました。

この記事で、私は表土の重要性を知るとともに、母校の中庭にあったあの土も「表土」だったのではないかと、始めて気付いたのでした。

もしあの中庭に堆積していた土が表土であるなら、きっと校舎が建てられた明治43年、あるいはそれ以前からの落葉が堆積してできたものであるに違いありません。あの40・50センチはあろうかと思えた土の厚みは、そのまま母校の歴史の厚みということでしょう。とするなら、あの表土こそが母校の歴史そのものであり、伝統の厚みとでもいうべきものだったのではないか。そうだとするなら、旧校舎と一緒にあの表土も永遠に失われたのです。そう感じたとき、校舎以上にとても大事なものを失ってしまった気がしたのでした。

昭和41年当時、あの表土の存在と表土が母校にとってなにを意味するかを知っていた人がどれ程あったでしょう。伝統の象徴でもあるあの表土が保存され、現在に至っていたならと思うと残念な気がします。堆積し厚みを増していく表土は、樹木が生き続ける限り成長し土壌生物達によって育てられて行くものです。長年の堆積と土中微生物達の働きによ

って、次第に肥沃な土へと変化し続ける自然の営みです。世代をこえて受け継がれる精神を伝統というなら、いろんな弊害にあっても壊れず、受け継がれてきたもの、そして絶えず休みなく変化し続けるもの。長年継承され続けてこそ本物の伝統といえるのでしょう。それこそ表土と共通するものではないでしょうか。

　ところで、母校の表土についての示唆を与えてくれた長野五輪の、あの表土がどうなっているかが気になってきました。調べてみると、1997年から継続されていた表土の植生研究の成果で、白馬八方尾根のスキー場開発区域の周辺が自然を回復しつつあることが分かりました。それは、二度とあの母校の表土の上に立つことができない私には、とてもうれしい事実でした。

　いま地球環境の回復にとって、表土の重要性が見直されています。炭酸ガスの吸収と固定を促進すると考えられているからです。私は、これからも表土にこだわりつつ母校の伝統にも関心を払っていきたいと思っています。形ある物はいずれ消えて行く存在です。その意味では、校舎もいずれは消えて行く運命でした。しかし、例え失われた表土を復元することはできなくても、移り行く社会にあって年々堆積する母校の伝統という表土は、育てていくことができるはずです。その伝統という表土の中にある私たちこそ、土壌生物のように、表土の価値と意議を増していける存在でありたいものです。

　　　　　　　　　　　　　　　　昭和42年度高等部専攻科理療科第1部卒業

3．クラブ活動の想い出

元筑波大学附属盲学校教官　野村博行

　私が本校高等部理療科本科に入学したのは戦後間もない昭和25年（1950年）4月、今年でちょうど満60年になる。想起するだに遠いわが青春時代のことではあるが、信州の片田舎から独り上京し、昼は学び舎で夜は寮で過ごした学園生活は私にとつては何物にも代えがたい懐かしく楽しい経験であり財産であった。今回はその中のクラブ活動について書くことにする。

1　盲人野球

　投手が全盲で半盲の捕手の拍手で投球し、ベースは守備用と走塁用に分かれ各走塁ベースにはコーチがつき走者はコーチの拍手の誘導で走る。初めは投手が半盲、捕手が全盲であったが間もなく現在のルールに変わった。規模も校内から都内・関東の大会となりその後毎日新聞社の主催で全国大会にまで発展した。この傾向は陸上競技や音楽・弁論大会なども同じであった。関東地区では本校は都立文京盲と並ぶ強豪であり、私の在籍5年のうち2回地区代表として全国大会に出場し優勝はできなかったが私事ながら奈良大会では野村が首位打者賞を戴いた。

　一方、校内の大会は学年対抗で行われ女子選手として登場した。また教員や事務職員のチームも参加し文字通り全校挙げての祭典であった。グランドが狭かったため、1塁側は打球が小学部の1階に当たれば2塁打、2階なら3塁打、3塁側は体育館に当たればホームランと決められていたがこれもまた会場を沸かせる大事なルールであった。

　野球と言えば、その後本校で読売巨人軍のトレーナー井上先生がスポーツマッサージの指導をされたことがきっかけとなって、やがて南海ホ

ークスのトレーナーとして田中清さんが就職され、以後野球のみならず陸上競技などに何人ものスポーツトレーナーが輩出している。

2　陸上競技など

　陸上競技もまた野球と並び秋の運動会や対外試合など活発であった。運動会では雑司ヶ谷通りから目白グランド前を経て東大分院の横を走ってゴールするマラソンが評判で、当日は町会の人達が招待されて盛んに声援を送っていた。

　陸上競技で盲学校において特徴的な種目は円周走、立幅跳・ソフトボール投げ・ハンドボール投げなどあり、特に円周走はリレーもあって関心が深かった。その他鈴の入った球を板上に転がす卓球、最初の仕切りの時相手の手に触れてから立ち上がる相撲が行われていた。寮の中庭にはちゃんとした土俵があり、見るからに関取の風格の清水友次郎先生が生徒を指導されていたことを憶えている。

3　音楽・演劇など

　私が入学した年、秋の学園祭で歌劇をやろうという話が師範部の先輩から持ち上がり、新入生の我々にも声がかかり希望者には簡単なテストがあって出演者が決められた。演題はビゼー作曲の「カルメン」と決まり、当時国内で最高と言われた藤原歌劇団から富田先生が直接指導に来られた。

　私も合唱団の一員として放課後や休日音楽室や2階の講堂での練習に参加した。寮の居室や浴室・食堂でもオペラのメロディが聞かれるほど練習に打ち込んでいた。合唱団も多少の演技はあったが、カルメンやドン・ホセなど独渡する先輩たちの練習風景は大変な厳しさだった。発表後全員が舞台に上がってのフィナーレは感動的であった。

なお全曲のピアノ伴奏は、森雄二さん、中沢義雄さん、五十嵐光雄さんの諸先輩が担当された。

　その他、学生音楽コンクールへの参加入賞、校内外での演劇発表会など学業以外での体験には際限がないのでこの辺で留め、最期にすべての催しが生徒と教職員そして地域の方々との温かい結びつきの中で行われていたことに感謝して筆を擱く。

昭和29年度高等部専攻科理療科卒業

4．「ワンダーフォーゲル部」活動の想い出

元千葉盲学校教諭　大瀧清次

　私は北アルプスの麓の富山県出身です。高校時代から友人達と、夏の立山登山を度々、体験していましたが、生来の弱視（視力0.3）でしたので、将来の就職を懸念し、昭和38年4月、附属盲学校へ進学しました。

　入学当初、授業と寄宿舎生活に戸惑う毎日でしたが、「ワンダーフォーゲル部」のクラブ活動に参加することにより、次第に心にゆとりを感じつつ、自分の生き甲斐の場を見つけたものです。

　当時、課外活動として、野球部、柔道部、落語研究部、演劇部などもありました。

　わが「ワンダーフォーゲル部」の顧問は谷合先生、部長は一柳さんだったと記憶しています。部員は女性を含めて10数名を数え、顧問のアドバイスを受けながら部員自ら企画立案し、東京近郊の山々、具体的には中央沿線、奥多摩、奥武蔵、丹沢の山々へ出かけたものです。

　私の山道具は、神田神保町や万世橋の「ニッピン」へ出かけ揃えまし

た。当時は都電が縦横に走っており、時間はかかりますが安くて、どこへ出かけるにも便利でした。

今こそ良質の山道具は多種多様に揃っていますが、当時は、ザックに水筒、ポンチョ（かぶりの雨具）、金具付きのキャラバンシューズが定番でした。

日帰り山行の弁当は、寄宿舎生は食堂でおにぎりを用意してもらいました。通学生とは池袋駅や新宿駅で合流し、目的地へ向かったものです。

当時、私自身は弱視でしたので他の弱視とも、全盲の人をリードしました。直接、お互いに手をつないだり、タオルの両端をもって誘導していました。山によっては急な上りや下り、岩場や倒木超え、時には沢渡りもあったと思いますが、注意深く慎重に歩を進めた結果、幸い大きな怪我をすることなく、山行を楽しんだものです。

部員たちは日頃、放課後に重いリュックを背負って、グランドや学校近辺の階段や坂道を利用して体力をつけ、本番に備えました。

現在、私（65歳）は「六つ星山の会」（日本点字図書館内）に所属していますが、基本的なサポート方法として、サポート役の晴眼者のザックに付けたロープに障害者がつかまり、更に後ろの晴眼者が足の置き場や倒木の高さ、頭部の高さにある枝を声で知らせながら3人一組で歩くことを原則としています。

盲学校当時、生徒会総会では、各クラブ間で年間活動費について熱気のある獲得合戦が繰り広げられました。高額予算を出す「ワンダーフォーゲル部」は、よく矢面に立たされたものです。そんな折は、部長は腕の見せ所と必死に頑張りました。今にすれば、懐かしく想い出します。

昭和40年当初は、建て替え前の由緒ある木造校舎でしたが、文化祭では各クラブがアイディアいっぱいに展示場を飾りました。我が部も教室

に天幕（テント）を張って山道具を並べ、コッフェルでみそ汁などを作り来場者にふるまったものです。全校挙げてのイベントも、当時は学校側もうるさくなく、生徒全員で楽しみました。

　クラブ活動は、全部員の参加を原則として年間、数回にわたり実施していましたが、有志の小グループで出かけることもありました。OBと歩いた紅葉の夜叉神峠、谷川岳の雨中山行、夏の富士登山、水芭蕉咲く尾瀬沼、林良重T家族と歩いた奥日光、松澤T夫妻と登った立山、弱視3人で挑んだ劔岳など、どの山行もしっかり脳裏に残っています。

　最近は、どの学校でも修学旅行やクラブ活動において、まずは事故対策、安全第一と、管理者主体でなかなか、生徒の自主的活動にブレーキがかけられるのが常です。

　それに比べ当時は、事故発生を予測しなかったわけではありませんが、顧問の先生と生徒が一体となって、クラブ活動を皆の力で楽しんでいたと思います。

　修学旅行も学校側から行き先、コースを押し付けられることなく、生徒側で自主的に取り組み、引率教師が同行するという自由な雰囲気がありました。

　最近の子供たちは、学校や父兄が用意した勉強内容を常に受動的にこなすことを強いられ、その結果、「やる気」、「元気」、「根気」不足の脆弱さを感じます。そう思うのは私一人ではないでしょう。

　私は盲学校卒業後も山行を続けています。教員養成部時代の昭和42年、夏休みに軽井沢でアルバイトして富山へ帰郷したところ、8月末には同行する友人もなく一人、立山へ向かいました。当時、「立山黒部アルペンルート」の工事が開始されたばかりでしたが、山小屋に一泊した翌朝、立山・一の越から黒部湖へ向けて単独下山を試みました。眼下に常

に小さい湖を目指したのですが、その道のりの長かったこと、辛抱強くひたすら下りました。降り切ったダム湖の堰堤には黒山の観光客でいっぱいだったことを覚えています。

　昭和43年4月、千葉盲学校へ就職後も若い仲間と山へ、スキーへ出かけては、一仕事（？）終えての夜の宴会を満喫しました。

　40歳を過ぎた頃から視力が落ち始め、山もスキーも諦め、一時は酒量が増えたこともありましたが、丁度50歳になって、「六つ星山の会」を知ることとなり、早速入会しました。

　「ワンダーフォーゲル部」時代と一変して、今度は私が晴眼者のサポートに身を託すのです。山道具を一式新調して胸弾ませて参加しましたが、特に山下りの足場の確保、岩場や木の根に足を取られないように慎重に下ったものです。最初は、さぞかし「へっぴり腰」だったでしょうね。それも幾度もの体験を通して恐怖感は薄れ、足の運びもスムーズになっていったと思います。諦めていたゲレンデスキーにも出かけました。以外に昔のスキー操作を体が覚えていて、結構、スムーズに滑走できるようになりました。滑った後の入浴と酒宴は最高です。

　「六つ星山の会」は、現在、会員数は約250名で、そのうち視覚障害者は約1／3です。中途失明者が主ですが、晴盲とも全体に高齢化しつつあり、特にサポート役の晴眼者不足が悩みの種です。

　年間計画を立てて、毎月2回ほど実施されます。初心者向けの優しい山から標高3000mの険しい山にも挑みます。自分の体力と技術に合わせて山を選びます。

　視覚障害者1名と晴眼者2名で計画、下見、実行と担当しますので、参加者は安心して楽しむことができます。そうはいっても、晴盲問わず参加者は、常に自分の健康管理に気配りし山行時は自己責任が原則です。

皆さんも、興味と関心があったら参加してみませんか。

昭和40年度高等部専攻科理療科第2部卒業

5．落ち研の思い出

元山梨県立盲学校教諭　堀口俊二（旧姓　名古屋）

　私が落語に興味を持ち始めたのは、おそらく小学校2・3年の頃だったように思う。ラジオから流れてくる柳亭痴楽や桂米丸、三遊亭金馬などの落語がおもしろくて、耳を傾けていたのを覚えている。中学から高校になってもお笑いは大好きで、日曜日のテレビ番組、末廣珍芸シリーズなどは欠かさず見ていたものである。しかし、あくまで見たり聞いたりするだけで、自分が人前で演じるなどとは全く考えてもみなかった。ただ、どういう訳か学校仲間には落語好きが多く、誰が好きだとか、どの話がおもしろいとか、よくそんな話題で盛り上がったものである。

　そんな折、理療科の教員として新たに着任されたのが黒住静謙先生だった。話しっぷりからしてどこか落語がはまりそうな雰囲気をお持ちだったが、親しくお話してみると、それは正しく予想を遙かに超える落語通の先生だった。クラブ活動で落ち研をやってみようという話が急浮上したのはこの頃である。そして、黒住先生を顧問に、落語研究クラブの立ち上げにこぎ着けたのが昭和40年、私が専攻科1年の時だった。クラスメイトを中心に、部員6名ほどでのスタートだった。まず、秋の文化祭で全員演じるというのを目標に、テープからそれぞれ気に入ったネタを選んで稽古に入った。稽古といっても、まず15分近いネタを一言一句確実に覚えなくてはならない。演劇などもそうだろうが、落語も途中で

つかえたら興ざめである。しかも、1人で演じる以上誰も助けてはくれない。学校の勉強もままならないのに、きっちり落語を覚えるなど至難の業である。しかし、好きこそものの何とやら、よくしたものでみんな自分のネタを覚えきった。後は声を出しての稽古だ。放課後、畳の実習室に集まっては何度も何度も繰り返し稽古を重ねた。仕舞には、互いのネタまで覚えてしまったほどである。抑揚や間の取り方は、とりあえずそれぞれのネタを演じている落語家をまねながら覚えた。登場人物の顔の向きや角度、手ぬぐいや扇子を使っての仕草などは、顧問の黒住先生に指導していただいた。芸名も、先生を交えてあれこれアイディアを出し合いながら、1人ずつ付けていった。勤勉亭ずぼら、身障亭半楽、盲亭ただ助、花見家御苑など今となっては楽しい思い出である。

　奮闘努力の甲斐あってか、文化祭前には何とか恰好がつき、全員着物姿での初舞台となった。落語そのものは、まだ物まねの域を出ないものだったが、珍しさも手伝ってか評判は上々で、気を良くした我々はすぐ次の新しいネタにチャレンジした。こうして落ち研は、クラブとしての地位を確かなものにし、翌年も存続、後輩の部員も増えた。文化祭や予餞会で、新ネタを次々と披露し、活動もすこぶる活発だった。2年目の文化祭だったろうか、黒住先生のご尽力で、柳家小三治師匠を招待し、プロの生の落語を直に聞くことができたのも忘れられない思い出である。私にとっても、落ち研時代は30分ものに2本チャレンジするなど、楽しく充実した2年間だった。ただ、落語のしゃべり方があまりにも身に着きすぎて、教育実習での授業までが落語調となり、担当の先生から若干のおしかりをいただく羽目になってしまったのにはいささか閉口した。

　私はその後、就職先の山梨盲でも落ち研を立ち上げ、生徒とともに学園祭で発表するなど、落語との縁は深い。今も、相変わらずの落語好き

で、毎晩寝物語に昭和の名人たちの話をとっかえひっかえ聞いている。近頃、笑いの健康への効用が取りざたされているが、落語が楽しめるようなゆったりした心持ちでこれからも過ごしていきたいものである。その意味で、附属時代の落ち研の経験は、心にゆとりとユーモアを持つことを教えてくれた貴重なものだったのかもしれない。

　落ち研のOBの皆さんたちがその後会を結成し、現在も活動を続けていると聞く。山梨という地理的事情から、一度も参加できずに40年余りが過ぎてしまったが、この原稿を書いていると当時の記憶が懐かしく蘇り、あの頃の皆さんたちと久しぶりにお会いして、グラス片手に思い出話にふけってみたいなどという衝動がむくむくと頭をもたげてくる。また、退職して体が自由になった今、これまでご無沙汰だった附属盲の同窓会にも少しずつでも協力できることがあればと考えはじめているこの頃である。

昭和41年度高等部理療科第1部卒業

6．演劇部幻想

あはき治療院自営　的野碩郎

　故郷福岡県から中学部へ入ったのは多分1959年春。同級生は5人が小学部よりそのまま上がってきて、よそ者は僕を入れて4人。しかも女子はたった1人。何という運のないクラスであったろうか。僕達のクラスは明治村に移築された玄関を入り、左に回りこみ階段を上がって回りこんだ最初の部屋であった。それから8年間、この附属盲当時は教育大教育学部附属盲学校である。

中学部当時は国語クラブというクラブ活動があり、俳句作りに椿山荘へ出かけたり文集を作ったりした事と、各クラスで何のためにやったのか忘れてしまったが僕の書いた放送劇を発表した事を思い出す。たしか「横笛」。勿論いまだにその脚本を持っている。そもそも僕に火をつけたのは、小学部１年の時に寮が電車を使って行き来しなければいけない場所にあり、上級生の授業の終わるのを待って一緒に下校しなければならないところから「演劇ごっこ」が始まり創作するという知恵が備わってきたのである。

　中学部の同級生には高等部の上級生からスカウトされて「修禅寺物語」をやる者もいて、僕の演劇熱は高まっていった。さらにその演劇熱は高等部に入ると花咲く事になる。

　中学部の寮では寮母さんが同室に寝泊まりしていて、言ってみれば母親代わりをしていてくれたのかもしれない。それが高等部に入ると４人部屋に上級生から順番に部屋取りをして、僕達新入生はその上級生に拾われていくという仕組みであった。僕自身が高２となった時には演劇つながりの下級生が同室になるという具合である。

　何故か高１の時には演劇部はなかった。音楽と演劇とを足して「楽劇クラブ」というのがあった。僕は何一つ楽器も出来ないので人数合わせで出来たクラブには入らず「化学クラブ」に入部したのである。乳鉢の中に２つの物質を入れ異様な臭いを嗅いだり手のひらにある液体を流し、火をつけたりと今から考えればまるで「マジックショー」。

　さてやっと本題である。高２に入って「演劇部」なるものが誕生した。

　演劇のやる場としては、校内では文化祭、謝恩会、寮祭などがあって「三年寝太郎」、「夕鶴」、「幸福を売る男」などは舞台劇としてはっきり覚えている。古い校舎２階の中１の右斜め前、つまり階段を上がった右

側に講堂があり、ここがこれらの作品を演じる場所となった訳である。

　学校へ来る途中の急な石段を毎日うさぎ跳びをして身体を鍛えていた陸上部と張り合うように、毎日9時過ぎまでも講堂で練習を繰り返した事を覚えている。中には通学生もいて父兄が迎えに来る生徒もいた。「三年寝太郎」では幾つかのエピソードが。1つは、この芝居を東京都の演劇大会に出したことである。自分たちの力を過信したのではないが青春のひとかけらとしての挑戦をしたかったのである。舞台の背景も、大がかりな部屋作りも、演劇とは無縁の器用な先生が一生懸命作ってくれた事には今でも感謝である。いざコンクールに出して審査の批評の段となって審査員がこう言ったのである。「見えない者が見える人の役をやるのは如何なものか」と。確かに全盲の人の中には手を動かすことなく話をしたり、目線をとんでもない所に泳がしたり、舞台装置を手で触りながら移動したり、「寝太郎」、「おばば」、そんな生活はしていないかもしれないがカーッと血が上り、確か終わってからその審査員に質問した気がする。この出し物を講堂で一生懸命やって舞台の端から落ちた事も覚えているが、あの戯曲家の審査員の批評に比べれば実に青春であったと思う。

　「夕鶴」は何故か運動会のクラブ対抗仮装大会にも出て笑われた記憶が残っているし、「幸福を売る男」では理療科の先生と普通科の生徒の協力を得て8ミリで社交ダンスのシーンを流したという画期的な事もあった。これらの舞台劇の演じる場としては関東盲学校連盟があったが、僕のいた当時、横浜盲にやたら上手な男子生徒がいて、やられっぱなしという思いが残っている。

　もう1つ僕達が力を入れたのは放送劇である。前述した関盲連での放送劇コンクールもあった。平塚盲や埼玉盲、横浜市盲などが結構上位を

占めていた気がするが、その中の何人かは附属盲へ入学して、ちゃっかり演劇をやっていたのである。

　放送劇は旧校舎では放送室の狭い中に閉じ込まれ「枯野」や「メタンプシコーゼ」という既成の作品から僕の書いた創作へと移り、この動きは何人かの後輩たちの脚本家を生み出した。民放連盟が主催していた全国放送劇コンクールには、かなり良い成績を残したのである。練習は苦しくもあり、楽しくもあった。高等部に入るとここだけの話だが、酒もたばこも徹夜の深夜喫茶もポルノ映画も「人間の条件」も「網走番外地」も自由でいいような錯覚に襲われた。門限ギリギリまでの演劇練習が終わると「さすらい編」の始まりである。寮の窓から抜け東大分院へ、或いは正々堂々と正門近くをオーバーフェンスする者。集団化して行き先は先ずは「清瀧」か「爆弾」。「清瀧」は本館・別館・新館が東口にあり、当時２級酒が50円、男のような女のような店員さんはとても懐かしい。また今は亡き三越裏の「爆弾」のキャベツと牛肉の100円鍋は懐かしい。

　もう１つ記録に留めておきたい事は合宿である。当時数学の講師が長野県青木湖に山小屋を持っていて山男、山女の巣になっていた。いつもパイプをくわえている佐藤先生に僕は漫画「おそ松くん」に出てくる「チョロ松」というあだ名を貰ったが、そんなに落ち着きがなかったかな。

　この山小屋で夏合宿を毎年試みた。演劇部外でも大学受験を控えた盲学校の先輩が勉強を教わりに長期滞在もしていた。分刻みでスケジュールを組み、脚本作りから舞台での発表までの工程を、幾つかのグループに分けてこなした。沢の冷たい水の茶碗洗い、かまどのご飯炊き、ドラム缶の風呂炊き、谷底へ落ちるドッスン便所、朝まで宴会など懐かしい１コマである。誰も泊まっていない雪の山小屋にも演劇部員であった長谷川清志と奥山幸博と出かけた事も、これまた懐かしい思いである。

「演劇部」は演ずるだけではなく、青春、主張、淡い恋、「障害者」と「健常者」とのせめぎあい、優しさ、豊かさ作りであり大人への大事な道程であったと思う。

　顧問を引き受けてくれた社会科の栗原先生はベレー帽にショートホープ、しゃべりながらマッチ棒を細かくちぎる癖。もう1人は理療科の有宗先生、アパートが学校近くにあったのでみんなで押し掛け宴会そして雑魚寝。一番驚いたのは合宿に出かけている間に、今まで付き合っていた人とは別の人と結婚していた事。残念ながら有宗先生はこの世にいない。あらためて二人の顧問に感謝を送りたい。

　20数年続く「大人の学芸会」は今年も「演劇部」の亡霊たちによって東京田町の東京都障害者福祉会館で開かれるのだが、演劇は畏るべしである。あれから40数年も経っているのにもかかわらず「幻想」は未だ具体的な形となって生き続けているのである。

昭和42年度高等部専攻科理療科第1部卒業

7．附属盲での生徒会経験から

横浜市立盲学校教諭　神崎好喜

1　はじめに

　私が附属盲学校にいたのは、中学部1年に入学した1963年4月から2部専攻科3年を卒業した1972年3月までの9年間である。

　私が入学した年は、今の寄宿舎の1代前の寄宿舎に新しい女子寮が完成した年であった。当時は男子も義務教育生なら女子寮の1階に入ることになっていて、そのためその年の入学式は、女子寮が完成して入居で

きるようになるのを待って4月16日（火）まで遅らせて行われた。

　なぜか今でも覚えているその日のこと、それは点字にして10ページほど、全25条程度にまとめられた中学部生徒会規約をもらい、しばらくの私の住まいとなる寄宿舎の女子寮1階1号へ意気揚々と引き上げてきたことである。

　その日は神奈川県藤沢市の自宅から母親が一緒に来てくれていて、5時からのあまりうまくはない夕食後、もらったその規約を部屋へ戻って読み始めた私を見て、母親は安心したのか帰宅して行った。きっと「これなら初めての寄宿舎暮らしも大丈夫だろう」と踏んだのであろう。以来9年間、私の附属盲での生活と中学部・高等部の生徒会活動は、縁の深いものになったのである。

　ということで、以下に私の附属時代における生徒会とのかかわりについて書くことにするが、なにせもう40年から50年も前のこと、記憶が曖昧になっていて多々誤りを書くかもしれないが、そこは文章全体の流れを読んでいただくことにして、少々のことはご勘弁いただきたい。

2　中学部の生徒会活動の経験（その1）

　私が中1の年、中学部は合計29人（中1と中2が10人、中3が9人）だった。生徒会長は中3の吉野由美子さん、たしか入学式からあまり日の経たないある日の午後、中1や中2の教室の2倍の広さのある中3の教室に29人が集まって生徒会の総会が行われたように記憶している。

　会長の吉野さんは勿論、その他あまり記憶に自信はないが、議長をしていた中2の長谷川清さん、会計の中3の永山惇子さん、書記の中2の竹井優子さん、それぞれみなさんしっかりした人ばかりで、ただの地方盲学校の横盲出でしかない私には、「さすが附属、凄い貫禄と頭のいい人

がいるもんだ」と、びっくりするとともに、大変な学校へ来てしまったと怖気づいてしまったものだった。

そして早速始まったのがクラブ活動。東京での生活、附属での生活、寄宿舎での生活の全てによちよち歩きの私は、寄宿舎で同室で、私の隣の先輩浅野良一さんの勧めもあって報道クラブというところに入ったのである。彼の勧めを受けたのは、私の家が藤沢、彼の家が鎌倉と、地理的に近かったことも影響していたのかもしれない。

ともかくそんなことからの初めての活動が、毎週1回掲示板に張り出す壁新聞づくりの手伝いだった。とはいえ、附属について右も左もわからない私が任せてもらえたのは時事のことではなく、『今週のベスト3』という、当時のポップスの流行を追う記事だった。といっても、「1位：ロコモーション（リトル・エバ）、2位：ワシントン広場の夜はふけて（ビレッジ・ストンパーズ）、3位：悲しき雨音（カスケーズ）」という程度のものを、ラジオから聞きかじりで書くというものである。

半年ほどすると、立派に見えた中3の人たちが煙たいわけではないが、すぐ上の中2の人の方が付き合いやすく、徐々に親しみが増していった。そんな11月中旬だったろうか、役員選挙の生徒総会が開かれた。中3の人がいよいよ本格的な受験準備に入るのに伴い、役員を中2へ譲るためのものである。このとき会長になったのが山田豊さん、会計や書記も中2へとバトンタッチされた。そして、これがその後の大きな過ちの第一歩だったのだが、なんと私が副会長になってしまったのである。

この役員改選と関係があったことかなかったことかもう忘れてしまったが、その頃から先輩とともに始めたのが購買部の活動だった。たしか110キロ紙を厚紙、90キロ紙を薄紙と称して、大江紙業という紙屋から点字用紙を仕入れ、100枚ずつの束にして紙テープをかけ、2階の講堂

の後ろ側にあった生徒会室で売る活動である。中3の山荷理恵子さん、中2の羽場登貴子さんという、一人っ子の私にとっては優しいお姉さんみたいな人から「かんちゃん、かんちゃん！」と呼ばれながら一緒にやれたことが、今でもうれしい記憶として残っている。

そうこうしているうちに1年が経ち、私も後輩を迎えることになった。その頃になると、附属のこと、生徒会のことがぼんやりながらもわかるようになり、毎週1回のペースで開かれる総務会（生徒会の役員で構成される役員会）に出ても、徐々に意見が言えるようになった。なにしろ総務会を切り回していたのは会長の山田豊さん、その穏やかで包容力のある人柄は、スポーツマンの爽やかさともあいまって、私を気分的に楽にしてくれたのである。

ただ私の頭には、その頃から規約に対する疑問が浮かぶようになった。そのポイントは、クラブ活動は何のためにあるのか、生徒会活動は何のためにあるのか、という漠然としたものだった。

3　中学部の生徒会活動の経験（その2）

そんな思いを抱えながら迎えたのが11月の役員改選、進んで会長になろうなどという気持ちはこれっぱかりもなかったが、このままいけば会長に選ばれるだろうという程度のことは私にもわかっていた。であるならば、規約に手を入れてみるのもいいだろう、いつしか私はそんなことを思い始めていた。

そして予想通り会長に選出されたのだが、規約に手を入れるといっても何をどうすればいいのかさえわからない。しかも自分が会長になってしまったので、相談する上部の人がいない。そこで、ここは先生に相談するのが最良と考えた。

話はそれるが、横浜市盲から附属へ進学した私は、横浜市盲の先生と附属の先生の違いをかなり敏感に直感していたように思う。横浜市盲の先生は、授業だけでなく遊びや生活にもかかわってくれる人、それに対して附属の先生は、授業が終われば「はいそれまでよ！」という人みたいな感じだったのである。

　ただ幸いなことに、私の中1の担任の谷合先生と中2・中3の担任の尾関先生は違っていた。谷合先生は舎監もしていらしたためか、どこか親しみやすかった。尾関先生は全盲当事者、つまり私自身の先輩としての実践者、ある種のお手本だったのである。

　そんなこともあって、規約改正についての相談を私は尾関先生に持ち込んだ。

　話を聞いてくださった先生は、数日後、点字で3枚くらいのメモというか資料というかを持ってきてくださり、私に「これを読むように」とおっしゃったのである。

　勿論私はすぐにそれを読んだのだが、日本語としてはわかるものの、内容の理解ができない。二度三度と読んでもそれは同じだった。今思えば、私の頭の中では「生徒会＝クラブ活動」という概念規定ががちがちに固まっていて、それ以外の概念を受け入れる基盤さえなかったのだろうと思う。正にそのことは、メモをいただいた翌日に明らかになるのである。

　その日、私は資料を持って教官室へ尾関先生を訪ねた。すると、前日にいただいた資料の内容を全く理解できていない私に、先生はこんな話をしてくださった。

　「生徒会活動とクラブ活動は違う。クラブ活動というのは、授業ではないが、生徒同士同じ興味のあることについてグループとして一緒に活

動し、みんなで実力を高めていくことだ。生徒会活動というのは、生徒全体に共通する困ったことを改善したり、みんながみんなのために活動したり、それこそクラブ活動をやりやすくしたりすることだ。」

　つまり先生は、クラブ活動は私益的、生徒会活動は公益的ということを、そんな概念すらなかった私に説き聞かせてくださったのである。以来今日まで、その概念は、私が社会福祉法人に理事としてかかわったり、任意団体の役員をしたり、NPO法人の立ち上げに参加したりする都度、基本的理念として想起されてきた。そしてこの概念が、私の団体活動というもののバックボーン、対応規範となって私の心に刻み込まれていることは間違いない。大げさかもしれないが、それがあったからこそ道を大きく誤ることもなかっただろうし、しかしそれがあったがゆえに専攻科では大きな試練も受けることになったのだろうと思う。

　尾関先生から教えていただいた後、中学生の私にどこまで理解できていたかどうかわからないが、私は規約改正に着手した。そして、生徒会からクラブ活動を組織的に切り離すとともに、購買活動・美化活動・広報活動等を生徒会活動に導入し、一方クラブに対しては生徒会から一定の補助金を支出するようにした。これにより、私の漠然とした疑問は整理されたのである。

4　中学部から高等部へ

　附属という切磋琢磨の世界に入って２年半、私にも会長退任の日が来た。親元を離れての寄宿舎暮らしにも楽しみを見つけ、友達にも恵まれ、公益を重視する生徒会をリードしていたからといってそれが苦になることもなく、好き勝手な中学生時代を送っていた私にも、いよいよ附属高等部受験が近づいたのである。

中学部入試で10人の定員に17人が受験した私のクラス全員は、高等部の入試にも多くの受験生が来るだろうと予想していた。それは当然不合格への不安へつながるのだが、でも中学部へはなぜか合格できたのだから次も何とかなるのではないかという、理由のない慰めもなかったわけではない。

ただ、たとえ附属でも中学部と高等部は違う。私のクラスにも島根盲から来た岡本健治という同級生がいたが、せいぜい中学部に集まって来るのは都内か近郊の者である。それに対して高等部は全国区、附属中学部の第10位と地方の盲学校中学部の第1位が同じ土俵に乗ったら比較にならない。それは、当時の高等部へ地方の盲学校からやって来ている生徒をみれば一目瞭然だった。

ところが、幸運にも私のクラス全員は高等部への入学を果たすことができた。前年度までは理療科志望が多かったのに対し、私の代からは普通科志望が多くなったことも原因かもしれない。

ちなみにこの理療科とは、高等部3年間であん摩マッサージ指圧師、さらにその上の専攻科2年間ではり師ときゅう師の受験ができる合計5年間のコースのことで、今の専攻科理療科ではない。今の専攻科理療科に当たるコースは、当時の附属では専攻科理療科第二部、通称二部専と呼ばれていた。

私の代の高1は、理療科15人、普通科15人、音楽科3人の合計33人、附属といえども初めての大所帯となった。これだけ集まるといろいろな人がいる。勿論出身校の中学部で生徒会長をしてきた者もいれば、普通中学の荒波にもまれてきた者もいる。お山の大将は通用しないのである。さらに専攻科も高等部なので、高3くらいまでで専攻科も含めた高等部全体を仕切れるはずもない。したがって、生徒会長は専攻科から

ということになる。

　その頃の高等部の名生徒会長は二部専にいらした田辺邦夫という、実に温和で頭の切れる人だった。選りすぐられたエリートにありがちないやらしさやギラギラ、トゲトゲしたところの影すらない、誰からも信頼の寄せられる人だった。

　当時の高等部専攻科は、この田辺邦夫さんの下、高等部会と称する高1から高3のグループと、専攻科部会と称する専攻科のグループから成り立っていた。自然と私は、高等部会での活動がメインとなった。

5　高等部生徒会の当時の課題

　文武両道という言葉がある。当時の附属では、日々の学生生活にも、年1回の寮祭にも、またそのとき歌われる寮歌にも、文武両道の雰囲気が溢れていた。若い私は、それに胸をわくわくさせたものだった。

　しかし現実はどうだったかというと、文は文、武は武の傾向が強まり、エリート校にありがちなエゴイズムが広がり、生徒会活動は衰退しつつあった。

　中でも高等部会の生徒の中には、それまでの理療科志向から普通科志向の高まりの延長線上にある大学受験をめざす者が増えた。彼らは、文化祭や運動会や生徒会活動より自らの受験勉強、遠足や野球大会やバレーボール大会より自らの受験特訓セミナーを選んだ。このように、私が嫌う雰囲気が広がりつつあったのである。

　せめて私が彼らの一部と共闘できたのは、大学門戸開放運動くらいだったかもしれない。

　一方専攻科では、全国3盲学校中の1校として、1965年度に理学療法科が設けられた。理学療法科はたしかにカリキュラム上病院実習が多か

ったこともあり、「PT科は（理療科とは）別」と自ら豪語する生徒も現われた。その結果事実上、理学療法科は別枠に置かれるという、生徒会活動には痛手となる状況となった。

当時の高等部では、生徒会活動をめぐってこのような課題が生じていたのである。

6　校内放送に打ち込んだ高等部時代

生徒会活動も高等部会活動も衰退していく中、明治文化を色濃く残す校舎が取り壊された。そして1967年、近代的な鉄筋コンクリート4階建ての校舎が完成した。校庭を見下ろす3階には放送スタジオと調整室も設けられたが、放送設備の設置は先送りされた。

この事態に文化祭には何とか放送を出したいと願う生徒の一部は、旧教官室から放送器を移設すること、校内の主な場所にスピーカーを付け、校舎を極力傷つけないように配線することで許可を取り、ついに文化祭当日に校内放送を出すことができた。しかも、舞台発表が行われた会議室にはアンプ代わりにテープレコーダーを持ち込み、そこからダイレクトで放送室までケーブルを敷き、舞台発表の様子を全校に中継するという大仕事もやってのけたのである。

主にこの作業に当たったのは、当時高2の清水哲夫さんや私を中心とするグループだった。このグループが、後の高等部生徒会放送委員会（委員長：神崎好喜、コールサイン：FHBC）と雑司が谷の声（部長：清水哲夫、コールサイン：VOZ）に発展していくのである。

ちなみにFHBCは、毎朝7時半から『朝の小鳥の声』、8時から『今日はどんな日』（日替わり女子アナによる情報・音楽番組）を連続放送するとともに、月・水・金の昼休みにはプレイガイド情報や職員へのインタ

ビュー番組を流した。このほとんどを製作した私には、生徒会が設けた放送委員会の公益性の実現という使命感があった。

VOZは火・木の昼休みに、主にディスクジョッキー番組を流した。FHBCが公的放送なら、VOZはもう1つの車輪である民間放送の座にあるものである。

7　衰退を食い止めるキーワードは「公益」

全共闘を初めとする学生パワーによる大学紛争が吹き荒れる中、私は二部専に進学した。それまでの33人、普通科だけでも15人のクラスから、7人の小じんまりしたクラスになった。生徒会的には専攻科部会に移ったわけだが、それより私には、生徒会活動の衰退を食い止めたい気持ちが強かった。そのキーワードは「公益」である。

当時の私の考えは、多くの生徒が公益を目的にみんなのために活動すれば、みんな自然に活動の重要さを感じてもらえる、活動の結果は全体の利益を高めることになる、という、いかにも単純すぎるものだった。

しかし一途にそう思っていた私は、なし崩し的に会長に選ばれるのではなく、規約改正を公表して会長選挙に臨む道を選んだ。今思えば、浅はかこの上ないことであり、尾関先生の真意を正確に理解せずにとった行動である。

当時の生徒会顧問は故有宗先生、会長となった私は先生に相談しながら、附属在籍2度目の生徒会規約改正作業を行った。

ところがその作業の途中から、多くの異論が出されるようになった。「生徒会に時間を取られてクラブ活動ができなくなる」「運動関係のクラブは練習の確保が最も重要である」等々。私の主旨が誤解されているとは思ったが、こうした批判は日々強まった。

その急先鋒は同級生の小平正平さん、彼は長野の茅野の高校時代から陸上の選手であった。勿論総会でも、規約改正には反対した。中学部では難なく通った規約改正だったのに、私には大きな試練となった。

その中で私が最も嫌だったのは、提案主旨を誤解されることでもなければ、ましてや提案が否決されることでもなかった。同級生との人間関係が悪くなることへの不安、さらにはその実感だったのである。

それを感じたとき、私の気持ちは萎えてしまった。理屈では間違っていないと思っても、また使命感からはどうしてもやり遂げたいと思っても、なぜか力が出ない、身が入らないのである。結果提案は取り下げ、もしかすると大勢の目前での初めての苦い思いかもしれない。

8 生徒会活動から学んだもの

附属在籍の9年間、毎日生徒会活動をしていたわけではない。遠ざかっていた時期もある。しかし平均すれば、私は生徒会のかなり近くにいたと思うし、生徒会をかなり意識して生きていたとも思う。したがって、生徒会から学んだことは多いはずである。しかし、それを1つずつ示すことができない。もしかすると、今の私の生活全てなのかもしれないと、不安にもなる。それではあまりに惨めではないか。

ただ思い返せば、中央省庁や地方自治体との交渉をしたり、団体や組合の役員として各種の会議を切り回したり事業を運営したり、今になってもそんな日々を送っている私にとっては、気付かないところできっと経験が生きているに違いない。

どこまで押してどこで引くか。思ったとおりにならなかったとしても、その中でできるだけ有利に身を置くにはどうしたらいいか。ときには自分の惨敗でも、心を安定させるにはどうしたらいいか。自覚できないな

がらもそうした技が身に備わっていて、そうしたことが無意識のうちにできているので、だから今も元気にしていられるのかもしれないなどと思う。そう思えば惨めさも和らぐ。しっかり学んだことというのは、そのように自覚できない、無意識のうちに発揮される働き、そうしたものなのかもしれない。

　初めにもお断りしたように、記憶が曖昧なまま書いてしまった。そのために誤りがあってご迷惑をおかけした向きがあるかもしれない。何とか寛容の精神でお許しいただきたい。

昭和46年度高等部専攻科理療科第2部卒業

8．わたしとクラブ活動

詩人・作詞家　エリ（山口エリ）

　わたしは高校時代、ふたつのクラブに籍を置いていた。中学1年生と3年生に在籍した演劇部が思ったような物ではなく（2年生の時にはなくなってしまい、やむなく音楽部に入っていたのだが）、高校になったら、まさに「青春の全てをかけられるような」クラブ活動をしたいとずっと思っていた。

　3年間籍を置いたのは代々女性が目覚ましい活躍をしていた「詩のクラブ」だ。小学部時代から文化祭での展示に関心を持ち、部員の手によって編まれた詩集は繰り返し読み返していたものだった。いつかはその中に自分も加わりたいと、10歳頃から詩を書き続けていたわたしは、そう思いつづけていた。中学3年の初めから一般の詩の雑誌に投稿した物がときおり掲載されるようになっていたのでこれは自然な流れと言える。

でもわたしが本当に力を注いだのは「歴史研究クラブ」だった。

　クラスの（ということはとりもなおさず学年のということなのだが）半分が新しく入れ替わり、気持ちも引き締まっていた高校1年の4月、わたしの胸にはひとつの想いが点滅していた。「詩のクラブ」は当たり前のように入部することとしても、本当に自分が打ち込みたい物が今存在しないのなら創ればいい！文化系のクラブはあまり活発ではなかった。こういう時にこそ新しい風を起こさなければ！あまり狭めてしまうと人が集まりにくいと思ったので、どんな切り口でもいいから「歴史」に興味を持っている人集まって！というような働きかけを起こしてみた。信頼するM先生に相談し、人が集まれば顧問も引き受けてくださるという約束をいただいた。

　かくしてわたし以外7人の男子生徒が手を挙げてくれて、めでたく「歴史研究クラブ」略して「歴研」は誕生した。行きがかり上、そして全員1年生だったこともあり、わたしが部長ということでのスタートとなった。東京周辺の史跡を巡ることを休日の活動として、平日の学校での活動時間はそれぞれが興味を持っているトピックを出し合って、それに関する本をみんなで読み、それぞれの意見を発表したりして、それなりに充実したものだった。開港した明治の頃の建物が沢山残る横浜の街を巡ったり、日本には珍しいイスラム教のモスクやギリシア聖教会であるニコライ堂を訪ね、それらを信仰する人々を育んできたロシア料理を食べたり、楽しい思い出は今も数えきれない。

　文化祭には「シルクロード〜東西交流〜」というテーマを決め、それにまつわる幾つかの発表を行ったり、この地域の物をいろいろな方からお借りして展示したりして、1年生だけのフレッシュなクラブに相応しい秋の2日間を送ることができた。わたしも「詩のクラブ」のほうの当

番を友人などに極力頼んで「歴研」の展示に貼りついた2日間を過ごした。

次の年度はどんな展開をしようかとあれこれ思いめぐらしていた3月初めのわたしをそれは襲った。3・4人の部員が来年度はクラブに入らないと急にわたしに告げにきたのだ。それを聞いて他の部員も「残ったメンバーだけでがんばろう！」とは言ってくれなかった。1年間は物珍しさも手伝ってか、みんなそれなりに走ってきたけれど、主体的に続けようという人は7人の中に誰もいなかったのだ！わたしは唖然とした。もちろんわたしの進め方も未熟だったかもしれない。でも、なぜ動き始めたばかりのクラブを潰さなくてはいけないのか？悲しく、絶望に満ちた春となった。

2・3年生は「詩のクラブ」に籍はあったし、批評会に参加したり、文化祭の詩集は作ったりはしたものの、燃え尽きてしまったようなわたしはクラブにもうかけることはできなくなっていたのだ。

ローティーンの頃からいろいろな本で読んでいた、誰もが打ち込み、1日の大半をついやすようなクラブ活動は物語の中だけのことなのだろうか。きっとそうではないだろう。盲学校だけでは人数も少なく、思うような活動ができない場合もあるかとは思うが、いろいろな情報を発信したり受け止めたりする中で、同年代の人と共有できる物はあるはずと今は思っている。ただ、高校時代のわたしは切り替えて自分の想いを、さらに膨らませていくことができなかったのだ。

今、母校のクラブ事情はどうなっているのか全く分からないけれど、青春のある部分がそれ一色で塗りつぶされるようなクラブ活動に出会える人が1人でも多くいればいいと願っている。わたしのような不完全燃焼の思い出を持たないですむほうが良いに違いないのだから。でもそん

なわたしにとっても、「歴研」に打ち込んだあの季節は何にも代えられない、決して忘れられない、きらめくひと粒の記憶なのではあるけれど。

昭和57年度高等部普通科卒業

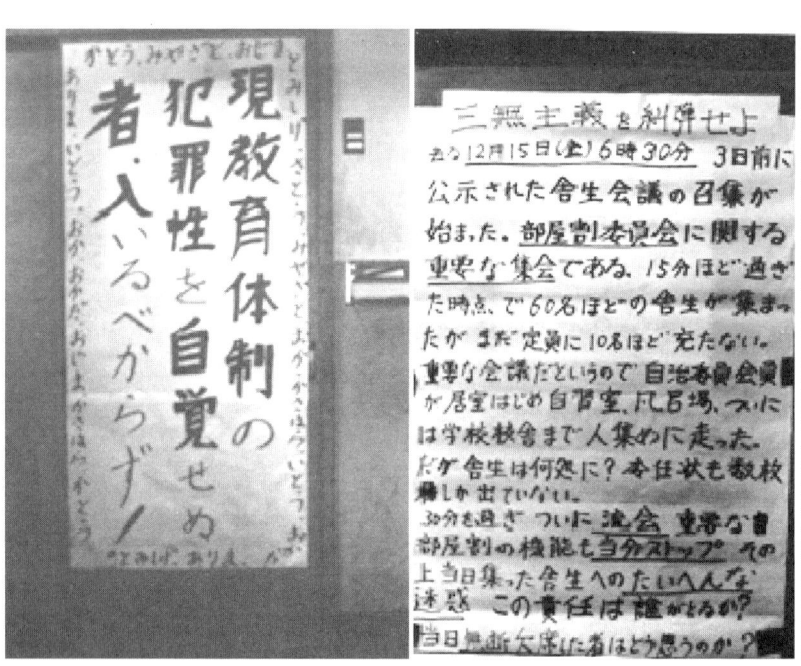

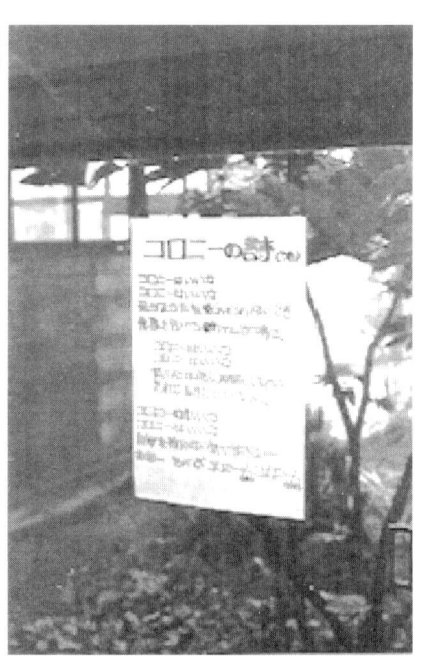

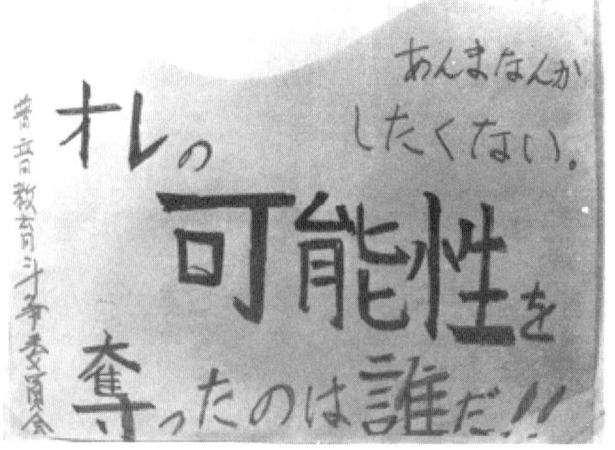

雑司が谷闘争当時の校内の様子と掲示物
「第2章 雑司が谷闘争を振り返って」より

第4章　寄宿舎というもうひとつの学び舎

1．太平洋戦争から戦後への回想

元筑波大学附属盲学校教官　山縣久美

東京生活初体験の時代

　昭和16年12月8日、日本空軍による真珠湾攻撃を皮切りに太平洋戦争に突入していった。

　和歌山の田舎にも異常な緊張が流れ、村の中には勤労奉仕団が作られ、夜警と称して当番で拍子木を打ちながら村内を巡回するようになった。ラジオからは「月々火水木金々」などという甲高い調子の唄声が流れていたようである。

　17年に入ると「食糧配給制」が実施され、初め大都会では「米穀通帳」なるものが配られて、これによって一般成人では、1人1日2合3勺（約300g）が配給されるようになった。また衣料の点数切符制が実施された。点数は1人分1年間で、都市部100点、郡部では80点であり、背広やオーバーは50点、靴下は1足2点であったが、買いたい品物は店にはほとんど無いのが実情であった。

　昭和18年2月、不安を抱え、全く自信の無いまま小石川区雑司ヶ谷町の東京盲学校師範部の入試を受けるため上京した。大阪から12時間程かかる夜汽車を降りて、東京駅から7〜8分の所に小さな雑誌の編集室を持って居た叔母の居所をたずねた。正午前のことで丸の内のビル街は意外なほどに人通りが無く静寂であった。叔母に案内されて、気の短い市電に乗って大塚仲町の指定旅館に着いてみて、東京の場末らしい町の雰囲気に何となく親しみを感じたことを憶えている。4畳半の部屋には片

隅に置きごたつが置いてあり、そのこたつ布団が田舎のそれと同じ匂いを発しているのに大いに安心して、明日からの2日間の入試に何とか頑張れそうな落ち着きを取りもどすことができた。

　4月になって東京盲学校の寄宿舎に入った。誠之寮4号という寄宿舎の北面の一階にあるほとんど陽の当たらない16畳の大きな部屋に6人の室員が同居することになった。

　6時半の起床は玄関の吊り鐘の音で一斉に掛け布団をはね除けることで始まったが、最も元気の良いのは2年生の篠崎氏で、特別に甲高い声で挨拶を交わすと、すさまじい速さで洋服に着替え、廊下にあるバケツを持ってトイレの方へ駆けて行く。そしてたちまち水の入ったバケツを持ち帰り、出入口のガラス戸を勢いよく拭き始める。その素早さは到底真似ることはできず、他の室員も諦め顔であった。3年生の山本氏や小川氏は悠長で、落ち着いたペースで行動していた。いつか小川氏は私に突然「ダイクが聞きたいね」と言った。何のことやら判らず黙っていると、「山縣君は音楽が好きかねえ」と問うて来る。私はしばらく考えている間に、初めてベートーヴェンの第9交響曲のことを想い出した。田舎の生活では耳にしないような質問を時々浴びせられ、「ここは東京なんだ」と思い知らされ、カルチャーショックは相当に手厳しいものがあった。

　朝食は7時から始まるが、味噌汁に納豆が添えられることが多かったが、関西では食べない納豆特有の匂いは私の嗜好に合わず、無念無想の境地に我が身を追いやるようにして無理に口中に圧し込んだ。食事の時間は早い人ではおよそ3分間ほどで終えてしまうが、私はいくら努力しても6分はかかった。その食事の途中で、まだ食べ終わらぬ中に食器を洗い始める者達がいた。その人達はどこかでやっているドイツ語の朝練

に出るのだという。こんな光景は田舎の雰囲気とはおよそ違うものであった。

　夜の消灯は10時であったが、読みかけの本に夢中になっていると、舎監室の電源を2、3回点滅して警告を受けた。学生寮の消灯時間をそんなに厳守せねばならぬ意味が何処にあるのだろうと疑問を持ったが、寮生活の仕組みは個人の思考を越えて毎日が足早に過ぎていった。

　校舎の建つ目白台地は、周囲よりおよそ20～30m程の高さにあり、南側は緩やかに傾斜して早稲田方面に続き、北限は崖地になって音羽の方向を見渡せる。戦前のころは、校舎の西側の道を歩きながら、崖下の林の向こうに護国寺を望むことができたようである。

　　この道を行きつつ見やる谷越えて
　　　　青くもけぶる護国寺の屋根
　　　　　　　　　　　　窪田空穂（くぼた　うつぼ）

　寄宿舎の北側はその崖地になっていて、護国寺の建つ台地との間の窪地は講談社の社有地で広い樹林になっていた。20世紀の始めに野間清治によって創立された講談社は、「少年クラブ」や「キング」などの雑誌で子供の時から馴染んでおり、自分も大都会の一隅で勉学をする機会を得ているのだと再確認することもあった。

　夏休みを終えて寄宿舎にもどってみると、木造の古色を帯びた巨大なたてものが急に侘しく見えるようになった。同室の寮生達もいやにおとなしく、傍に居る山口氏や松田氏は暇さえあれば机に向かって本を読むばかりで、紙面に触れる指の音が無限にくり返されてゆくように思えて、机に座ったままの私は、ただ何の変化も無い寮舎の窓を眺めて過ごすことが多かった。夕食前の一時はとくに寮内は静寂を極め、無人の廃屋が

そこにあるかのような思いになることがあった。するとどこからか笛の音が流れてくることがあった。聞き憶えの無いメロディーでありながら、胸の中に染みこんでくるような情感を持った響きであり、笛の音の聞こえる間は心の中に安らぎと淋しさが同時に湧き起こって、その音の中にすっかり浸って、音と対峙しながら無人の中で過ごすような非現実の一時であった。

　寮舎の北側は、樹林の向こうに護国寺の屋根を望むことができるため、その風景を眺めて居ると次第に心が和み、遠く拡がっている大都会の光景を想像して、いささか先の見通しが感じられることがあった。夜が更けるとこの界隈は静寂の極みを感じさせるほどで、まばらに見える灯火が遠くの闇に浮かび上がって見えた。すると突然市内電車の響きが近づいて、その音が掘割りに沿って池袋の方向に移動してゆき、ある旋律のようにしだいに遠くなりながらも、いつまでも長く尾を引いて耳の奥に溶け込んでゆくようであった。電車の音がすっかり消えて静寂を取りもどすと、心も何となく落ち着いて部屋にもどり、安心して眠りにつくことができた。

　秋が深くなると、食堂の食事だけでは急に物足りないように感じ始めて、放課後や日曜などには、付近のそば屋に通うようになった。同級生の陳君を誘っては、坂下のやぶ久や老松町の進開屋などへ空腹を満たしに行った。不忍通りをわたれば幸盛堂などの菓子屋があり、後家パーラーなるコーヒー店もあって、ミルクコーヒーなどを注文すると何となく落ち着いた気分にもなれた。老松町から日本女子大の方に進むと、洒落た感じの喫茶店などもあったが、一人で入るのはやや気後れがして、モダンな店内の雰囲気を窺いながら前を通り過ぎることが多かった。

広い銭湯の気分も田舎では味わえない雰囲気であり、不忍通りを越して「星の湯」に行ったり、老松町にある「月の湯」に行ったりもした。戦時中でありながら、18年末の頃は、意外に落ち着いた東京山の手の風景であった。

　年が明けて19年に入ると、間もなく大都市には疎開命令が出され、日常の食糧が身辺から急に消えて行った。寮の食事も粗末になり、コッペパンに実の無い味噌汁（実の一つだに無きぞ悲しい道灌汁）のような食事が多くなった。その中に中学校以上の学徒動員が始まり、師範部の学生は、小石川白山の辺にあった凸版印刷工場へ勤労奉仕に通うようになった。型で打ちぬかれたボール紙の断片を整理して箱詰めにするという軽作業で、これが戦力にどのように関係するのかと疑いながら、ひたすら手作業を続けたが、往復の間にも誰も話さず、ただ大きな力によって衝き動かされているような空虚な時間が過ぎていった。

　町に雑炊食堂が現れたのもこのころであった。作業から帰ったあとは、早稲田通りにあった雑炊食堂に急ぐため、老松町から胸突坂を一気にかけ下りて食堂の列に並んだ。運のよい時には、大急ぎで列の最後にもう一度並ぶことができたが、そんな幸運は一度きりであった。

　わが東京盲学校も、2学期から2か所に分かれて学校疎開に移行することが学生達にも伝達され、おし迫ってくる不安を抱いて、それぞれの郷里に帰ったのは7月の初めごろであったかと思う。（学校疎開については別項で述べる）

　昭和20年8月の終戦を迎えて東京盲学校も、師範部は翌年1月から、中等部以下は4月から懐かしい旧校舎で授業を再開した。

　戦争中は、一時東京大学の医学部に使用されたわが校舎は、幸い戦災

を免れて学生々徒を再び迎え入れることができた。この校舎は明治43年、コンドルの設計になったもので、モダンな洋風の木造建築であり、外面の塗装は剥げ落ちていたが、重厚な造作のため特に傷んだところは無く、柱や手摺りなどは面取りが施されて衝突のさいなどへの配慮がなされていた。なお旧校舎の模型が、資料室に保存されている。また校舎の一部、玄関車寄せの部分は大学関係者の好意により、明治村の1号地、日本庭園の一部に復元保存されている。（明治村は、谷口吉郎と土川元夫の協力で、昭和40年に、愛知県犬山市の郊外に開村したもので、明治以来の芸術性の高い、歴史上価値のある建築物をここに集拾移築した場所である）

　寄宿舎は、校舎の新築の際に建てた1階建てと、この他に大正12年に、校外（東大分院裏門付近）に仮寄宿舎（分舎）2か所、また同14年に女子寮が、そして昭和4年に2階建ての2棟が建設された。校外の分舎には初等部の児童を入れ、舎監の高橋惣市さんが家族と協力してその日常生活を指導した。

　女子寮は最も南側で東大病院分院に近い場所にあったが、この建物は、その西端に寮母室が置かれ、その傍に頑丈な扉があって他の建物と厳重に仕切っていたようである。

　21年の1月に疎開地から小石川雑司ヶ谷に復帰したが、寮舎は疎開前と同様に保たれており、南側から誠和寮、洗心寮、養心寮、誠之寮が並び、その東側に女子用の浴室と食堂、男子の食堂と浴室などが並び、便所は誠和寮と誠之寮にそれぞれ廊下で結んで設けられていた。西側には玄関・週番室・舎監室・宿直室などが南北の方向に並んでおり、そして玄関にはよく響く中型の吊り鐘があって、起床や有事のさいにはこの鐘

を打って舎生への合図をしていた。なお男子食堂の西側には小規模な２階建ての志学寮があったが、当時は使用していなかったようである。

また戦後は一時寮生も少なくなっており、洗心寮に女子が入って南側の誠和寮には多くの教職員がここを仮の住まいとして居住していた。

養心寮は中等部と一部の師範部の学生が、北側の誠之寮は総じて師範部の学生の居住区域であった（戦後の寄宿舎の実態については、「視覚障害教育の実際」小林一弘著に詳しい）。

当時の師範部は、ほとんどが鍼按科の学生で、一部は既に小学校などの教職経験者を再教育して、盲学校の教員資格を与えるための普通師範科の学生達であった。

師範部鍼按科は３年制度であり、１学年が24～5名定員で、その他に音楽科の学生も２～３名は居たと思う。１学年の中４～５名の学生は通学生であったが、他はほとんど地方出身の者であるため、結局師範部は全寮制の形であり、学生達はこの寮に入って３年間の起居を共にしたのである。当時視覚障害を持つ学生達は、高等教育を希望しても、一般の専門学校（旧制専門学校）や大学には障害のために受け入れられず、この学校の甲種師範部鍼按科に入学することがせめてそれに近い条件を満たす教育の場であった。しかし多くの学生達の中には、多様な能力を持つものも多く、彼等の志向に沿った勉学を諦めて、この師範部に不本意ながらも進学して来た人達も居たことは確かであった。

昭和21年３月９日には、戦争疲れで古色蒼然となった木造校舎で、それでも漆喰壁に赤銅飾りのシャンデリアのある落ち着いた雰囲気の講堂で、厳かに卒業式が挙げられた。

入学式のときの「君が代」の四部合唱は、卒業式には聞くことが出来なかったのは当然であった。

21年3月の半ば頃、帰省のため東京駅で大阪行の普通列車にとび乗った。通路には人が立ちふさがり、座席などはありそうもなかった。時間が過ぎて間も無く列車が動き始めるころになって、4〜5人の男達が車中にとび込んで来た。聞き慣れない言葉で大声で話し合っていた人達は勢いよく通路に割り込んで来ると、その中の1人が急に窓際に座っている男性の顔に力強く平手打ちを加えたかと思うと、胸元をつかんで通路に引き出した。引き出された男は何の抵抗もせず、放心したような顔付きで通路でよろめいた。すると乗り込んで来た他の男達も、同様に座席に居る人達の衣服をつかんで通路に引き立てて、その空席に着席した。男達はたちまち大声で話し始めたが、その言葉は朝鮮語であることはすぐに理解できた。ほんの1〜2分間の出来事で、私は唖然としてその光景に我を忘れていたが、戦争に敗れた国の赤裸な姿をその時まざまざと見せつけられたことであった。

教員初体験の時代

　4月に入り、東京盲学校の奉職辞令と「月手当金55円給与」の通知書を持って、通い慣れた東海道線の夜汽車に乗ったが、明日から教師生活を送ることに対する、改まった覚悟などはほとんど自覚していなかったように思う。

　学校では寄宿舎の南舎の東端の6畳間を貸してくれることになった。しかし片山校長は「部屋を貸してやるから、その代わりに舎監をやれ」と宣言した。しかしそのときは今までの学生時代と今度は舎監の立場で寄宿舎に入ることは、どんなに大きな運命的な相違があるのかについて、ほとんど考えが及ばなかった。

　当時は日常の食材は多くは「配給」のシステムによって入手すること

になっていた。そのため配給当番を作って食糧を各戸に配達する作業を日常的にこなしてゆかなければならなかった。

そのころ南舎には13〜4世帯の職員が住みこんで居り、これが一つの配給単位として動いており、時には当番の作業もあったが、多くは隣室の方々が補ってくれた。

煮炊きにはニクロム線の露出したヒーターを使い、中くらいのアルミ鍋1つで、いろいろ試みた。田舎から持ちこんだ乾燥芋や、時々入手できる家鴨の卵などは貴重な食材となった。

終戦後数年間は、教員の数も極端に少なく、昭和24年に高等部が設置されるまでは、師範部から幼稚部までの教員数は30名足らずであったと思う。初等部は別棟の校舎でまとまって運営されて居り、会議の時は全校の職員が集まって、片山校長が会を主催し、教員は専ら聞き手にまわるという状態であった。

私の担当授業は、中等部鍼按科の生理学と実技実習を1週間に24時間割り当てられ、毎日はその下調べや準備で、当初はかなりの時間を割かれたように思う。毎日が夢中の中に過ぎて行った感じで、土曜日の午後になると放心状態で6畳間に倒れ込んでとりとめのないことを考えていることが多かったように憶えている。

舎監長は高橋惣市先生で、1週に2〜3回の割で宿直勤務があった。しかしその夜は舎内を回って舎生の現在員を確認して高橋先生に報告するだけで、舎監日誌の記載なども先生任せであった。このような舎監見習いの期間が1年間程続いたと思う。

当時の最も大きい関心事は毎日の食事であり、寄宿舎の大破した炊事場では調理の方法は無く、食材も全く不充分であった。そのため舎内の食事は諦め、食券の交付を受けて外食々堂を利用するしか方法は無かっ

た。初めしばらくは護国寺の前を通って富士見坂を登って大塚仲町の食堂に通い、その後は日本女子大の裏門の近くにあった外食々堂を利用した。全盲の女生徒の中には、一般人の前で食事をすることに大きな抵抗感を抱く人も居て、折角の食事をせずに帰ることもあった。いずれにせよ毎日の食事を外食々堂まで行って摂ることは、舎生も舎監も大変辛いことであり、１日も早い食堂の開設が当時の悲願であった。

炊事場の大鍋が修理され、食堂も何とか整備されて、舎内で一斉に寮生が食事を摂れたのは、年を越えて５月の頃であったと思う。片山昇校長も食堂に来て舎生の食事を笑顔で眺めて居たが、校長の責任を果たして本来の寄宿舎の姿に立ちかえったのを心の底から喜んで居たように思う。

食堂の開設後は配給分では当然食材が不足するため、舎監や師範部の学生達が近郊の農家や会社に行っては、雑穀や調味料などを買い集めた。私も千葉県野田の醤油工場に行き、アミノ酸醤油、１斗樽を譲り受け、それを背中に縛り付けて持ち帰ったことを憶えているが、20歳過ぎの頃のパワーは、今では想像もつかないほどである。

当時は寮母は１名も居なかった。したがって師範部の学生達が、自然に中等部の下級生達の面倒を見ることが多かった。師範部の中には、普通学校の教員の資格を持った人達も居て、その人達が１年間普通師範科に在籍して、その間に特殊学校の教員免許を得て、再び盲学校の現場に出てゆく人達も居た。このような人達は比較的年配で、晴眼者が多かったから、寄宿舎の運営管理の面で大いに力になってくれたはずである。このような人達は後にはそれぞれ学校の教頭や校長となり、出身校である東京盲学校と随時連絡を取り合って、地方の盲学校の運営に力を発揮したわけで、かつて同じ寮舎で寝起きをした鍼按科の教員達とも、情感

の通い合う間柄であり、協力し合って細かい配慮によって教育の実を挙げることができたわけである。

　日常の寮生活の中では心配の種も多かった。がらんとした大部屋では冬の寒さも厳しいため、各室の暖房には、四角く大きな木枠の火鉢が置かれていた。夕食が済むと上級生達が当番で各室に炭火の火種を配給してまわった。寮生達は乏しい木炭を節約して補給しながら室員がその周囲に集まって暖を取る。点字使用の人達は、数分ごとに火に手をかざして冷えた皮膚を慰めながら、短い時間の読書に更ける。しかし墨字を使う弱視の人達は、火鉢の傍に寄ると電灯から遠くなるため、各自の机の前で電気スタンドを頼りに読書に励むことになる。そして消灯が近づくと火鉢の火は無情にも回収されてしまうため、急に火鉢の周りに集まって来て互いの身体を圧し合いながら、今日の出来事や郷里の想い出話に花が咲き始める。(私の学生時代の室員の出身地は、群馬、和歌山、山口、広島、鹿児島であったが、それぞれの方言丸出しの会話は大いにはずんで、家族の雰囲気そのものであった)

　終戦後の数年間は、食糧事情の窮迫もあって、毎日の生活が当面の重大事で、食糧配給の受け取りや分配、町への僅かな食材の買い出し、燃料の確保など、私的な生活面にも余計な時間を取られることが多かった。

　寮の宿直の夜は寮内の巡回を行って、夜の8時半と朝の7時には各室を回って廊下に並んで待ち受けている舎生と挨拶を交わすことが恒例の週間となっていた。当時「点検」と呼ばれていたこの日課は、舎生にとっては変化の少ない寮生活の中での一つのけじめとなって居て、「点検」が終わることで次の予定の行動を始めることができるし、学生々活の中の「自分」を再確認できる大事な節目であったように思う。

舎内の共有部の清掃などは、各室の前の廊下は各室の舎生が分担するが、洗面所や便所などは、当初は用務員も不在で、舎監主任の高橋先生などは暇を見て清掃作業をして居られたようである。しかし寮生活には必須の入浴設備は、１〜２年間は全く人手がまわらず、寮生達は止む無く校外の銭湯を利用するしかなかった。老松町方面にあった「月の湯」などは戦後も健在で、大勢でおしかけたようであった。

　23年の秋になって、初めて１名の寮母が採用され（船越さん）、この頃になって入浴設備も修理され、週に１〜２回は入浴することが出来たと思う。

　毎日の炊事は井上さんと他２名の炊婦でこなしてくれて居た。しかし食糧の仕入れや管理、献立、食費の徴収、給料の支払いなどは、総じて舎生達で組織された自治委員によって行われた。師範部の学生達によって構成された自治組織は、炊事以外にも清掃、会計、生活規律、文化教養面にもその活動は及んでいて、いわゆる自治寮組織による活動は少しずつ形を変えながらも昭和38年まで維持された。

　その後戦後の復興は徐々に進み、昭和25〜6年ころになると、朝鮮戦争の勃発のための特需景気の影響もあってか、食糧事情などは主食の統制を除いてかなり緩やかになっていった。しかし住宅の事情はまだ簡単には立ち直って来なかったように思う。

　地方出身の舎生達も、都市部の出身者はかなり窮屈な住宅事情の中で生活しており、夏期休暇などの長期の休暇の際は帰省することを好まず、不自由でも寄宿舎で生活することを望む者が多かった。しかしその理由の中には、視覚障害のために地域社会に融和しにくく、ときには家族との間でも、良好な人間関係を保っていないケースもしばしばあったように察せられた。

このような実態の中で、事情の厳しい舎生達に対してはその辺を考えて休暇中も寮に居住することを認めることがあった。1学期末になると「残寮願」なる書類を提出させ、舎監会議を開いて、時には個別の事情を聴きながら長時間をかけて審議することもあった。しかし休暇中は食堂は閉鎖されるため、残寮生一同を、当時使用して居なかった志学寮に集めて居住させ、空き部屋を使って電気コンロや七輪などを使って自炊することを認めることにした。しかし舎監達としては、この火気使用は大変気がかりであり、休暇中の宿直は非常に頭の痛いものであった。

　30年頃と思うが、20数名の残寮生を引率して山中湖にあった教育大学の岳東寮に3泊の夏期宿泊を計画した。引率者が少ないので、寮母さんや炊事夫さんにもお願いし、教員養成部の学生達とも連携して何とか実施することができた。山中湖でのボート遊びは大変好評で、楽しい笑い声の絶えない数日間であったように憶えている。

　この夏期宿泊の催しは、次の年からも2～3年は続いたと思うが、これは学校行事として計画され、例年の夏期学校としてその後定着していった。山中湖夏期宿泊などで大活躍してくれた当時の養成部学生宮本美明氏は、その後和歌山盲学校に赴任され、現在は定年を迎えてお元気に余暇を楽しんで居られる。

　附属盲学校に36年間勤務する間に、前後3回にわたって寄宿舎の仕事を体験し、多くのことを学んだ。

　寄宿舎生活の中で、舎生達はかつて経験し得なかった実質的で濃密な人との交際を経験し、障害者としての困難な生活に対して確かな手応えを感じ、他人を信じ、他人と協調して生きてゆくことの自信を体得してゆく者が多いように思う。学校生活では学ぶことのできない実質的な社

会生活を学習する上で、起居寝食を共にする寮生活は、人間形成の上で大変有効な場を提供してくれるように思う。

懐旧と感謝の想いの中にこの項の記述を終了します。

<small>昭和20年度甲種師範部鍼按科卒・昭和25年度東京教育大学国立盲教育学校理療科卒</small>

2．自治寮生活の思い出

元山形県立盲学校教諭　山本良男

自治寮の構成

　自治寮の管理運営に際しては雑司ヶ谷分校の教官が当たり、寮母は一般から採用された方々があたっていた。自治寮生は幼・小・中・高、更に教員養成部の学生から成り立ち、寮生活の実際の活動に当たっては、寮生の中から役員を選出して、寮生活が行われていた。

　自治寮の役員は年に2回、前期・後期に選挙によって選出され、自治活動が行われていた。役員としては、寮長・副寮長各1名、その下に炊事部役員、会計部役員、生活部役員、確か、そのほかに教養部というのが置かれていたと思う。

　寮長・副寮長は全体を統括して自治活動を運営し、炊事部委員は炊事婦（一般から採用した人）を使って、寮生の飲食物の調理にあたり、飲食物の仕入れ・管理にあたっていた。会計部は寮生から寮費を徴収し、寮生の日常生活が支障なく行われるように務めるものであった。生活部委員は日常生活の一般に当たって、支障なく過ごすことが出来るよう、その規則、活動内容を計画・立案せるもので、例えば日番・週番活動など、起床・消灯の合図（鐘を鳴らす）、寮官に付いて各部屋の点検に回る

等、いろいろな日常生活の一般を行っていたものである。

　私が寮長をやっていたのは、昭和28年の10月から昭和29年の9月までの2期で、副寮長には溝渕千代子さんが一緒にやってくれていた。私たちの任期中には大変大きな事件が発生、火災に見舞われたのである。あとで記す。

　当時の寮費は1ヶ月1300円だったと記憶している。しかし物価が高くなり、1ヶ月1300円の寮費では賄いきれないという声もあり、寮費を1500円に値上げしたいという意見があって、その事について全寮生会議を開き、寮生の意見を聞いたが値上げ反対者も多く、同じ議題で3度ほど寮生会議を行い、漸く200円アップの1500円の寮費が決定された。この事は思い出深く記憶に残っている。

　当時、寮としては、男子寮として誠之寮・養心寮、女子寮として洗心寮があり、更にあとから志学寮が出来た。それに清和寮として職員の方々が住まわれていた建物があった。

自治寮の環境と日常生活

　自治寮は雑司ヶ谷の一角にあって、南は東大分院、正門から北に行けば腰掛け稲荷、そこを左に曲がれば通称めくら坂に出る。めくら坂を下って行くと商店街に出る。

　まず、藪久がある、そば屋で私たちはよく、このそば屋に食べに行ったものだった。当時、かけそば・盛りそばは確か15円、きつねそばは17円だったように記憶している。何人かの友と行って時々食べ比べをしたものだった。大食漢は1回に5杯も食べた記録がある。私は最高でかけそば3杯だった。兎に角当時は腹が減って、夜になると何か食べなくてはいられないような状態だった。

毎日そば屋に行く訳にもいかず、夜食を自分たちで作って食べた。自分の家から米などを持ってきて、それを電熱器を使用して炊いたものだった。当時自治寮で電熱器を使うことは暗黙のうちに認められていた。電熱器といってもニクロム線式のもので、ニクロム線はよく切れたもので、切れると再びつなぎ合わせて使用したものだった。

　おかずとしては、商店街に十一屋（魚・味噌・醤油など）、佃煮屋としてトナミ屋、お菓子屋としては幸盛堂が軒を並べてあった。

　トナミ屋の女の従業員は毎日のように注文を取りに来て、配達もしてくれた。寮生にその女の子は人気者であった。よく買った物は卵・納豆・昆布の佃煮などだった。思うに卵は当時の値段と殆ど変わっていないのは驚くべき事だ。

　気分転換によく遊びに行った所は護国寺・雑司ヶ谷墓地だった。護国寺には音羽ゆりかご会の児童合唱団の施設があって、合唱の指導をうけていたのが懐かしく思い出される。海沼実氏の指導は今も3代目がその施設を指導している。とても懐かしく思い起こされる。

　雑司ヶ谷墓地には夏目漱石の墓地があった。よく行ったものだった。池袋から雑司ヶ谷講談社方面に、雑司ヶ谷電鉄が運行されていた。私は3ヶ月間ほど週1回、講談社の社長或いは会長と言ったかもしれない野間清治宅に、朝5時にアルバイトとして治療に行った。寮から30分以上歩いてかかる所だったが、辛かったが頑張って行っていた。治療時間は1時間ほどで、治療が終わると会長さんは手を叩いて、家族の方に終わった合図をされたものだった。私は多分治療代として200円を貰っていたと記憶している。野間邸宅を出て寮に戻ると寮生は殆ど出校していて、私は冷たくなった朝食を食堂で食べて出校した。当時1回の治療として200円の収入は良かったので、私は辛かったがよかった。

今から思えば、なんと言っても学習環境は最適だったと思う、素晴らしいとこだったとしみじみ思う。

自治寮の行事

　自治寮には年１回二日間にわたって行事として寮祭が行われていた。寮祭としての１日目は、各部屋において部屋独自の工夫を凝らしてお祭りが行われた。先ず人気筆頭だったのは闇鍋だったようである。食することの出来るものであれば、室員各個人が内緒で求めてきて、鍋の中に秘密にして入れる。出来上がった鍋料理は中身に何が入っているのか分からないままに、それぞれ自分の食器に盛り食べてみる。その味たるや何とも微妙なもので、甘いやら・酸っぱいやら・塩っ辛いやら、味は勿論のこと、中身には蜜柑が丸ごと・納豆・甘納豆・餅・里芋・さつまいも・白菜・葱等、何でもさまざまな物が入っているのが人気だったようで、味わうと言うより、中身に何が入っているのかが、興味の最大のものだった。闇鍋は食べると言うより、誰が何を入れたのかが最大の関心事であった。

　勿論、室員全員で話し合いをしてメニューを作り、それを食べるのが目的で、各部屋お互いに室員を招きあって、和気あいあいとして食べたのが懐かしい思い出である。これが寮祭の初日で、２日目は寮生全員が食堂に集まり、部屋ごとの趣向を凝らした出し物を発表して２・３時間楽しみ、もっとも楽しみ深かったのは各個人間の贈り物の交換だった。私は昔の夏休みという贈り物で蓋付きの湯飲みを貰ったのが思い出に残っている。

　寮祭は寮生にとって、もっとも楽しい事柄だったと思う。

火災に遭遇

　火災に遭遇することは長い人生のうち、誰しも滅多にあることではない。

　昭和29年2月2日火曜日12時前後のこと、丁度その時間は佐藤チカオ先生の教育原理の時間で、私たちは寄宿舎の中庭に面していた教室でその授業を受けていた。教室の後ろは中庭に面した所は窓になっていた教室だった。

　突然どこからか女性の悲鳴声のような叫び声が聞こえてきた。私はそれがなんと言っているのかよく分からなかったが、視力のあるクラスメイトの何人かは、教室の後ろの窓から何も言わずに飛び出していった。佐藤親雄先生も何だと言いながら、教室の後ろに来て、やはりあっと言って外に飛び出して行き、寮の入り口にあった鐘を激しく鳴らして、火事だと大声で叫ばれた。教室に残っていた私たちは、一斉に視力のある者に誘導されて、校舎の中を通り外に出て、商店街の方に避難した。

　道は雪が少し積もっていた。寒い感覚を覚えたのが記憶に残っている。どのくらい避難していたのかよく思い出せないが、多分2・3時間だったのではないかと思う。避難解除の連絡を受けて、私たちは校舎に戻ってきたが、私たちの教室は焼けてなくなっていた。焼けてしまった建物は、私たちの教室の一角、職員寮の一角、女子寮の洗心寮だった。

　突然に起こった出来事に誰もが無言のまま時を過ごした。その後どのように時間が経過したのかは思い出しがたく、記憶は呼び戻すことは出来ない。

　雑司ヶ谷分校は全国的には東盲と呼ばれていたので、東盲が火事にあって焼けてしまったとニュースとして報ぜられると、全国の盲学校からお見舞い金が送られてきた。さらに日常生活に必要な物資が多数送られ

てきた。

　私たち役員は、その送られてきたお見舞い金や、日常生活物質の処理をどうするか、柴田先生、河邊先生、さらに寮官の先生方と処理の仕方について、何回となく話し合いをした。見舞い品は寮の一室にいっぱいになった。

　寮生は被害の程度によって、A段階、B段階、C段階のグループに分けて、現金と日用雑貨品を振り分けて配布した。それらのグループの判別はどのようにして決めたのかは、よく分からない。

　当時NHKで社会の窓というラジオの番組があり、その番組の担当者であった八木アナウンサーが取材に来て、私はいろいろと聞かれたことを思い出す。火災に直面した事は一生忘れる事はない。

　火災に見舞われた事については、溝渕千代子さんにも書いてもらったのであとは省略。

終わりに

　私は学生時代、東京教育大学雑司ヶ谷分校の自治寮で生活していた。それは昭和20年代の後半であった。それ以来、既に56年も過ぎ去っている。学生時代の記憶は鮮明に思い出される所もあるが、大部分の記憶はぼやけてしまい、曖昧なものとなっている。

　山形に住み続けて56年、その間、東京には実家があるので、たまには帰ることがあったが、親・兄弟も既に去り、今は東京には殆ど行く事がない。学生時代にお世話になった自治寮での思い出は、鮮明に思い出せる所もあるが、一つの文章として記載するには創作してしまった所もあると思う。何しろ半世紀以上も遡って記録することは、大変難しいと言わざるを得ない。

記憶だけで何の資料も無く書いたものであるから、事実に誤りがあればお許しを願いたい。

　思い出を甦らせる事は大変懐かしく、戻れる事が出来るなら、もう1度あの時代に戻りたいものだ。

昭和28年度高等部専攻科理療科卒業

3．あの火事の日の思い出

元松山盲学校教諭　清水千代子（旧姓　溝渕）

　昭和29年2月2日昼、私たちは養成部1年として、佐藤親雄先生の「教育原理」の授業中であった。遠くで細い女の人の「火事―」という声を聞いた。みんな一斉に息を止め立ち上がった。佐藤先生が近くの週番室にあった鐘を連打して、みんなに知らせた。

　私たちのクラスは大変全盲が多く、まして女子は、私のほかにいた鈴木緑さんも全盲で、2人でどうしようとまごついていたら、弱視の荒巻さんという男子生徒の方が救いの手を差し伸べてくださり、全盲女子2人とも無事逃げることが出来た。

　折しも前の日に降った雪が、まだ所々に残っていて大変寒かったと思う。路上で数時間立って、鎮静を待っていたと思う。

　結局、火事は職員寮から出て、私たちの住む「洗心寮」が丸焼けであった。消防車が20何台か来てくださって、何とか布団類は出してくださって、夜具は何とか助かったが、これも、どれが誰の物かが分からず、同じ部屋の弱視の方にお世話になり、選別して部屋に運んでいただいた。部屋は男子寮だった「養心寮」で10数名が同居することになったのであ

る。

　その日は、それでどうにか寝ることは出来たが、そのあと焼け跡に残された物を自分で取りに行くことも出来ない。随分長い間書きためた大切な沢山の点字楽譜、衣類など持ち物も当時はまだ豊かでなく、焼け残りでも諦めきれない。やはり家族の者に来てもらうしかないということになり、香川県の家に来て欲しいとの電報を打つしかなかった。

　私の家は、空襲でも丸焼けの家庭で、当時も、まだ経済的にも楽ではなかった事は分かっていながらの無理を言ったが、2人の姉が駆けつけ、焼け跡の仕分けをしてくれた。私の部屋には、やはり全盲者が多い上に、北海道から来ていたり、また家庭の事情もあって、ご家族の来られない方もあったが、弱視の方の真剣なご親切で、どうにか落ち着く事ができた。灰の中から見つけた千円札、かろうじて読める焼けこげた点字楽譜も、幾つか取り出した。お札は日本銀行で代えて貰う事が出来た。

　当時女子寮には30人くらいは、いたと思うが不思議なくらい、みんなあまり愚痴も言わなかった。ただ無事を喜んだが、みんなそれぞれに損失もあり、苦しみも味わっていた。

　私は当時から今も、あの時どなたからも公に事情説明も、お詫びの一つも聞かされていない事が不思議である。私たちも被害届も出せなかった事が、今になって学生の皆さんに行き届かなかった事をお詫びしたいと思っている。もっと真剣に考えて、主張すべき事があったはずだと、今になって口惜しく思う。

　いろいろな人からお見舞いや慰問を戴き、世間知らずの私は胸がいっぱいになっていた事を思い出す。公の方面からは、何一つ援助もなかった事を思い出すと、腑に落ちない気持とともに、当時、責任のある役員でありながら、友達の皆さんの立場を守ってあげなければならなかった

事を、責任者として、大変申し訳ない事をしてしまったと痛感している。

　　　　　　　　　　　　　　　　　昭和28年度高等部専攻科音楽科卒業

4．雑司ケ谷分校の火災を巡って

　　　　　　　　　　　　元筑波大学附属盲学校教官　阿佐博

　東京盲学校の歴史は長く、各時代によって校名も変わっている。東京教育大学雑司ケ谷分校と呼ばれるようになって、まだ間もない、昭和29年2月2日、かねがね心配されていた事が現実のものとなった。火災である。

　昭和29年と言えば、戦後の復興がまだ充分ではなく、特に住宅が不足していた。それで寄宿舎の一棟を職員寮として、そこに十数家族が居住していた。もともと生徒の為の寮であり、炊事などが出来るような構造にはなっていないうえ、古い木造建築物で、火災の危険性について消防署からも折あるごとに注意されていた。

　その日の第4時間目、教官室では授業のない教員が数人団らんしており、私もその一人であった。そして正午数分前だったと思うが、教員寮の方から「火事だ！火事だ！」という悲鳴にも似た女性の声が聞こえてきたのである。ある者は消防署への連絡の為に電話機に飛びつき、ある者は現場に向かって飛び出して行った。数日前に降った大雪がまだ残っていて、ある教員はその雪をかためて火元に投げつけていたというエピソードも残っているが、そんな事で効果のあろうはずもない。しかし、さすがに消防署の対応は早かった。5分とたたぬ間に数台の消防車が駆けつけ、消火に当ってくれたので、職員寮と女子寮（洗心寮）の大半と、特設教員養成部の教室や、研究室などを灰にしたのみで、本校舎への延焼は喰い止めるこ

とが出来た。

　その時私は、火元からは最も遠い二階の部屋に住んでいた。鎮火してから部屋に帰ってみると、二階だというのに廊下にはまだ数センチの水たまりが出来ていた。消火の為にいかに大量の水が使われるかということを、身をもって教えられた思いであった。結局私の部屋は燃え落ちることはなかったが、水と煙で私は乏しい家財と書籍の大半を失ってしまったのであった。

　こうして住居を失った職員寮住人は、或る者は親類や知人を頼って身を寄せ、或る者は焼け残った本校舎の宿直室や研究室などに一時避難した。火災の発生を知ると当然の事ながら、ラジオや新聞などの報道機関からも駆けつけてきたのでこの火災は大きく報道されることになり、一般の人々の関心を呼ぶことにもなった。

　私個人について言えば、火災当日の夜、治療室での関係で親しくしていた患者さんから「火事見舞いと称して、沢山のおすしと、古くはあったが背広の上着を頂いた。また翌日には日本点字図書館長の本間一夫先生の奥様が、自らリヤカーを引いて夜具一組をとどけて下さった。それらの暖かい御好意を思い出すと、今でも胸が熱くなり感謝の念に満たされるのである。

　火災直後から一般社会からの救援物資も届き始めた。その整理に当ったのが職員組合で当時委員長だった鈴木達司先生などが大活躍されていた。送られてきた物資は一時講堂に保管され整理されたが、大半はかなりひどい物だったようである。救援物資なのだから、ともかく配分するということであったのだろうが私が受けた配分品の中にも、穴のあいた靴や、破れた下着などがあって却ってその始末に困ったものである。いかに物不足の時代とは言え、自分に使えなくなった物は人にも使えないのだと

いうことがわからないのだろうかと、そのような物を送ってくる人の心を疑いたくなったものであった。

　火元について警察や消防でも調べていたようであったが、明確な発表はなかったのではないだろうか。私達は或る職員の部屋で、石油ストーブの火がカーテンに燃えうつったのだろうと言うようなことを聞かされたのみであった。ただ昼間だったので怪我人などが一人も出なかったのは不幸中の幸であった。しかし職員寮には大山信郎先生を始め芹澤勝助先生、野本光弥先生、斉藤松声先生なども住んでおられ、これらの先生方のお部屋は全焼に近かったし、特設教員養成部の研究室なども難にあったので、貴重な資料も沢山失われたのではなかっただろうか。

　十数人の職員が罹災するということは大事件である。しかし本校舎が類焼をまぬがれたので、部屋をやりくりしたり、講堂の前の廊下まで教室に改造したりして、間もなく正常な授業が行なわれるようになった。罹災した職員もそれぞれ徐々に落ち着き、教官会議では復興についての審議がなされるようになった。しかし数年間は予算もつかず不自由な生活を続けなければならなかった。

　復興は先ず寄宿舎からということで火災後数年を経てから寮が鉄筋コンクリート三階建として改築されることになった。そして寮の完成後本校舎も鉄筋四階建として改築されることになり、明治43年以来この地に調和しておっとりとゆかしく立ちつづけて来た、木造校舎とも別れることになったのである。鉄筋校舎に改築される事は時代のすう勢としても、あの火災の為にこの時期がかなり早まったのではないかと思われるのである。

（理療科教員養成施設九十年誌より転載）

昭和18年師範部甲種鍼按科卒業

5．木造の寮から鉄筋の寮へ

　　　　　　　　元横浜市立盲学校教諭　鈴木和子（旧姓　服部）

　私は、1960（昭和35）年、高等部1年に入学し、3年間木造の養心寮という女子寮で生活しました。田舎の盲学校から出てきた私は、自治寮という生徒たちの手で運営されていることに大変驚き、戸惑ったものでした。しかし、地方の学校にはない自由な雰囲気を満喫していたように思います。

　寮長、副寮長がいて、その下に生活部、炊事部、会計部があったように記憶しています。役員は、主に教員養成部の人たちがやっていたようですし、私は一度もならなかったので、仕事の詳しい内容はわかりません。

　養心寮には、16畳の鰻の寝床のような部屋が1階に2つ、2階に2つあり、左右に階段がありました。そのほかに舎監室と週番の部屋（学校にいく出入口のところに仕切りを付けたようなところでした。）がありました。舎監室と階段の間に小部屋があり、2人部屋として使っていました。たぶん生徒数が多い時に使われていたように思います。1階の1つの部屋には、小中学生と寮母の先生がおられ、あとの部屋に高等部から教員養成部までの生徒が6・7名ずつ住んでいました。毎年部屋割りは、みんなで集まって相談して決めるのですが、これがけっこう大変でした。舎監室には、毎日交替で先生が泊まられていました。週番は、平日は学校が終わってから9時ぐらいまで、日曜・祭日は朝からずっと、男性も含めて生徒が順番にやっていました。主な仕事は電話番で、かかってきた人を放送で呼び出していました。週番室は、生徒のたまり場になっていて、そこにいくといろいろな情報が聞けたものでした。

私が入学したころの寮の食事は平井さんご夫婦が作っていてくださり、いつ食べにいってもいいことになっていました。今日は生ものなので速く済ませるようにといわれた記憶があります。「食堂あらし」といって、夜遅くに残っているほかの人の食事をこっそりいただきにいった人もいるようでした（男性たちでしょうけど）。昼食も学校から寮の食堂にいって食べていました。日曜の朝はパンと牛乳のときが多かったように思います。休みの日の昼食は、とても大きないなり寿司が出たこともありました。食堂は、新入寮生歓迎会や寮祭などの行事にも使われていました。日曜日の夜は、先輩で八王子盲学校の教員をしておられた田中禎一さんのグループがきて歌声の集いもしていました。

　私が高校3年の夏休みの少し前ころに、確かサルモネラ菌による中毒で消化不良を起こす生徒が次々と出て、そのことで、作った食事を長い時間テーブルに並べておくのがよくないということになり、1時間以内に食べることになりました。それから少しして、炊事の方は業者さんに任せることになったのだと思います。

　寮費は確か2000円ちょっとだったと思います。それをどのようにして払っていたのかはよく憶えていませんが、会計係の方にでも個人で払いに行っていたのだと思います。　木造の養心寮のころは、お風呂がなく、何人かで連れ立って銭湯にいっていました。隣の東大病院分院の横の道が暗くて夏は痴漢が出るというので、必ずだれかと一緒にいったものです。冬の寒い日は出かけるのもおっくうでしたが、今思い出すと銭湯にいくのも楽しいものでした。銭湯代は、確か16円か17円でした。国鉄の初乗りが10円、ラーメンが40円のころです。早稲田のほうにいくと30円でラーメンが食べられる店があり、休みの日には、30分近く歩いて食べにいきました。

養心寮のころの暖房は、火鉢1つで放課後になるとおばさんが火種を持って部屋を回ってこられました。その人がどのような立場の人だったかはわかりません。

　廊下や階段の掃除はみんなで手分けをしてやっていましたが、土足だったのと建物が古いこと、掃除機もなかったことなどで、あまりきれいにはならなかったと思います。

　寮の門限は10時でした。一応7時から9時までは、静粛にして勉強をする時間になっていましたが、みんなあまりそれは気にしていませんでした。夜は、よくお茶とお菓子でいつまでもおしゃべりが止まらなかったものです。

　買い物は、学校の門を出て石の階段を下りて右側に行くとすぐのところに「はねいし」という雑貨屋さんがあり、そこには日用品から化粧品など日々の暮らしに必要なものはたいてい売っていました。新入生が入ってきて買い物の場所を聞かれると必ずそこを教えたものでした。「はねいし」とは反対側の方に行くと乾物屋さんや洋品店、「江戸寿司」というお寿司屋さんなどが並んでいました。

　向かい側に横断して護国寺の方に行くと市場などもありました。

　新しい鉄筋の寮に入ったのは、私が専攻科1年のときだったでしょうか。その寮を建てている間の数ヶ月も古い木造にいました。新しい寮は、1部屋に4人でした。それからは銭湯にも行かなくてよくなり、冬はスチームも通るようになり、ずいぶん快適な生活になりました。電話も各階に1つずつあり、呼び出されても以前のように週番室まで降りていくようなことはなくなりました。洗面所も広くてずいぶん使いやすくなったように思いました。

　新しい寮に移った年の9月に自治寮ではなくなったようですが、男性

に比べて女性の数が少なかったためでしょうか、教員養成部の人たちともそれまでと同じように一緒に行動していたように思います。

　私は、理療科教員養成部を受験しましたが、最初の年は失敗して１年間寮を離れていました。その間に校舎も、あの記念物のような古い木造から、新しく立て替えられていました。今思えば大きく変化した時期に学んでいたのだと、貴重な経験ができたことに感謝する思いです。

昭和39年度高等部専攻科理療科卒業

6．自治寮の夕映え

元団体役員　宮昭夫

1

　私が広島の盲学校から当時の教育大附属盲学校高等部普通科に入学したのは1961年４月の事でした。入学と共に私が暮らす事になった寮は、教育大雑司ケ谷分校寮という名の自治寮でした。つまり、そこは大学生の暮らす学生寮の趣を残す場所だったのです。自治寮とはどういう所かという事について当時の私が「なるほど」と感心したのは、食堂で働いている賄いの人達も自治委員会が直接雇用していると聞かされた時でした。

　そうしたいわば大学生扱いの自治寮に、我々附属の高校生も何となくそのまま組み込まれていたように思います。あの時代には、まだそんな大らかさが許されていたのでしょう。自治委員長は多分代々教員養成部（通称特設）の学生から選ばれていたと思いますが、自治委員の中には我々高校生も常に何人か入っていました。私自身も高２の時、文化部の末席に名を連ねていたくらいです。文化部といっても私がやったのは寮祭でどたばた風刺劇を書いて演出したくらいですが。

2

　自治寮の雰囲気は私にとってはまさにカルチャーショックといえるものでした。例えば、広島の盲学校では、起床と同時に全員が叩き起こされ、洗面・点呼を受けた後、天気が良ければラジオ体操、それからみんなで食堂に向かい「いただきます」の合唱と共に一斉に食事を始めたものでした。

　それが雑司ケ谷では、朝の点検は一応はあるものの、布団の中でそれを済ませる者もあり、食堂へ向かう時間も銘々ばらばら、中には結局朝飯を抜いて学校に直行する人もいます。それどころか、授業をさぼって寮に残っている者も珍しくないという状態でした。

　もう1つ私が驚いたのは、近くの商店から寮に御用聞きがやって来る事でした。私の時代には、蕎麦屋が2軒、洗濯屋が2軒、乾物屋が1軒毎日のように通ってきていました。先輩の中には蕎麦屋のお兄ちゃんに「蕎麦はまた今度とるから煙草買ってきてくれない?」などと無償の「御用聞き」を頼む者や、洗濯屋に靴下や下着まで出す猛者もいたようです。

3

　カルチャーショックと物珍しさの季節が終わると、私もご多分にもれず青春の「道草」の時代に踏み込んでいました。入学当時は授業をさぼる事が出来るなどとは思いもよらなかった私も、高校2年の中ごろには出席日数が3分の2を下回る危険に直面していました。心優しい数学の長峰先生が、わざわざその事を知らせるために同級生を寮に「派遣」してくださったのもその頃のことだったでしょう。

　酒や煙草の味を覚えるのにも時間はかかりませんでした。勿論、(特に高校生は)禁酒禁煙が建前でしたが、かなりの生徒が乾物屋を兼ねる酒屋からビールやウイスキー、ジンなどをそっと持ち込み、消灯のあと悪

の集まる部屋でちびちび飲んでいました。

　時々は新宿にも遊びに行きました。私自身は金回りの悪いしけた生徒そのままだったのですが、毎学期まとまった額の就学奨励費の入る先輩のＳさんなどに連れられて、新宿の東口から歌舞伎町、西武新宿の駅前などをうろついていました。新宿に着くとまず10円寿司かラーメン屋で腹ごしらえをし、ジャズ喫茶を覗いたり、サービスタイムの安いバーをひやかしたりしたあとは、当時急に増え始めた深夜喫茶で朝までというコースを辿る事が多かったと思います。そういう時は学校では全然着ない教育大の金ボタンの付いた学生服をわざわざ着こんで出かけたものでした。

　朝まで時間をつぶしたのにもそれなりの訳がありました。なまじっか門限のすぐ後などに帰れば見つかる確率が高いので、深夜喫茶や山手線の始発で時間を潰し、朝門が開く頃になって散歩からでも帰ったような何食わぬ顔で門を通過するのでした。どうしても夜中に帰る時は、図書室に近い決まった場所から門を乗り越え、寮の端の階段の１階と２階の踊り場の窓から潜り込みました。

　　　　　4

　しかし、当時の雑司ケ谷分校寮にそうした不謹慎な道草のムードだけあった訳ではありません。私の周りにも授業は適当にさぼっていても夜になると、当時文化放送でやっていた100万人の英語や旺文社の大学受験講座を聞く雰囲気は結構ありました。個人的に予備校に通う人や語学学校に行く人もいました。例の先輩のＳさんも水道橋近くの予備校に通っていて、高３の１学期は私もそれに付き合いました。

　そもそも高等部に普通科が新設されたのは私が入学する１年前の事でした。つまり、私は普通科の２期生という訳です。理療科教員になる以

外にほんの僅かながら大学進学という新しい道が見え始めた時代だったといえるでしょう。

5

おそらく、先輩たちの努力の結果だと思いますが、当時リーディングサービスの学生が寮に来てくれていました。3年生になって大学受験を決めた私は、早速その年の全国の大学の受験問題と解答の載った電話帳ほどの厚みのある問題集を買い込んでリーディングサービスに申し込みました。

当時の私は酒や煙草に関しては、いっぱし不良ぶっていても女性を前にすると、まだからっきし意気地がなかったので、女子大生と1対1でリーディングサービスを受けるというのは結構肩の凝る経験でした。なにしろ限られた時間に出来るだけ多く読んで貰わなければならないので、残念ながら殆ど邪念を抱く余裕なんかありませんでした。まあ芯は真面目だったのです。

6

勉強以外にもウクレレ・バンジョー・スチールギター・ピアノなど一芸に秀でた腕達者の先輩が沢山いました。たとえ行く手の進路は狭くても、いや、だからこそ、若い命はいつもさまざまな方向を目指して流れ出そうとするものなのです。

一体いつまでが本来の意味の自治寮だったのか、私には確かな事はわかりません。ただ、私は勝手に私が卒業した前後1・2年がその重要な転機だったのではないかと思っています。勿論、伝統はすぐに消えるものではないでしょう。今でも何かしら引き継がれているものはあるかもしれません。

兎にも角にもこうした雑司ケ谷の伝統の中で私の青春は過ぎ、人間と

しての成長と間違いを積み重ねていった事は確かです。今や母校から盲学校の字は消えました。私たちは狭い盲人の世界の殻を打ち破っていかなければならないのは事実です。しかし、同じ障害を持つ仲間達といる事の中には、閉塞感と同時にある種の安らぎと安心感がある事も事実です。それはこれからも多分変わる事はないでしょう。寮の思い出も私の中ではそうしたものとして残っていくでしょう。

昭和47年度高等部専攻科理療科第2部卒業

7. 食堂が危ない～教育大廃校の小さな落し物～

あはき治療院自営　須之内久男

1. 時代背景

　40年の時の流れを遡って探り出そうとしている、おぼろげな記憶の1ページ。それは、昭和46年度に生じた、教育学部附属盲学校経費予算の不足分、123万円その手当てをどうすれば良いか？という難問であった。学校側が提示してきたのは、寮食堂の炊事婦人件費を、受益者負担の原則に立ち返り、寮生に分割負担させようという、唐突な提案であった。世は正に70年安保闘争の炎が消え残る、学生運動の時代である。寮生たちがおとなしく学校の提案を受け入れるはずもない。その辺りの経緯や顛末を、思い出してみたいと思う。

2. 教育大紛争

　昭和45年、1970年。日米安保条約が自動延長されて、安保反対を旗印に、体制批判を巻き起こしてきた学生達は、ふりあげた拳のやり場に困り、成田闘争や沖縄返還など、よりローカルな目標に的を探し、セク

ト化、過激化の道筋を辿っていった。そんな流れの中に昭和40年代に入って、表面化してきた東京教育大学の筑波移転反対運動の末期的状況もあった。初めは教育大筑波移転の方針が掲げられ、学生の運動も移転反対を叫んでいたのだが、40年代半ば頃には、教育大は廃校、筑波大学新設という形に様変わりしており、反対運動も過激派セクトが、主導権をとって、ゲバ棒騒ぎも頻発していた。当時私達の課外授業で、社会見学のひとつとして、刑事裁判の傍聴が実施されていた。確か、高校3年の時だと思うが、2回行われた傍聴で、ひとつは、モデルガンを使った強盗事件の判決公判、もうひとつの傍聴が、筑波大反対闘争での公務執行妨害及び、暴行致傷の途中公判であった。強盗事件は論外として、学生が被告人であった、筑波大反対のゲバ棒事件の法廷でのやりとりが、大変面白かった。公判終了間際に、裁判長が、被告学生に言った。「学問の習得が目的である、君たちが、そんなに反対しなくても、いいんじゃないか？本当に困っているのは仕事場が筑波に移ってしまって、東京でのアルバイトがし難くなる教授達だと思うがね。」被告の学生や弁護士の答弁は覚えていないが、法廷での相手が学生だとずいぶん砕けたやりとりもあるんだなと、感心したのを覚えている。

3. 寮と食堂事情

　寮といったのか、寄宿舎といったのか、正式な名称が思い出せない。私が入学した昭和42年頃は、雑司が谷分校寮と呼ばれていたが、教育学部附属雑司が谷分校が、附属盲学校と改名されたのは、45年頃だったと思う。同じ時期に分校寮も改名された筈なのだが、附属盲学校「寄宿舎」とされていた可能性もあるのだが、ひとまずこの文中では、「寮」と仮称しよう。私達が入寮するずっと以前は、完全自治寮として管理運営のほ

とんどを、生徒にまかされていたそうだ。その当時の話を聞くと、自由な雰囲気に溢れており、寮母や、用務関係の職員など、自治会が雇い、給料も自治会費から払われていた時期もあったと言う。就学奨励費をはじめ、各種の公的補助が、あまり無かった時代に寮生の負担は大変なものであったに違いない。そんな自治寮時代には、納豆を仕入れてきて、販売する生徒や、イカの塩辛を専門に販売する生徒など、いろいろユニークな方法で、学費や寮費の不足を補う生徒が何人もいたという。私たちの頃にも、インスタントラーメンを、うまく仕入れて、店より安く売っていたり、パチンコの景品の煙草やチョコレートなどを友達に安く分けていた生徒などがいたものだが、前述の納豆生や塩辛生に比べたら、ずっとずっと小物のような気がする。単調な寮生活の中で、てぢかな楽しみといえば、やはり、日々の食事だろうか。地方の盲学校で４年を過ごし、高等部から、東京に来た私には、雑司が谷分校寮の食事は、垢抜けており、東京の味と香りに満ちていた。夕食などは、あの頃としては、立派なご馳走に思えたものだが、都会生れの生徒や、食べ物にえり好みの強い生徒の中には、飯がまずいとぼやくものもあった。寮費が、月５千円前後、一日の食費が170円程度であった事を、考えれば、白米に一汁三菜のよく工夫された食事だったと思う。特に、感心したのは月に３，４回出された、夕食のメニューで、小麦粉を濃い目のだしと溶き卵で練り、成型したものに、パン粉をまぶして、フライに揚げた物だった。甘辛が効かせてあり、外はカリッと、なかはジューシー。とてもモダンな食感で、私のような田舎者には、珍しいご馳走だった。しかし、何を食べているのかわからないので、上級生に聞いてみると、笑いながら答えてくれるには、分校寮の名物料理だと言う。「まあ、偽物フライとでもいうものかなぁ。」と、教えてくれた。今の時代なら、ヘルシーフライとか、

なんちゃってフライとか言って、それなりのアイディア料理に値すると思う。私の入寮時代、食堂の管理運営は調理場の裏に居室があり、そこに住み込んで働いていた一家４人位の人たちが中心となり、それに加えて６、７人の通いの炊事婦がローテーションを組んで、働いていたようだ。献立や、調理を采配していた一家の主は、食堂のおじさんと呼ばれて、慕われる素朴な好人物であった。仕入れやメニューの工夫に余念がなく、早朝から、夜半まで忙しく動いていたのを覚えている。

４．押し寄せる波

そんな大らかな寮の食堂にも、時代の波が次々と押し寄せてきた。保健所の査察が厳しくなり、テーブルに常備されていた潮吹き昆布や、紫蘇の実が撤去され、施設や備品、炊事担当者への衛生管理が厳しくなった。条例が変わったとかで、30代半ば位だろうか、女性の栄養士が、おじさんの上役として配属されてきた。おじさんのアイディア料理が消えて、栄養管理、カロリー計算を基に、味気ない食事が出るようになった。昭和44、5年ぐらいの頃だったろう。

ある時、食堂のおじさんが２、３人の生徒相手に、こぼした一言を今でも覚えている。「食べ残しが増えるよ。いくら栄養があったって、まずくて食べれんじゃ、話にならないよね。」諸物価高騰の折、若手栄養士の奮闘もむなしく、日々の食事の悪化に対する寮生の不満が急速に高まり、険悪な空気が漂い始めた。そんなある日の夜、寮生の出入りを記録し、電話の取次ぎなどをしていた週番室で、居合わせた数人の男子生徒が、食事への不満を語り合っていた。丁度そこに、渦中の栄養士女史が通りかかり、聞きとがめて足を止めた。「そんなに食事がおいしくない？」厳しい口調であった。居合わせた生徒は沈黙。空気は凍りついた。「まずい

ですよ。」「私が来る前は?」「ずっとましだったよな!」「そう、分かったわ!考えなくちゃね。」不快と悲しみを込めた一言を残して、靴音も荒く、彼女は立ち去った。栄養士からの申し出もあり、事態を重くみた当時の名物舎監長の呼びかけで、栄養士と寮生の対話集会が開かれた。栄養士は、一日の食費が300円近い多摩地域にある都立の全寮制男子高校の例を挙げながら、ここの食費170円がいかに安く、質の良い食事を提供する事がいかに難しいかを力説した。生徒側の言い分は「あなたが来る前は、食堂のおじさんがより良い仕入れ先を探して、寝る間も惜しんで走り回っていた。あなたにはそんな情熱が感じられない。」というものだった。気まずい空気の中、そんなやり取りが続き、「私は、こんな仕事は続けられません。」と言って、栄養士はしまいに口を閉ざした。この辺りの流れは、昭和46年に表面化した、炊事婦人件費問題の予兆だったともいえるだろう。

5. 打ち切られた予算

　昭和46年度、東京教育大学の廃校は動かしがたい現実となり、筑波大学の新設は仕上げの段階に入っていった。廃校が決まり、反対派の運動拠点に過ぎない大学の権威は低下し、複数ある附属の学校も含めて、関係者は自分の立場がどうなるのかという事に関心を向けていった。「学部附属の盲学校等は、物の数ではないだろうから、打ち捨てられて廃校になるかもしれない。」などという乱暴な噂が、生徒の間に流れたこともあった。その様な中、大学の予算も難しい状況に迫られ、学部を通して配分される盲学校予算も削られてきて、45年は、附属盲学校の経費予算が100万円の赤字になり、しかも、近い将来打ち切りになるという決定が、46年の4月26日に公表された。抜き差しならない予算不足は、必要不

可欠の所から、順次割り当てた結果、食堂の炊事婦人件費にしわ寄せがいった。教職員の給料や、教育活動に直結した予算とは別に、附属盲学校経費予算の枠があり、その金額は46年度で、1,200万円、内600万円が炊事婦人件費だそうで、いろいろ手当てをしても123万円が不足であり、受益者負担の原則で寮生に、今後毎年負担させるという話だった。6月頃から噂が広がり始め、学校側、寮生側共にいろいろな話が出たようだが、そんな中、寮生の間では支払いは断固拒否、食堂を閉鎖してしまえという意見が、公然と叫ばれるようになった。良識派の中には、「おいおい、俺達の毎日の飯はどうなるんだよ、冗談じゃないよ！」と言う者もあったが、いつの時代でも過激派の方が声が大きい。食堂は閉鎖。炊事婦は解雇。食事は昼夜の2食で良い。「チラシの弁当か、外食でいいじゃないか。」自治会で、購買部を運営して、便宜を図ることもできるというのが、閉鎖派の唱える論調であった。寮には、私達高等部と専攻科の生徒で組織された自治会会員以外にも、小中学生や、教員養成施設の学生等、合せて200人近くがおり、同じ食堂で同じものを食べていた。食堂を閉鎖するという事は、その学生、生徒達にとっても、大変な事態なのだった。しかし、自己の権利の主張こそがすべてであると感じていた当時の若者の風潮にブレーキをかける事は、かなり難しいと思われた。今考えれば、突然、首を切られる炊事婦の権利についても話題にすべきだったと思う。

　炊事婦人件費600万円の内、123万円不足なので、月々寮費を約2千円値上げせよという話で始まったのだが、非公式な意見交換や状況分析が行われ、寮生の間に不穏な考えもあり、一筋縄では、いきそうにもない。京都盲学校のような学生騒乱をも危惧した学校側は、その年、認められていた食堂関係の施設改善費70万円弱（大型冷凍庫購入費他）を、

人件費に回し、それでも不足する60万円を寮費に加算して、徴収するという最後通告が自治委員会懇談の席上で伝えられた。自治委員達は、今年度分については認めるが、来年度以降の負担増については拒否という結論を出し、総会にかけることになった。

6．校長が危ない

　総会が開かれたのは、10月に入ってからだった。校長と教頭が学校側の代表として、出席された。当時、附属盲学校の校長は雑司が谷分校時代と同じく、教育学部の教授が兼任する形が取られており、任期は2年で、再任も行われていた。昭和45年からは、上田薫教授が校長に着任されていた。上田先生は学内外で学生の話に耳を傾ける、数少ない教授として広く知られていたが、総会の席上、寮生からの質問に答えて、「自治委員会の提案が否決され食堂が閉鎖になれば、炊事婦の方に迷惑をかける事態になります。そうなれば私は、責任をとって校長をやめます。」と言い切られた。長きに渡って続いてきた公費負担を、突然、受益者負担にするというのは、あまりにも理不尽であるという事で、上田先生は、自治委員会の考えも入れて、関係方面と接触を重ね、来年度以降は教官研究費から炊事婦人件費を捻出できるように、道をつけて下さっていた。その事を思うと、この先生にやめられては生徒にとって大きなマイナスになると、私は直感していた。総会の結論は言うまでもなく、自治委員会提案を否決。そして、今後の闘争方針については、食堂の閉鎖等も含めて、新たに組織する炊事婦人件費問題特別対策委員会で、調査検討の上、早急に方針をまとめる事、そしてその結論は、自治委員会を通して総会の承認を、もとめると言う事になった。

7．対策委員会

　特別対策委員会が召集されたのは、10月も末であった。同月半ばに、対策委員8名を決めたのだが、選出方法にも、決め方にも問題があるとして、緊急総会で再審議となった。初めに選ばれた委員一人ひとりについて、多数決で賛否を問う事となり、対策委員8人の首実験となった。私はその頃、生徒会と寮とで議長を引き受けていた事もあってか？この委員の一人に選ばれていた。委員全員が前に出て、自己の見解を表明し、その後、一人ずつ起立で賛否をとった。私は、食堂閉鎖には反対である旨をはっきりと表明して、採決に望んだ。当然、支持者は激減し、8人中最下位での承認であった。しかし、気分は晴れた。「これで、言いたい事が自由に言えるぞ」と、喜んだものだ。

8．受益者負担の原則とは

　対策委員会として、早急にすべき事が2つあった。ひとつは受益者負担の妥当性を、突き崩す事。もうひとつは、寮生の父兄の意見を聞く為のアンケートの実施であった。受益者負担を否定する事は、難問であった。というのも、当時の文部省にあった複数の教育局のひとつに、初等中等教育局の局長名で、＜国公立の義務教育及び高等学校の授業料は、受益者負担を原則とする＞という、通達が昭和32年に出されており、重い存在感を示しているという。初等中等教育局なら、高校は関係ないのでは？と思いきや、中学と高校を合せて、中等教育に区分されるのだと言う。昭和50年代以降、各種の教育補助金が、検討される度にこの通達がマスコミで話題になり、一般にも知られるようになった。がしかし、この頃の私達には正に初耳であって、これからの福祉社会に向けて、この様な通達は必ず大きな障害になるだろうと、確信したものだ。

9．闘争の道筋

　対策委員会そのものも、性格と役割をはっきりさせようという事になり、論議の結果、硬軟２つの闘争方針を併記して、総会にかける事となった。その一案は、今年度分は支払い、食堂はそのままに受益者負担の不当性を追及しながら、予算の復活を勝ち取る為の条件闘争を継続していく。二案は、支払拒否、食堂は閉鎖。その為の、チラシ弁当や外食利用についての資料を作成して提供する、という事となった。父兄からの回答は、発送したアンケートの３分の１程であったが、中には、月５千円迄なら値上げを認めるという回答もあって、寮費が月５千数百円の時代に、突然、倍近く値上げしても平気という金持ちがいる事に唖然として、舌を巻いたものだった。

10．終結

　11月に入って、対策委員長が自治会長に選挙されて退任した事で、特別対策委員長が、私に回ってきた。委員は続けるが、委員長は無理だという理由だった。また、委員の１人であった前自治会長も通学生になると言う事で、委員をやめ、メンバーが１人減った。新自治委員会が召集した総会の席上、「炊事婦の給料は普通に支払われていたのか？また、今支払われているとしても、決定が遅れれば、大きな不都合が生じるのではないのか？」という質問が出た。対策委員のテーブル全体に向かって、「どうする？」と私が声をかけると、「現になんとかなってるじゃないか。もう、とっくに足らないはずの金をどうにか都合つけているんだよ・・・押せ、押せ！」と、激が飛んだ。私はマイクを掴んで立ち上がり、「心配はいらないと思います。123万と言われた不足が、今は60万です。1円も出ないと言われた来年度以降の人件費も、教官研究費から回される事

となりました。黙って見てれば、なんとかなります。」と言い切って座ると、過激派、穏健派両方の席から、笑いと拍手が起こった。しかし、血相を変えて飛んできた生徒がいた。私に代わって、今度の選挙で正議長になった対策委員の一人である。副議長として、彼を補佐する事になっている私のそばに来て、「無責任な発言は困るよ！」と言う。「対策委員の共通見解だよ。個人的な考えじゃないよ。」と押し返すと、「総会で言うべき事じゃないよ、言動に気をつけるように、みんなに徹底して！」と言う。「わかった、わかった。責任は対策委員長にあるから。」と言って、その場を納めたが近くの席からは、笑い声が漏れていた。12月中に、今年度分受入の条件闘争の一案と、完全拒否の食堂閉鎖の二案との資料を添えて、自治委員会に送った。自治委員会も素通りで、１月早々の臨時総会に、二つの案を並べて提示した。直接採決にかけるのだが、出席者の３分の２の賛成で可決という事で、資料の説明や現状分析の後に採決が行われた。結果、両案共に決定に到らず、ほぼ半々の賛成に割れた。予め決めてあった手順通り、その場で対策委員一人ひとりの意思を確認の上、多数決で一案に決定。自治委員会も承認して、条件闘争の案が、総会に修正提案された。採決の前に、質疑応答があり、激しい論争となった。午後11時近くなって、採決。３分の２を超える賛成者を得て、今年度分は支払い、来年度以降は予算の復活を求めると言う運動方針が、可決されたのであった。その後、打ち合わせが何度か繰り返され、60万と言われていた不足金も、20万強となり、２月、３月の寮費に日割り５０円の計算で、追加されたに過ぎなかった。また、上田校長先生が、＜この様な事は今回限りとし、次年度以降、同じ様な形での予算不足が生じても、生徒への負担は求めない＞と言う、覚書を残して下されたので、数年後、似たような事態が生じ、受益者負担が話題にのぼった時に、金

庫で眠っていた覚書が物をいい、寮生を救ったという後日談もある。47年度に火を噴いた全共闘運動の最中にも、食堂は健在であった。当時の4人部屋の古い寮は姿を消し、5階建て原則個室の立派な寮に建て替えられた現在、食堂の形や設備も大きく変わっているのだろうが、閉鎖を免れた食堂組織は、当時と同じ様に機能していると確信している。

昭和46年度高等部専攻科理療科第1部卒業

8．今は、楽しく思う寮生活

介護老人保健施設臼杵福寿苑リハビリ科長・牧治療院院長　牧敏治

1．久しぶりの理療科Ⅱ部の同窓会

　昨年5月、久しぶりに同窓会を高田馬場のイタリアンレストランで開きました。16人中10人が集まりました。長年、医療・福祉の現場で数々の人達に出会ってきましたが、我々同窓生は、つくづく優秀だなと思いました。視力障害がなければ、皆一角の人物になれただろうと思いました。いえいえ間違いです。皆障害を克服し一角の人物になっていました。久しぶりに再会し、巻き戻せない昔の若々しくも楽しかった若き日々を再確認しました。これから寮のエピソードを巻き戻します。

2．はじめての盲学校

　私が、理療科Ⅱ部に入学したのは昭和48年の春でした。

　昭和40年代後半、歌手では山口百恵、森昌子、桜田淳子の中3トリオがデビューし、チューリップの「心の旅」やエルトンジョンの「やさしく歌って」が流行っていました。私の好きなテレサ・テンも「空港」を唄っていました。NHK大河ドラマは、「勝海舟」、今年は龍馬が主役で

す。ＴＶでは、ドリフターズの「ちょっとだけよ」、刑事コロンボの「ウチのカミさんがね」のセリフが人気でした。スポーツ界は巨人が強く優勝し、ハイセイコーが競馬場を沸かせていました。

その当時、私は19歳で意気揚々として上京しました。高校までは、晴眼者の中にいましたが、大学入試の身体検査で弱視になると先生から言われ、落ち込みました。大学を諦め、盲学校には入ろうと、小学校の恩師の先生が盲学校に勤めていましたので、相談しました。すると「あなたは、東京の学校の方がいい」と言われました。そして入学、入寮しました。

3．寮の印象と失望

1年目に入室した部屋は、1階の8〜9畳程の部屋に3人暮らしでした。私は、新人ですので中央です。窓は開かず、左右にK君とT君が寝ていました。狭くて、窮屈、灯りも暗く、湿気もあり、冬は寒かったです。

入寮して3日目、今までの世界とは相当違い落胆と悲しみ、寂しさを感じました。寮の屋上で泣きました。今までの同級生とは違う世界には入ってしまったと思いました。一流大学に入学し、高級官僚の道から外れてしまったのです。もし私が、官僚になっていたら、もっと良い日本なっていた事でしょう（笑）

まぁ官僚どころか、寮母に泣かされる日が始まったのです（笑）

4．寮の規則

入寮してすぐに20歳になったのですが、門限あり、禁酒あり、夕食は早くお腹が空いて夜が長い。なんかじっとしていると空虚さを感じました。外界は、花の東京なのにじっとしていられるでしょうか？酒好き、活動的な若者には外界に興味が沸いて来ます。もちろん規則を破る常習

となりました。(笑)

5．飲酒を見つけられる

　ある晩、仲間とプール裏でひっそりだが楽しく談笑しながら、缶ビールを飲んでいました。あまりにも暑くて星の綺麗な夜でした。適度に飲んだところに邪魔が入りました。教官に発見されたのです。その日は、解散となり始末書を書かされました。その始末書を3回書き直されました。「本当に心から」とか「もう決して2度といたしません」とかを付け加えさせられました。昨今のTVの謝罪会見によく使われる言葉です。(笑)

　でも世の中わからないものです。この夜初めて出会った人が今は長年連れ添っている妻ですから。機会とは、こんなものですかねぇ。

6．初めてのアルバイト

　夏休みは寮から追い出されます。無謀にもマッサージをよく知らないのに伊香保温泉に働きに行きました。雇い主の事務所へ行くのに温泉街の裏通りを歩きました。通路は狭く、日当たり悪く、部屋の中もじめじめして落ち込んでゆきました。とにかく客の呼びがあり、1人済ませたのですが、汗はかくし、ドキドキ緊張しました。やはり無理だと思いました。ストリップ小屋の2Fの宿舎で一夜泊まり、次の朝、言い訳を言ってスゴスゴ帰りました。2学期が始まりました。リベンジに挑戦です。今度こそとサウナのバイトを始めました。何とか徐々に慣れてやってゆけるようになりました。これで生活が自立し、親の送金をストップしました。日本経済が良い時なので、働き先には困りませんでした。

7．門限破り

　夜のアルバイトを終え、遅くなりすぎて侵入する部屋が見つかりませ

ん。私は１Fですが真ん中の位置で窓が開きません。同室のＫ君の窓の鍵が開いていたので侵入しました。Ｋ君は和式の机に足をつけて洋風に改造していましたから、体重を机にかけた途端に足がはずれてガッシャーンと机が落ちてしまいました。中に入って元に戻しておきました。その時Ｋ君は寝たふりをしていたのでしょう。次の日ブツブツ言っていました。この件は、謝らなければなりませんね。

8．寮祭

こんな事もありました。寮祭でマドンナの宮崎さんと「思い出のグリーングラス」を一緒に歌いました。彼女は浴衣で可愛かった。楽しい思い出が出来ました。ところが、後日柔道の羽交い絞めなどを受け、男達の嫉妬と反感を受けてしまいました。あーおそろしい。しかし、それに懲りず冬休みに宮崎さんの家に遊びに行きました。それは誰の見る所ではなかったので知られませんでした。投げ飛ばされずにすみました。(笑)

9．落第の危機

１年も終わり頃のある日、私が救われた日がありました。仲君が朝寝坊している私を起こしに来てくれたのです。仏の岩見先生の解剖の出席日数が「牧君、今日から休むと進級できないよ」と岩見先生から言われたそうで、仲君が「先生、ちょっと待って下さい」と言って寝ている私を起こしに来てくれたのです。私も慌てて教室へ走り、出席となりました。以後出席しつづけ、単位をいただき無事進級できました。仏の岩見先生と仲君には本当に助けられました。今思うとぞっとします。岩見先生と仲氏にはそれ以後も大変世話になっています。また仲氏には今も家族ぐるみでお世話になっています。

10. 寒い冬の日

　ある日、卒業生が捨てていた布団がありました。担当の小池先生が「もったいないから使ったら」と勧めてくれました。もちろんいただきました。ぶ厚い布団で暖かく寝る事が出来ました。またこんな事もありました。冬の寒い日に、宮本さんが小さな電気コタツを持っていたなと気付き、勝手に押入れから出して暖を取っていたら、宮本さんが帰ってきて怒られました。怒られるのも当然ですが、田舎出身の私には自分と隣の家の境界があまりなかったので、こんな失態も経験しました。

11. そして2年目に

　激動の1年目も終え2年目になりました。規則の破り方も上達しました。酒を飲む場所、夜侵入するルート等を、開拓して自信をつけてゆきました。人間関係は私を嫌っていた人も多かったと思います。でも反対に好意的な友人、知人も増えてゆきました。

　ある日、こんな事をしました。寮母のワースト3を作ってみようと思いました。アンケートに答えてくれた寮生のデータを集計して、一枚の点字用紙に書き食堂の入口に貼ったのです。すると、数時間もしないうちに撤去されてしまいました。
その後、この件に関しては何故か騒ぎ立てしなかったのです。ちなみに、その時のワーストNo.1の寮母は〇〇です。

12. 入寮拒否

　無事理療科も卒業でき、鍼灸師マッサージ師の免許も取得出来ました。病院マッサージ師として3年間働いた後、理学療法士の資格を取りに再入学しましたが、再入寮は拒否されました。何故か、理由はわかりません。寮母会議で決まったのでしょう。これまで読んできた方は「そりゃ

そうだろう」と思われる事でしょう。まぁ景気もいいし、アルバイトで自活でき、理学療法士の資格も取れたので恨んでいません。

13. 今後の展望

とにかく理学療法士の資格も取り、現在は実習生を指導する立場にもなっています。私のような指導者で気の毒な実習生と考えるか？良い先生に恵まれてラッキーな実習生と考えるか？さてどちらでしょう？（笑）

我々の時代も無気力、無関心、無行動と三無主義が言われた時代ですが、現代も進化しているようです。若いエネルギーを押さえつける時代から、いかにエネルギーを引き出させるかを考慮すべきでしょう。開放的で自由で個性を尊重した教育は出来ないものでしょうか。「規則は作って守らせるより、破る方が楽しいんだ」という私が言うのもなんですが・・・。

14. 最後に感謝

最後に私にはお世話になった恩師、先輩、同輩、後輩にめぐり逢え、とても素晴らしい人生になった事に感謝の念に耐えません。本当に心からありがたい気持ちでいっぱいです。

最後まで読んでいただいた方々の御健康と御多幸を祈りつつ、筆を擱きます。　合掌

昭和50年度高等部専攻科理療科第2部卒業
昭和56年度高等部専攻科理学療法科卒業

9．変わる環境・変わらぬ理念

筑波大学附属盲学校寄宿舎指導員　飯田眞理

念願の寄宿舎改修事業は計画通り進み平成6年男子棟、平成7年共用

棟、そして平成8年に女子棟が完成し、この年学校創立120周年に当たって、共に記念行事を行った。

男子58室、女子43室、その2つの棟を継ぐ共用棟は寄宿舎の中心にあり、玄関の自動ドアを入ると職員室があり、その奥には舎生全員が集まることのできる、広い食堂があり、その2階には個人レッスン室、ADL室、図書室、プレールーム、印刷室が作られた。

さらに、5階までの居室へはエレベーターがあり、洗面所は常にお湯が出て、部屋ごとに冷暖房エアコンが取りつけられ、充実した施設・設備の豊かさは数えあげればきりがない。居室については、高等部と専攻科は、1～2年生は2人部屋、卒業学年には個室が作られた。

寄宿舎に個室を作るということについては、個人の学習環境を保障すべきだと考える学校と、異なった年令の集団教育の場で舎生を育てたいと考える寄宿舎と、職員会議で議論を重ねてきたが、最終的に個室を作るということで結着した。このような建物を維持・管理するためには公費だけでは足りず、受益者負担の考え方に基づいて保護者から「寄宿舎P.T.A.学校運営協力金（現在は寄宿舎共益費と名称変更）を徴収し、舎生の生活に還元するようになった。

舎生数は毎年120人から130人位で、男・女の数の比は、年々接近し、今年はおよそ7：6となっている。

生活面では入学時の年令制限もはずされたこともあり舎生の年令幅が広がり、年令の枠を越えた交流の場面が生まれたりする。また、毎年入舎してくるアジア地域からの留学生の生活ぶりもそれぞれのお国柄が発揮される。情報機器の導入によって知的にも情緒的にもそれぞれ豊かな生活がおくれるようになった。また高校生以上の門限が22：00というのはずっと変わらず、自由な雰囲気の中で舎生は生活を楽しんでいる。し

かしそのような生活の中で最近は普通校からくる舎生が多くなり、盲学校の寄宿舎になじめずストレスを抱えるケースが多くなってきた。特に２人部屋でコミュニケーションが不充分になると、お互いの感情の歪みを受け容れられなくなる。３人部屋の時代も人間関係についての問題はあったが、時間の経過の中で３人が問題を共有していくことによって気持ちがほぐれていくことがあった。今は最終的に元のさやに納まれない結果になることが多く、解決の仕方に違いがある。舎生の解決能力が弱くなっていると思う半面、周囲の大人も解決のための配慮やゆとりがあったら良いと思う場面もある。

　新しいスタートをきって間もなくの頃、高等部女子２名の感電自殺が起きた。仲の良かった２人は個室で生活し、その死はだれにも気付かれることなく、数時間後の朝の職員点検で発見された。

　友達にも、指導員にも、何も相談することなく、寄宿舎という場で何故このようなことが起きたのだろう。自分を大切にする一方で、お互いを支え合うという力が弱くなってきたのだろうか。指導員としての気付きに欠けたものがあったのだろうか。自問、自答の毎日であった。

　寄宿舎は１つの社会であるが、さらに、その外の大きな社会と本質的には同じであると考えてきた。新しい寄宿舎は設計の上でも、できるだけ外の社会に近い形であることを心がけた。卒業して外に出た時、戸惑うことなく、どんな場面にも適応できるように、快適な生活の中にも、物心両面のバランスがとれていることが必要であり、そのためには便利さだけが先行するのではなく、生活の中で工夫する知恵や判断する力、協調する力を育てたいというのが寄宿舎の考え方であり、これからもこの理念が受けつがれていくと信じたい。

寮歌　「雑司ヶ丘の歌」

作詞　山本　常夫
作曲　志賀　静雄

1、蒼穹仰ぎて窮みなき
　　　高遠の理想　目指しつつ
　　常盤木の森　この丘に
　　　アア、伝統堅し操

2、白雲行けば故郷の
　　　面影胸に帰れども
　　理想を建つる　この丘に
　　　アア、伝統振え勇姿

3、学壇既に幾秋の
　　　不振を興す　ときは今
　　新人多し　わが丘に
　　　アア、伝統床しすさび

4、千古の森にたぐうべき
　　　東洋医学の道拓く
　　斧振りかざす　わが丘に
　　　アア、伝統鍛えよ心

5、富岳に消えぬ千年の
　　　白雪胸に思いつつ
　　明朗闊達　この丘に
　　　アア、伝統聡の二魂

第三部　夢を抱いて、進路選択

第1章　手に職を求めて

1．職業教育の変遷　　A　理療科

元筑波大学附属盲学校教官　山縣久美

I．鍼按科教育の開始から太平洋戦争敗戦に至るまで

　鍼灸が6世紀に中国から輸入され、大宝律令に医療の一環として規定されてから、およそ千年を経て17世紀後半になり、按摩とともに盲人の職業としてしだいに定着していった。

　盲人の職業としての基礎を築いたのは、杉山和一検校である。杉山和一（1610-1694）は管鍼法を発明し、その後和一の私塾に鍼治講習所を作り、盲人の職業教育を開始したのである。

　このような歴史過程に因んで、明治11年に創設された京都盲唖院では按鍼術科として、また東京の楽善会訓盲唖院でも14年に鍼治・按摩・導引の授業を開始している。その後18年になって訓盲唖院が文部省に移管され、また内務省からは「鍼術灸術取締」の省令が出されて、その後は各府県単位で鍼灸の営業許可や取締がなされるようになり、その後各府県は鍼術・灸術・按摩術の営業について免許鑑札を発行して治療行為を認めることになった。

　しかし明治政府が西洋医学を導入し、近代的な自然科学が浸透するに至って、解剖、生理学的な根拠に基づかない鍼治療に対しては、治療行

為としては疑念を持たれて、一時期鍼の授業が停止されたこともあった。その後、東京盲唖学校主幹で、東京理科大学教授を兼ねていた矢田部良吉は、鍼に疑問を持ち、東京帝国大学医科大学長の三宅秀に「鍼治の効害や、盲人職業としての適否について」取り調べを依頼したことがある。その後三宅は、外科助教授片山芳林の意見書によって「今後、近代的な医学知識によって鍼の効果について検証を行う必要はある。しかし一定の病症に対しては効果を認めることもあるので、巨大な鉄鍼を用いる（駿河流）とか、三菱針による放血（瀉血）は危険であり、禁止せねばならない。金や銀製の細鍼に到っては、むしろ盲人の治療行為として害の無いものであろう」（意訳）との結論を出している。学校としてはこの意見書により、再び鍼治の授業を再開した。

　明治中期に入ると、西洋医学の流入により、鍼治療家達は従来の古典的な東洋医学的な理論のほかに解剖・生理学などを取り入れて治療の理論を構築する必要から、これらを総合的に取り入れた著書なども作られた。東京盲唖学校には、篤学の人、奥村三策（1864-1912）が居る。奥村は金沢の人で、3歳で失明し、按摩・鍼・西洋医学を個人教授で学び、初め按摩助手となり、按摩教授から鍼治科教授となって鍼按教育の中核的な存在となった。

　19年の頃の校内の制度は、今の小学校にあたる尋常科5年制の上に職業教育を行う5年課程の技芸科があった。技芸科の前の2年で按摩を、後の3年で鍼治を修得させた。また技芸科の上に研究生制度もおかれて居たようである。このような制度は、大正12年の「盲学校及聾学校令」の公布まで続けられた。

　なお25年ごろから、技芸科の後3年間で按摩に含む形で、外来技術であるマッサージの技術を指導している。マッサージは、陸軍軍医総監の

橋本綱常が、欧州医事制度の視察のさい、ライブマイヤーの「臨床医学各種訓練におけるマッサージとその応用」を持ち帰ってから一般に広められた。その後、ケルロッグ、ホッファー、ブム、ミューラー、フェルナー等多くの著者によるものが紹介されている。

　30年代に入って、按摩を実際に患者に応用して訓練する試みが京都市立盲唖院で行われている。東京盲学校では、大正15年に外来患者を治療するための「マッサージ治療室」が設けられている。

　盲学校の卒業生がマッサージ師として病院に勤務したのは、24年4月に東京帝国大学附属医院に就職した富岡兵吉が始めであるが、その後東京帝国大学医学部物療内科・慶応大学附属病院理学診療科・東京府養育院をはじめ、軍の病院などに数多くの卒業生が就職した。このような実績は後に昭和40年理学療法士作業療法士法の制定のさい、盲学校卒業生が数多く、国公私立の病院で、物理療法を担当した70年間に及ぶ実証として、欠格条項から「目の見えない者」を省いて盲学校に理学療法士養成を認めさせた有力な論拠となっている。

　38年には日露戦争が終結し、日比谷の講和反対国民大会が一部民衆の不満を触発して交番や市内電車の焼打ちなどとなり、各地で講和反対市民大会が開かれて、東京府下には戒厳令が施行された。その後東北地方には大凶作と飢饉の発生などもあり、世情は一気に不安定となって、広範な不況の風が吹き始めた。

　都市部には失業者が増え、高度の訓練を行わずとも、何とか職業として成り立つ按摩を業とする一般人が増え、按摩を業とする盲人の生活を圧迫するようになって来た。そのため盲人福祉を目的とする盲人保持会が中心となり、盲人大会を開いて按摩を盲人の専業とすることを決議して、時の帝国議会に請願した。しかし専業の実現は困難で、その後も度々

運動を展開しているが実現には到らなかった。また盲学校長達も連名で盲学校と聾唖学校を別個のものとして設置するよう文部大臣に建議したさい、同時に盲人保護の内容を盛り込んでいる。その中には官公立の盲学校の卒業生については、鍼、按摩などに無試験で専業免許を交付することなどの内容が盛られている。このことに対し、44年に公布された内務省令で、盲人を一般人と区別して２年課程（一般人は４年）の年限でも免許を与えることにし、また学校や講習所の規則をも定めた。盲学校はその養成規準を満たしており、結局卒業生達は無試験で免許を交付されることになった。その後大正９年になって、マッサージに対しても按摩とほぼ同じ条件で免許を得られることになった。この内務省令の後は、昭和23年の法律制定まで、法令の上では何の変化も無かった。

　鍼灸に関しては、その治療の原理とされている経絡経穴の研究が組織的に行われている。東京盲学校々長の町田則文の要請によって、文部省が設置した「孔穴調査会」などはその一例である。調査会の決論としては、古典の内容に解剖学的な知見を加え、経穴の数を360から120に整理して、その治効理論を整備しようとした。しかしその論拠には、機能的、臨床的な知見が欠けているため、この成果は永く用いられなかった。

　鍼按科の教育内容の中に、電気・光線・温熱などの物理的な治療法を取り入れて適応症を拡大し、また病院などへの就職に備えて臨床現場の要望に応えようとした。しかしこの教育内容は、制度上鍼按科であるため、「鍼・灸・按摩」などのように、免許資格の一つとしては認められなかったが、臨床に耐える人材を養成する観点からは卓見であり、鍼灸按摩の業権を拡大するための素地となり得るもので、有意義なことであった。

　昭和13年には「国民健康保険法」が成立した。これは広く国民に医療

を普及させるための重要なステップであり、鍼灸術などの業界関係者や盲教育の関係者もこの重要な時代の流れを考慮して、鍼灸按摩マッサージを保険の療養給付対象とするよう幅広い政治運動を展開した。多くの運動の中で、早くから実績を上げたのは富山県で、16年には「施術の必要性が明らかであったり、医師の診察の結果必要と認めたとき」には、健康保険からの給付を受けられるように、県の保険課と鍼灸組合との間で条令が締結された。戦後もこのような制度の充実が各都道府県でなされ、業界側でも健康保険組合を組織して、鍼灸按摩業界の業態の近代化をおし進めて来た。

　太平洋戦争に突入した後は、鍼灸按摩の従事者達も戦争への協力体制をとる形で、農村や工場などを訪問して、「銃後の協力者」として労働に従事する人達の保健施術を行って、間接的に生産に寄与する態勢を整えて活動した。

　盲学校も鍼按科の上級生達は、毎月のうち何日かを割いて治療奉仕に取り組んでいった。

　特に海軍航空兵に対する疲労回復を直接の目的として、「海軍技術手」という位置付けで事前に特別の訓練を受けて、飛行場や戦場にまで赴いて治療に専念する人達も居た。盲学校でも視力0.3以上で按摩免許を持つものが、陸軍に技術手となり前線に従軍する者も居た。

　また工場などの生産従事者に対して、15分間ほどで全身の施術や重点施術をする「産奉按摩」を考案し、多数の治療対象者に広く治療を行きわたらせる手法が考えられ、その後もこの治療方式は永く用いられ、多くの治療家に応用された。

　20年に入って、日本の多くの都市が空爆によって破壊され、その後の点字毎日の調査では、全国で40校の盲学校が被災して8月の終戦を迎え

たのである。

Ⅱ．鍼灸存廃問題から現在に到るまで

　激しい戦災のため枢要の都市が焼土と化した日本は、昭和 20 年８月 15 日の終戦を迎えるに及んで、それまで戦災を避けて疎開していた盲学校もしだいに旧校地に復帰して来た。しかし戦前の多くの盲学校が大都市や中都市に存在していた関係上、その多くは校舎を焼かれ、諸設備は荒廃しきってその実情は全く惨憺たるものであった。

　このような情況で年を越え、徐々に戦災復興への気運が高まり、不充分な施設設備にもめげず、教育関係者の努力によって日常の教育活動が少しずつおし進められていった。

　一方敗戦にともなう日本の非軍事化と、民主化を目的とするアメリカの占領政策は急速におし進められ、教育面では第１次アメリカ教育使節団が来日し、昭和 21 年３月に報告した全般的な教育制度改革案の中で、障害児をも一般の就学義務の規定に包含すべきことを勧告した。この報告書は教育基本法・学校教育法に盛られた戦後の教育改革における理念の基本を示したものであり、その結果児童生徒の９年間の就学義務規定や、都道府県の盲・聾学校設置義務規定などとなり、ひいては戦後より現在に到る理療科教育の体系も、この義務制の基盤の上に作られることとなったのである。

このようなあわただしい内外の変動の中にあって、理療科教育の上からは忘れられない、いわゆる「鍼灸存廃問題」が持ち上がったのは、22 年９月のことであった。

　以下「鍼灸存廃問題」の経緯について、「理教連二十年史」その他の中から資料を挙げて説明に代える。

資料①

　ことの起りは、昭和二十二年法律第七二号（日本国憲法施行の際限に効力を有する命令の規定効力等に関する法律）第一条によって、現に効力を有する按摩術、鍼術、灸術等の営業取締規則（昭和二十一年厚生省令第二八号）が日本国憲法の定めるところにより同年十二月三十一日限りで効力を失うので、これらを命令に代えて按摩術、鍼灸、柔道整復等の営業に関する法律を制定するため厚生省が原案を作り、国会提出に先立ち当時の連合軍総司令部の検閲を受けたところ、同年九月二十三日総司令部より按摩術、鍼灸などは全面的に禁止することが望ましい。もし存続するとすれば現行医療制度の中でこうした施術を措置しなければならない理由を十月二日までに提出せよ（十月五日までに期間の延長が認められている）という意思表示があったというのである。

　厚生省はこの総司令部の質疑に応えて、厚生大臣は諮問機関である医療制度審議会に諮問したところ同審議会は同年九月二十八日付けで慎重審議の結果の答申として、「按摩、鍼灸等は医師の監督下での医療の補助手段としてなら存続してもよいが、疾病治療は非医師が行ってはならない。医療の補助手段としても盲人が行うことは不適当であろう。しかし現在営業中、または盲学校で鍼灸、按摩を修行中の者については既得権を認める」との結論をまとめ厚生大臣に答申したということに端を発している。

　これに対し厚生省としては、その影響のきわめて大きいことを考慮し「できることなら現状どおり存続したい意向」であったと伝えられている。この当時の厚生省当局者は、厚生大臣は一松定吉、医務局長が後に東京都知事となった東竜太郎、医務局次長が現在厚生省の按摩、

鍼、灸等中央審議会会長の久下勝次、医務課長が現参議院議員の高田浩運の各氏であったと伝えられている。

こうした情勢下で、鍼灸、按摩関係の業団体はいうに及ばず、全国的組織を持つ日本盲人会、またこの教育を盲人の社会的自立の核と考え、新しい時代の望ましい教育を理想に苦しい戦後の教育の立てなおしに精進してきた全国盲学校関係者に与えたショックは測りしれぬものがあった。（昭和四十八年六月、全国盲学校理療科教員連盟会長芹沢勝助の稿より）

資料②

鍼灸存続問題は盲人にとっては生活権の基本にかかわる戦いであり、その後およそ三か月間に渡って激しく展開維持された。その間全国盲学校長、理療科教員および多くの関係者の協力を得て鍼灸存続に関する請願、陳情が繰り返された。

この間の模様の一端は福原良二編『全鍼連小史』の中でつぎのように記されている。

これより本会（注、緊急師会長会議）は中央執行部が中心となり、都道府県師会と密接な連絡を保ちながら特に東京駐在員をおき、一体となって連日猛運動をつづけたのであったが十月七日一松厚生大臣の招集により、会長以下厚生事務次官に出頭し種々意見を開陳、また十月二十一日参議院内において師会長議会を開催した。情報は刻々地方に通報され運動は全国的に盛り上がった。また、「医道の日本」（注、業界誌）では葉書による臨時速報を発行して読者の期待に答えた。

盲教育関係では十月十九日全国盲学校鍼灸按科教員大会を東京で開催、「盲人鍼灸可能論」を徹夜で作成、翌二十日代表は占領軍、国会、

厚生省に陳情した。ついで十一月はじめ全国盲学校生徒大会を開いている。

一方関西においては石川日出鶴丸博士を先頭に必死の猛運動が展開された。石川博士は鍼灸術の科学性について重要な陳情書を提出している。また東京盲学校教員を中心に「鍼灸治効理論」なる一文を草しこれを関係方面に提出している。　―後略―

資料③

また川本宇之助の編集による『盲聾教育八十年史草案』には、この間の事情の一端をつぎのようにのべている。

しかるに終戦後昭和二十二年九月に、占領軍司令部公衆保健福祉部によって厚生省内にともすれば鍼灸按摩術を盲人から取り上げかねない動きが起こった。これに対して全国盲人学校長会および鍼灸存続期成同盟委員会、全国鍼灸師連合会、日本鍼灸連合会、中央盲人福祉協会、全国盲学生大会ならびに盲人を理解する人々によって期せずして猛烈な反対運動を展開した。

司令部の公衆保健福祉部は、鍼灸の医学的効果や科学的な価値ならびに盲人に適するや否やについて大いなる疑問を持っているのであるから、この運動の一半の努力はその解析に向けられなければならぬ。

そこで東京盲学校（注、現在の東京教育大学雑司ヶ谷分校）では、これらの資料を多数日本文と英文をとりまぜて作成した。

そのうち四～五の資料をあげると次のようなものである。

一、盲人と鍼灸按マッサージ（鍼灸按摩マッサージが盲人に適することを証明する科学的根拠）

二、鍼灸に関する治効理論　文献付

三、鍼灸の原理（英文）
　　四、医学博士藤井秀二の「小児鍼に関する研究」（英文）
　その他両国の学者等のマッサージ・盲人心理等に関する意見。—以下略—

このように盲教育関係者、業団体、盲人福祉団体その他関係者など一丸となった存続運動が効を奏し総司令部の了解するところとなり、関係各省の尽力の結果同年十二月７日、あん摩はりきゅう柔道整復等営業法となって国会を通過し二十三年一月一日から施工されることになったのである。

（注、この間の経過については日本盲教育会が編集した『鍼灸存続運動経過報告』をもとにして収録した『理教連二十年史』にその詳細が記載されている。）

昭和23年1月1日に施行された「あん摩はりきゅう柔道整復等営業法」によって、在来の取締規制と異なり身分免許となり、従前のような徒弟修業を認めず、すべて公認の学校や養成施設の卒業者にのみ公的な試験によって免許を与えることになり、就学義務制の実施とも相まって、徒弟の供給源を絶ち、徒弟制度に終止符を打ったことでその後の理療科教育の充実と盲教育の発展の上で決定的な効果を挙げる結果となった。

なおこの法律の付属法令として「・・・養成施設認定規則」も公布されたことによって、これらの免許を得ようとする者に対する教育の規律が確定し、その他教科内容・教員資格や生徒定員・教育設備なども配慮されて、資質向上の要求に基づく教育体制が概ね確立することになった。

なおこの営業法は、その後26年になって同法に係る審議会規定を定め、営業に関する広告規定も定めて法律名を「あん摩師・はり師・きゅう師

及び柔道整復師法」と改めた。

　戦後の理療科教育をとりまく、このような一連の変革期を経て、盲教育の中の特殊な事情におかれている理療科の情勢をより正確に、かつ速く行政側に反映させ、かつ現場の要求をも知らせるために、理療科教員の全国組織である「全国盲学校理療科教員連盟」（略称　理教連）の組織作りを行い、27年に正式に発足した。理教連は教育の現場を担う教員の組織団体としての性格上、実質的な活動を開始した25年ごろから、理療科教育に関する直接間接の諸問題を取り上げ、またこれを理療科内部のみならず、盲教育全体の問題としてとり組むための媒介の機能を果たし、外部に対しては、関係する各種の団体、また校長会・教員組合などとも連携して行動し、行政当局や国会などに対して精力的に働きかけて、問題を解決に導いた（詳細は、理教連二十年史・理教連五十年史などを参照）。

　昭和22年の教育基本法や学校教育法の制定、また23年度からの盲学校教育9年間の義務制実施および、按摩鍼灸の身分法への改変などによって、盲学校での按摩鍼灸による職業教育においては多大な改革が行われることとなった。従来の中等部4年制での鍼按科から、3年間の中学卒業後の高等部本科3年間と、同専攻科2年間の5年課程で、一般の職業高等学校に準じた普通教科と、あん摩・はり・きゅうに関する専門科目の教育がなされることになり、その課程の名称も「理療科」と改められた。

　28年には、同法の修業年限についての改定が行われたため、30年代に入って全国の盲学校で、しだいに高校卒を入学資格とする3年制の専攻科（第2部）を開設するようになった。なお理療科教育充実発展のため

の一因として、26年に誕生した産業教育振興法による研究指定校として位置づけるための運動が、理教連を中心に進められた。マッサージなどと労働衛生面を関係づけて、いわゆる「産業マッサージ」として発展させ、一般工場やサービス産業面の事業所などでこれを活用することにより、一般の多くの職域に進出することで、生徒達に幅広い職業人としての意識を培って行こうとする目的での指導がなされたのである。

しかし、教育の現場でもっとも必要な教科書類については適当なものが無く、たとえそれに近いものがあっても、これを点字版として出版するには多大な費用を要するため、民間の出版業者では、多数の点訳本を迅速に供給することは困難であった。29年には「盲学校聾学校及び養護学校への就学奨励に関する法律」が施行され、小中学部では、しだいに国費負担による教科書の給付が始まっていたが、高等部などの生徒達は適当な教科用図書を持つことができなかった。このような実態の中で教員団体などでは、国の力で教科書の編集と無償給付を行うような運動がなされていた。

このような矢先に一般小中学校の教科書採択にともなう汚職事件が報道されて、これを契機に一部の盲学校生徒達が教科書問題の解決に向けて、直接文部省や国会に対して陳情する運動が始まった（全国盲学校生徒点字教科書問題改善促進協議会（全点協）。30年10月には全国の盲学校27校からの生徒達の参加を得て関係方面への陳情が行われた。（関連項目参照）

また30年になって、従来あん摩とは別個の医業類似行為として見なされて来た「指圧」が、法律上「あん摩」と同様の規制を受けることになり、「あん摩マッサージ指圧師免許」として一括されることになった。したがって教育内容でも「指圧」の理論と実技を指導することになり、教

師達は指圧の臨床家を尋ねて指導を受け研修を行った。

　その後、制度面では45年3月には柔道整復師法が単独立法となったため、あん摩等法から除外された。また48年度の学習指導要領の改正により、従来の別科2年制に替って、高等部に3年制の保健理療科を新設し、また中学卒5年生の理療科を廃止して専攻科に高校卒3年制の課程を置くことが定められた。

　また教育内容面でも、一般社会情勢の進展に伴って、教育内容の向上が計られた。46年に実施された理教連調査部の「盲学校理療科在学生希望調査」でも、理療科の教育を短大以上の大学レベルで行うべきとする者が76.2%に及んでおり、このような情勢を踏まえて、理教連では理療科の3年制短大の創設を目途に運動を開始した。

　理療科教育の現場で使用される教科書については、戦後の混乱期以降、専ら教員の講義資料を生徒達が書き留める形で授業が進められたが、これは非能率的で生徒達の労力も大きく、そのため授業内容を深化するための大きな障害となっていた。30年10月に起こった「全点協」の運動（前出）もこのような経緯による必然の結果であった。

　一方理療科教員のサイドでは、教科書の自主編集の動きがあり、33年3月に発行された「盲学校理療科教科書対策委員会」編の各科の教科書などはその成果であった。その後各科目の教科書は、担当教員の自主努力によって順次改定され、教科内容のレベルの向上に大いに寄与している。

　この間、53年に到って明治鍼灸短期大学が京都府に創設され、その後58年に4年制の大学として開学した。また62年に到って視覚障害者のための「筑波技術短期大学」が開学した（平成18年に4年制大学が誕生した）。

一方鍼灸あん摩の実質的な内容を向上させ、社会的認知の度合いを高めるため、63年5月に従来の都道府県知事による免許から厚生大臣免許に変更するための改正あん摩等法が公布された。その後、実際の試験業務を民間に委託するための組織体である「東洋療法研修試験財団」が平成2年に設置されて、同5年に到って同法による第1回あはき国家試験が実施された。

　国家社会が認定する免許に対して、その基礎資格の上に、一定期間の臨床研修を終え、その結果を評価された人には「臨床研修士」のような名称を与えて、治療家自身の励みの徴しとしたり、患者に提示して、一定の信頼を得るための手段とすることが考えられる。鍼灸マッサージなどに対しては、一般の患者は、その治療内容の優劣の度合などについて、全く外部からこれを窺い知る術が無い。

　学問研究に従事する研究者達に対して、これらの人の社会的評価を高めることで、間接的にその人達への褒賞としたのが、博士・修士などの称号であり、この制度は初期の目的に対して一定の効果を上げていると思われる。

　このような発想に倣って理療に携わる人達に対して、それらに類するような仕組みがあっても良いはずである。但し名は体を表していなければならず、その内容作りに慎重でなければならない。

　附属盲学校の理療科教員集団が構想を練り、2カ年程度の長期の期間を想定して、希望者の自己研修を原則として研修のために場所や材料を提供し、研修のノウハウを指導して一定期間ごとに評価を積み重ねてゆき、最終的に高い評価を得た者にこの称号を与えればよいと思う。同窓会もその目的達成に向けて組織を上げて協力すればよいのではないか。

　内容的には片寄りの大きい国家試験を補う意味でも、このような制度

を検討する価値はあるように思える。

Ⅲ. 近未来への道行き

理療科を修得した卒業生達は、免許を得ればこれによって治療院を開設することができるはずであるが、治療は施術者と患者との全人格的な関りにおいて進められるため、人生経験の短い青年期の人達が、高校卒３年間の短期間に修得した知識と技術で適切な治療行為を行う可能性は極めて低いはずである。

治療技術の深化のための教育面における制度や方法については、その業に当たる方々の研究に俟つとしても、治療家の学識や技術を支える人間に期待される基本的な社会性、「他人との応接」「言語を通しての意思疎通」「弱者である患者（時には高齢者、児童など）」に対する寛容や深い配慮、あるいは謙譲などの心の態勢は、どのようにして育成されてゆくべきなのか。多面的な精神性の評価や育成について、確たるテストやカリキュラムなどが簡単に存在するとは思えない。これらの特性については、かなりの時間をかけて経験の豊かな指導者の下で、確かな目的意識と謙虚な心のつながりの中で形成されてゆくものであろう。

理療課程で学ぶ人達においても、およそ主知的な型と主情的な型の２つの傾向に大別できるように思われる。前者に類する人達は、その特性を研鑽して学殖を高め、それなりに優れた治療家や指導者になるのがよいはずである。また後者に属する人達は、他人の心情に豊かで温かい情感を注ぎ込むことによって、患者に心の満足感を持たせて勇気を与え、その心に寄り添うことで苦痛の情感を取り除いて、相手に生きる勇気を与えることができるはずである。鍼灸マッサージなどの適応疾患にはこの類型に属する慢性の疾患や愁訴が多いはずである。

日本の総人口の推移は少子化の進行によって減少し、50年後の2060年には、65歳以上の人口割合（％）が、中位推計においておよそ42％になるとされる（国立社会保障・人口問題研究所の推計による）。これは50年前の1960年にこの割合がおよそ6％であったことを思えば、想像を超える社会現象であるが、超高齢化した社会において緩やかなリズムで生きる高齢者達には、緩徐なテンポで対応する人の心と治療の技術がよく馴染むのではないかと思われる。体表から緩やかに加えられる物理的刺激は、その方法が適切であれば、快適な精神機能を誘発して、鎮みがちな情感を勇気づけることができるはずである。

　鍼灸手技療法や温熱・運動療法などを適正に組み合わせることで、適応症の範囲は拡大するはずであり、これらの治療手段を有効に活用して、医療・介護の手法の中に組み込んで社会貢献の一翼となるよう、福祉面に傾き過ぎず、国家戦略の一環となれるような機会作りを考え、誇りを持って社会参加するため工夫と努力を惜しまず、積極的に思考してゆくことで自らを生かし、満足感を得る生き方ができると思う。

2．職業教育の変遷　　B　理学療法科

元筑波大学附属盲学校教官　山縣久美

リハビリテーション医学と理学療法士養成のあらまし

　リハビリテーション医学の先進地である欧米諸国において、第二次世界大戦時にさいして、戦傷病者の再戦力化とその後の社会復帰を目ざして運動療法を中心に組み立てられた治療手段が、リハビリテーション医療であった。

受傷後や病後の処置として、安静保存療法が大原則であったその当時として、早期に運動負荷を行うことで却って局所の症状が回復し、全身状態の改善が促される事実が、実践の医療の現場で認められ始めた。銃創を受けた兵士が、家族恋しさの余りに病院を逃げ出した結果、その兵士は、安静を守って病院に居た他の兵士より早期に創傷が癒えたというエピソードが、この間の事情の説明によく用いられる。

　創傷の治癒や内科的な病後の回復を促すために構成された医学的リハビリテーションの発想についで、心理的側面からの再生についてもしだいに配慮がなされ、またより長期的な視点に立って、教育的・職業的・経済的なリハビリテーションについても、それぞれに援助する仕組みが徐々に整備されて、ようやく「人間リハビリテーション」の思想が一般に定着して行った。

　日本でもリハビリテーション医学推進の中核ともなる医師や技術者の養成は、昭和30年代から計画されていたが、ついに同40年の通常国会において「理学療法士及び作業療法士法」が制定されるに到った。そしてこの法律が制定されるまで、整形外科などの後療法の分野を担って来たのは、多く盲学校出身のマッサージ師達であり、これらの技術者が、新しい同法によるハイレベルの技術者として位置づけられ、その業務に組み込まれてゆくのが自然の流れのように思われていた。しかし、日本整形外科学会、日本リハビリテーション医学会などの中には、視覚障害者が新しい法による「理学療法士や作業療法士」となることには強い反対意見があった。

　盲学校関係者は、理教連（芹澤勝助会長）を中心に、文部省特殊教育課の指導のもとに、東京大学物療内科大島良雄教授・同整形外科三木威勇治教授・国立リハビリテーション学院長砂原茂一氏など外部の有力者

などの助力を得て、法案中の「目の見えない者」なる欠格条項を取り除き、附属盲学校（その他2校の盲学校）に理学療法士養成のためのリハビリテーション科を設置することが認められた。なおこの間の詳しい事情を知るために、「盲学校理学療法科二十五周年記念誌」より芹澤勝助氏と星虎男氏の関連記事を転載して、この間の事情の説明に代える（なお「視覚障害教育百年のあゆみ」の中の、理学療法士の養成の項で細かい経過が説明されている）。

―――― 盲学校理学療法科創設期の想い出 ――――

筑波大学名誉教授　芹沢勝助

　国公立の盲学校高等部専攻科に、リハビリテーション科が設置されたのが昭和39年4月であり、理学療法士及び作業療法士法（昭和40年法律第137号）が制定公布されたのが昭和40年6月のことである。

　法の裏づけのない学科が、国公立学校に公的な予算を伴って発足したのである。不思議といえばまことに不思議な話であるが、これには次のような裏話がある。

　厚生省が理学療法士及び作業療法士法を制定するに当たっては、この業務に関連してきた関係団体から強い反対があった。それにも拘らず、当時の医学界、医療界の強力な推進力によって法原案はできたが、この原案の理学療法士、作業療法士の欠格条件に「目の見えない者」が含まれていたのである。この項目の削除をめぐって紆余曲折し、結果的には、「この項目は削除する。ただしリハビリ現場での専門的な手技として、マッサージは、理学療法士も担当できることとする。」ということで法律は制定されたのである。法律制定に手間どっている内に、厚生省は法の裏づけなしで、東京、清瀬の国立療養所東京病院に附属して、国立リハ

ビリテーション学院を開設した。院長は、日本内科学界の権威、砂原茂一博士である。

　私は、当時、東京教育大学の助教授で附属盲学校長ではなかった。幸いに理教連の会長であり、理療科教員の養成の主任であったので、当時の岡村正平校長も理療科関係のことは一任してくれていた。そんな事情で、砂原院長を再三再四、清瀬の学院に訪ねて、法の裏づけなしに、厚生省が国立病院の附属に学院を開設したのだから、文部省が、明治以来、医療現場で活躍してきたマッサージ師を養成してきた国立大学の附属盲学校にリハビリテーション科を開設しても異論はない筈だ。しかも、この学院は、視力0.3以下は敬遠している。法律には視力制限の規定はないのだから、ぜひ、新しい時代の、新しい職域開拓のためにご諒解を得たいと懇請した。砂原院長は、最終的には「この法律には、欠格条件に「盲」はない。だから文部省が開設するというのに反対はできない。その代わり、芹沢さん、やるなら現場の臨床で、健常者に一歩も劣らない優秀な人材の養成をしてくれよ」と諭された。余談で恐縮であるが、私は、砂原先生には、公私の面で、内科系臨床研究の面で大変お世話になった。後年、厚生省のスモン研究班の東洋医学研究班長も勤めてもいただいた。

　文部省と厚生省との交渉も難航したようである。当時の特殊教育課長が林部一二氏、教科調査官が大川原潔氏、厚生省の医務課長が三浦英夫氏（現在、私ともども、（財）東洋医学研究所（花田学園の姉妹法人）の理事を勤められている）で、人脈も良く、医学界や医療界の雑音に耳をかさず、リハビリテーション科は開設できた。その後、全国盲学校長会の要望により、大阪府立盲学校に開設され、後を追って、名校長福本禮一先生の並々ならぬご努力で徳島県立盲学校に創設できた。

それから 25 年、四半世紀を経て、盲学校 3 校の理学療法科も、順調な歩みを続け、680 名の卒業生をリハビリテーション現場に送り、これらの諸君は障害を克服して、健常な理学療法士とともに活躍しておられる。この現状を見聞きし、創設期から現在まで、この学科に籍を置き、苦労された教職員諸兄姉に衷心より敬意を表し、今後のますますのご発展を期待して筆をおく。

―― 理学療法士作業療法士法の制定と盲学校理学療法科の設置 ――
元筑波大学附属盲学校理学療法科主任 星虎男

理学療法士作業療法士法は、昭和 40 年 6 月に施行されたが、その法制化にあたって日本整形外科学会、日本リハビリテーション医学会など関係学会が「盲」を欠格条項とし、視覚障害者を理学療法士、作業療法士から締め出そうと懸命に圧力をかけていた。それは即、盲学校におけるリハビリテーション課程の発足を阻止しようとするものであった。それに対して、理教連（全国理療科教員連盟）が中心になって、視覚障害者関係団体（全国鍼灸マッサージ指圧師会など）とともに厚生省など関係省庁、関係国会議員に強力に働きかけて、「盲」を欠格条項とすることを阻止することができ、また文部省特殊教育課の理解と協力のもとに、昭和 39 年 4 月に念願の盲学校にリハビリテーション科が設置された。最初にリハビリテーション科が設置されたのは、東京教育大学附属盲学校と大阪府立盲学校の 2 校で、翌年、昭和 40 年 4 月には、徳島県立盲学校にも設置された。文部省の方針としては、全国を 8 ブロックに分け、ブロックごとに 1 校（計 8 校）設置する計画であったが、医学界の猛反対もあって、難産ではあったがなんとか 3 校にかぎりリハビリテーション科の設置が認められたわけである。

昭和38年度理教連定期総会において、政府に理学療法士作業療法士法の法制化とその専門技術者の養成のために、国立のリハビリテーション学院設立の動きを受けて、次のような議決を行っている。

①ＰＴ制度が日本に布かれるとき、盲人がボイコットされないようにすること。

②形式的にボイコットされなくとも実質的にボイコットされないようにすること。

そして、あんま等中央審議会においても当時の理教連会長芹沢勝助氏を中心に活発に発言し、理学療法士が誕生するにあたって視覚障害者が不利にならないよう、関係当局に働きかけてゆくべく申し合わせを行った。

　一方、厚生省は日本リハビリテーション医学会や、日本整形外科学会の要請を受けて、事実上視覚障害者を締め出す形で、東京の清瀬にある国立療養所東京病院の附属としてリハビリテーション学院を設立すべく準備が進められ、昭和38年度予算に1368万円が計上されて、昭和38年4月に日本で初めて理学療法士作業療法士養成のためのリハビリテーション学院が発足した。高卒3年課程で、1学年の学生定員は20名、WHOから特別講師を招請して授業が開始された。

　厚生省の見解としては、PT・OT養成施設には視覚障害者は入れないという姿勢がうかがわれた。実際に、清瀬の学院の内規には、入学資格は視力0.5以上とうたってあったことからもあきらかである。

　このような情勢の中で、理教連はあくまでも視覚障害者のPTへの道を開くために、あえて、盲学校の卒業生を清瀬のリハビリテーション学院に受験させた。初年度の受験者総数が45名の内、盲学校から6名が受験した。合格者は、28名で、盲学校関係の6名中4名が見事合格した。残りの2名は成績は良好であったというが、視力が0.5以下であるという

理由で不合格となった。このことについて理教連から学院側に2名の者の不合格となった理由が低視力だということについての抗議をおこなったところ、教育上の必要からだとの答えがあった。ただし、そのことがすなわち、0.5以下の低視力者がPT教育をできないという意味ではないという苦しい答弁をしていた。

このような動きのなかで厚生省は、昭和39年度を目標に理学療法士、作業療法士法の法制化をすすめるため、リハビリテーション制度打ち合わせ会を発足させてPT・OTの名称、欠格条項、業務内容、養成制度などの検討とPT・OT法成立にむけての作業を精力的に行っていた。

このような厚生省の動きに対して文部省は、理教連の要請を受けて文部省内に理療科昇格運動と絡めて、昭和38年5月、特殊教育科所管の基に、「特殊教育調査会盲学校理療科部会」のいままでの委員に厚生省リハビリテーション制度調査打ち合わせ会のメンバーを追加し、「盲学校理療科の近代化とリハビリテーション課程設置に伴う準備研究委員会」を発足させた。そして、従来盲学校出身のマッサージ師が、長い間日本の医療マッサージ（理学療法）を担ってきている実績を踏まえ、関係医学会の学識経験者や厚生省に対して「盲学校にリハビリテーション課程を設置してほしい」旨の陳情活動を積極的に展開してゆくことになった。委員会の主なメンバーとしては、大島良雄東大物療内科教授、三木威勇治東大整形外科教授、勝沼晴雄東大公衆衛生学科教授、小池文英整枝療護園園長、大山信郎東京教育大学教授（雑司谷分校主事）、上村一厚生省医務局医事課長の6名の方々であった。この方々の活躍がなかったなら現在の盲学校の理学療法科の存在はなかっただろうということはいうまでもないことである。この他に田中建蔵文京盲校長、芹沢勝助、鈴木達司両氏他10数名が加わっていた。この時期が視覚障害者がPTに道が開け

るかどうかのもっとも重要な時であったといえる。文部省のこの委員会が厚生省の「リハビリテーション制度調査打ち合わせ会」に対して、理教連や文部省の意向を強く反映する結果となった。

　昭和38年7月の理教連の総会（札幌大会）においてあんま等法の改正に関連して、盲学校にリハビリテーション科を設置するための運動を展開することが議決され、芹沢会長を先頭に文部省をはじめ関係各省庁、関係の国会議員に働きかけることとなった。また同時にリハビリテーション課程卒業者には1級のPTを、さらに理療科卒の病院勤務の理学療法従事者には2級のPTが与えられるような制度を作ったらどうかという案もあったが、諸般の事情から2級PTはあきらめざるをえないことになり、そのかわり、理療科卒の病院勤務者に一定の講習会を受けさせて、PTの国家試験を受けることのできる制度をつくることによってPTになれる道を開くこととなった。いわゆる「理学療法士の受験資格の特例制度」である。しかし、この案に対しては、リハビリテーション医学界をはじめ関係医学界に、盲学校のリハビリテーション課程設置と合わせて強い反対の動きがあった。文部省は、このような理教連の要望を受けて盲学校の理療科の充実発展を期する立場からぜひ必要であるという意向を持ち、厚生省と協議を重ねたがなかなか折り合いがつかなかった。

「理学療法士作業療法士法」制定にあたり、当初厚生省は、リハビリテーション医学界、日本整形外科学会等の強い圧力の中で「耳の聞こえない者、口のきけない者ならびに目の見えない者」を欠格条項に入れようとしていた。この動きに対して、理教連を中心に日盲連（全国盲人会連合）、全鍼連（全国鍼灸あんまマッサージ指圧師会）、全病マ（全国病院マッサージ師会）の関係団体が協力してその動きを阻止するための運動を展開してゆくこととなった。その結果当初昭和39年度中に厚生省が予

定していた「理学療法士作業療法士法案」の国会提出を1年見送らざるをえなくなり、加えて盲を欠格条項から削除することとなったわけである。

　理教連は、先の総会で決定された「盲学校にリハ課程」を設置するという方針に基づいて強力な運動を展開する中で、リハビリテーション課程設置にあたって次のような条件を打ち出した。

①リハビリテーション課程の設置を予定している地域において大学医学部の全面的な協力が得られる体勢をつくること。

②その県の教育委員会が設置に必要な予算を獲得してくれること。

③その盲学校のリハビリテーション課程を受け入れるしっかりした態勢づくりができていること

　このような盲学校の動きに対して、リハビリテーション医学会、整形外科学会、厚生省は「盲学校にリハビリテーション課程を設置することは望ましくない」、「盲人は自分がリハビリテーションを受ける立場であるので、リハビリテーションを担う専門技術者になるべきではない」という論法で反対運動をつづけていた。そして、関係各省庁をはじめ、全国36医科大学に対して盲学校のリハビリテーション課程設置に協力することのないようにという要望書を送っていた。そのため文部省が最初予定していた8校の盲学校のリハビリテーション課程を設置したいという構想は通らなくなり、結局3校の盲学校（東京教育大学附属盲学校、大阪府立盲学校、徳島県立盲学校）にリハビリテーション課程を設置することとなった。

　厚生省などが盲学校にリハビリテーション課程を設置することは望ましくないという理由に、「理学療法士は、理学療法の業務の重要なものとして理学療法評価があり、盲人にはとくにその評価が困難ではないか」ということであった。そこで理教連では、外国における盲人の理学療法

業務を行っている実態を調査することとし、イギリスにおける盲人 PT の活躍しているところの 16 ミリフィルムを取り寄せたり、また、盲学校理療科では理学療法に関するカリキュラム（運動療法、各種物理療法など）をもとに教育をおこない、さらに、治療室では実際にそれらの理学療法業務の実習を行っている証拠として、写真アルバムを作成することなどの運動を行った。そして、これまで出身のマッサージ師が病院の理学療法を支え、実績をつくってきたことを強調し厚生省を説得した。

（以下 略）

視覚障害者としての理学療法士

　昭和40年6月のPT・OT法の制定に先立って、昭和38年8月には国立学校のわく内で附属盲学校にリハビリテーション科を設置する件が、文部省省議で決定された。その翌年39年4月に高等部専攻科にリハビリテーション科の設置が定められ、5月25日には第1期生が入学し、41年4月になって、同法の養成施設指定規則による文部大臣指定の理学療法士養成校として正式に発足することができた。

　明治の中期以来、盲学校の卒業生が永年にわたって、病院マッサージ師の形で、物理療法の治療体系の中に組みこまれる形で、医療の一部を分担して来た経緯は、医療の側からも、また盲学校の職業教育の側からも、大きな意味を持った歴史的な事実である。その流れが「理学療法士」の誕生に当たって、実質的に継承されたことは大変意義深いことである。

　教師陣の整備や指導内容の研修、教育設備の新設など、新しい課程を軌道に乗せることは、文部省・大学当局や校内関係者にとっては多大な努力を要することであったが、その後入学者もしだいに増え、誠実な医療人を目ざしての学生達の努力もあって国家試験の合格率も常に高率を

維持している。平成9年には「筑波技術短期大学」が開設され、その後4年制大学に昇格して、研究面に重点を置いた養成課程の道も開かれ、また3年課程の養成コースで資格を取得する方法とのいずれかを選択する道も開かれたことであり、人間尊重の医療としてのリハビリテーション技術を身につけることで、視覚障害を持つ学生達も、自らの「人間リハビリテーション」を実践しながら、多くの患者の治療を通して広く社会に参画して意義深い生活を体験することができると思う。

　昭和48年には課程名が「理学療法科」と改められ、50年には同窓生の集団組織である「桐門会」も結成された。医療の現場の中で、晴眼者に伍して業務を行い、必要な事務的処理をもこなし、時に研究面でも成果を挙げ、高齢者などへの介護面にも配慮せねばならないなど、視覚障害程度の進んだ人にとっては心身両面での負担は大きいと考えられる。何ほどかの能率の低下は止むを得ないものとしても、自らの「人間リハビリ」の体験を生かして、患者の精神面への支えに裏づけされた、きめ細やかな対応を心がけることで、実質的な医療効果を挙げることは可能と思われる。IT機器などをも活用して、患者のリハビリ治療を自らの人間リハビリと一体のものと考え、誇りを持って日常を送っていただきたいと思う。

3．職業教育の変遷　　C　音楽科

　　　　　　　　　　　　　　　　　　　　箏曲家　相原夏江

はじめに

　私はこの懐かしい呼び名の「東京盲学校」に1943年から6年間を学生

として過ごしてきた。今ここでその音楽科教育の歩んできた道を考えてみるとき、私はしっかりした史料もそろえておらず、そこで先輩である高野喜長氏の史料からまとめさせていただくことにした。私より数段上の方々もおられるはずだが、とりあえずこの浜松にいることでお引き受けさせられた次第である。行き届かぬことばかりであるがお許しいただきたい。

1　明治時代

　明治初期には国の政策のすべてが整わず、視覚障害者に対する保護政策の打ち切りとなったため生活困窮者も出たが、しかしそういうなかから箏曲を始め、西洋音楽も取り入れてその力を快復していったものも多くあった。

　当時の東京盲学校における音楽科教育には次のような特徴がみられる。

1. 箏曲の学習を中心に、外からの盲人箏曲家を指導者として迎え入れたこと。
2. 西洋音楽を取り入れ、当時著名な音楽教師を迎えたこと。
3. 石川倉次らによる点字が考案されるとともに点字楽譜も作られたことなど。

　明治43年11月、文部省令により、東京盲学校としての規定が定められ、この時から鍼按科と音楽科とに分けられることになった。

　洋楽については明治40年以降さかんに行われるようになり、ピアノ、ヴァイオリン、声楽などの華やかな演奏によって卒業式には音楽一色になったほど盛んであったという。

　点字楽譜は明治26年ころにはほぼ確立されたが、特殊性のこともありなかなか普及するまでにはいたらなかった。明治43年に初めて中等唱歌

の点字楽譜が点訳印刷されたという。

2 大正時代

この時代における音楽家教育の特徴は次のとおりである。

①邦楽、洋楽、音楽理論の指導の為多くの教師を要し、幅広い教育を施したこと。

②邦楽の新しい創造に着手し、新しい奏法が考えられ、その演奏を広めていったこと。

③点字楽譜研究が成果を挙げ、特に邦楽の授業に使用されるようになったこと。

４．大正14年には師範部甲種音楽科第2部に洋楽科コースが設置されたこと（これは健常者が中心であったと思う）。また、理論に基づいての教育も行われるようになった。

石井重次郎は点字楽譜を箏曲指導に用い、「点字楽譜入門」「箏曲歌集」などを出版している。田辺尚雄は大正2年東京盲学校の音楽科講師となり、以後50余年の永きに渡って西洋音楽史の講義を継続して学生たちに大きな影響を与えた。

（私は1946年から3年間西洋音楽史の指導を受けたが、豊富な教材によって流れるような講義をされ、述べられる話題の豊かさに時の経つのも忘れるほどであった。この時間には鍼按科の学生たちも大勢この講義を聞いていたことは印象的であった）。

邦楽においては新風が取り入れられ、宮城道雄氏の演奏に触れることによってそれまでの山田流箏曲に加えて生田流箏曲も盛んにとりいれられるようになった。

また、師範部甲種音楽科第2部の創設によって盲学校における洋楽教

育が盛んに行われるようになり、音楽科教員養成の場となった。

3　昭和時代

この時代に起きた太平洋戦争終結前と後では音楽科の教育が大きく変化するので、昭和前期と後期に分けて述べてみたい。

[1] 昭和前期における音楽教育

この時代における音楽教育の特徴は次のとおりである。

①箏曲中心の音楽教育が職業教育としてさかんになってきたこと。

②多くの新作が教材に取り込まれるようになったこと。

③洋楽教育が盛んになるに従い東京盲学校にもピアノの購入が増えたことなど。

大正末期から行われるようになった邦楽における新日本音楽運動は昭和を迎えてますます活発となり、東京や大阪の盲学校における音楽科教師によって新作が次々に発表され、日本の邦楽界に大きな進歩、発展を示した。当時学んだ人々の中から邦楽界をリードする指導者や作曲家が多く排出されている（宮城道雄　久本玄智　斉藤松声など）。

点字楽譜についてはまだその統一が難しく、はなはだ不便であった。そこで、箏曲特有の手法のみに特殊な記号を用い、その数をできるだけ少なくする方針をとった。

昭和9年に出版された点字楽譜の解説書は、当時としてはもっとも完全なものであったという。

昭和13年からは失明傷痍軍人の職業教育にも邦楽が職業教育として行われるようになり、東京盲学校においても鍼按科教育とともに邦楽指導もなされていった。

太平洋戦争の敗色が濃くなるとともに学童疎開の方針によって師範部

の学生たちは静岡県の伊豆長岡に、小中の生徒たちは富山県宇奈月町の温泉旅館を１軒調達しての疎開生活が始められ、音楽教育はまだ続けられたのである。

（私ども中等部は雪深い山里にあって冬を２度迎え、斉藤、村田、川本先生たちの指導を受け、箏曲やピアノ、声楽など充実した学習を許されていたが、戦争がますます末期状態になるに及んで音楽をすること自体非国民呼ばわりされるようになり、障害者としての差別も十分に受けたのであった。師範部の先輩たちは空襲の酷い様子など直接感じられたことであったろうか。）

[2] 昭和後期における音楽教育

終戦後は生活の全てが大きく様変わりするなかで、東京盲学校における音楽教育のありかたも大きく変わる。その特徴は次のとおりである。

①新教育制度による音楽教育の開始
②洋楽を志す希望者が増加するに従い邦楽への希望者の減少
③卒業生の進路の多様化などなど。

昭和23年の学制改革によって６・３・３制となり、中等部音楽科は高等部音楽科と呼ばれるようになった。教員のスタッフも洋楽教師が増えていった。昭和27年度より邦楽、洋楽コースがはっきりと分離された。

邦楽・・・箏三絃（山田流、生田流）

洋楽・・・ピアノ、声楽、管楽器、オルガン、ヴァイオリンなど。音楽理論や作曲法などの指導もおこなわれるようになった。

ただ、昭和26年東京盲学校が東京教育大学教育学部に入るにおよんで、今までおかれていた特設教員養成部音楽科の卒業生は盲学校高等部特殊教科としての音楽のみの指導しかできず、普通教科としての音楽指導は

一般学校における音楽科免許状を取得せねばならなくなり、特設教員養成部音楽科は昭和44年3月を以て廃止されたのである。

　（1946年から3年間を過ごした私ども音楽科生は種々変化していく動きを感じながら、先輩後輩を問わず互いに助け合い、励ましあいつつ学習を続けるとともに、学校以外からも新しい音楽指導を受け、それを互いに分ち合うという充実した音楽生活をすることができたのであった。衣類も食料も少なく厳しい生活であったが、若さという希望に溢れて大いに楽しんだのである。）

　昭和30年以降一般の音楽大学を志す学生たちが僅かずつ増えていく中で大学の門が次第に開かれるようになってきたことは、先輩たちや教師たち、そして本人の努力によるのである。今日では視覚に障害をもつ学生たちも努力次第で一般の学生たちに伍していけるようになったことは、なによりも大きな喜びである。

　今後はクラシックの道を歩む者もポピュラーの道を走る者も、これまで苦難の道を歩んできた努力を無にすることなく、学力、技術、そして人格を高め、一般の人々以上の音楽生活がなされるよう心から望んでいるのである。

　今日では東京盲学校も筑波大学附属特別支援学校として名前も体制も変わったなかで、毎年開かれる音楽科生の演奏会は一人ひとりのもてる最高の力を発揮することができれば非常に幸いなのではなかろうか。

　　　　　　　　　　　　　　　　　　昭和22年度師範部音楽科卒業

4．私の歩んだ道

元徳島盲学校教諭・現在鍼灸業開業　池上清

　母校が盲・聾完全分離して、雑司ケ谷の地で盲学校としてスタートして100年を迎えるのを記念して、文集を発行する計画を聞き誠に意義深いことと思います。そこで私もここに拙い一文を投稿させて頂きます。

　私が雑司ケ谷に在学しておりました期間は、1950年11月末（中1）から1960年3月（特設教員養成部卒業）までの約10年間でございました。1941年3月に狭心症で父を失いました私は、1950年当時は鉱山に勤めておりました長兄の世話になりながら秋田盲の中学部に在学しておりました。その兄が転勤で岡山に移ることになり、当然私も転校しなければならなくなりました。この機会に私はかねてから憧れていた雑司ケ谷で勉強することを決心しました。しかし、こちらの都合だけでどうなる事でもありませんので秋田盲にお願いして雑司ケ谷と岡山への2通の転校書類を作って頂き、東京の親戚の家へ行きました。兄が手続きに行きましたところ「雑司ケ谷では編入テストはその年の9月1日までが原則である事、しかし今年の場合、中1に欠員があり他にも1名希望者がいるので特にテストを受けさせてもよい」との有難いご返事を頂きました。そして確か11月25日頃だったと思いますが、テストを受け幸運にもそれに合格して中1に仮入学する事になりました。当然仮入学ですから、次の年の3月までの成績が悪ければ入学は取り消され、兄の勤務先である岡山の盲学校に転校することになる訳です。今振り返ってみましてもあの時は、自分でもよく勉強したと思います。それにもまして有難かった事は、突然やってきた厚かましい転校生である私にノートを写させて下さった当時の同級生田中真澄さん、西村早苗さん、それから故人にな

られました吉田恭二君にはいくら感謝しても、し尽くせないと思っております。翌3月に入学許可が出た時の喜びは、とても私の拙い筆では表しきれません。

　1953年高校入試の時になると私は進路の事で悩まなければならなくなりました。私は生まれつき手先が大変不器用なのです。そんな私が手を使っての三療の仕事がうまく出来るとは思えません。それに子供の頃家が貧乏で何年か学校に行けなかった経験を持つ私は法律家か政治家になって世の中から貧富の差を無くす事に役立ちたいと思っていたのです。そこで高等部普通科への道を選びました。しかし僅か2ヶ月で思わぬ事態になりました。それは弟の入院でした。ただでさえ貧乏な我が家にとって、この上私の勉学のために墨字の図書の点訳の費用の負担は耐えがたいものになるはずです。私は何日か一人で悩んだ挙句文京盲への転校でした。その時、心に誓った事は「自分は決して仕方なく理療科に変わる訳ではない、不器用なら不器用なりに、やり方が有るはずだ。それを探求してゆこう」という事でした。ですから、ずっと文京盲で勉強を続けてゆく心算でした。

　その年の秋、全国盲学校点字・珠算競技会が文京盲の受け持ちで都内で行われました。私は珠算部門の文京盲代表選手として出場し運よく1位になる事が出来ました。その他の部門では文京盲からは入賞者は出ませんでした。次の日の朝礼の時、校長先生が非常に不機嫌で、大会の受け持ち校でありながら不成績に終わった事について全校生徒の奮起を促したのでしたが、その時ただ一人優勝した私の事を「輸入選手」という扱いをしたのでした。今考えてみますと生徒の奮起を促すにはやむを得なかったのでしょうが、若かった私にとってはその疎外感はとても耐えられるものではありませんでした。どうしても雑司ケ谷へ戻りたいと高2

の編入テストを受け幸運にも雑司ケ谷の理療科に戻る事が出来ました。その後は割合順調な日々が続き1958年3月専攻科を卒業、4月からは特設教員養成部に入学致しました。

　養成部での私にとりましての最も大きな出来事は、同じ4月に専攻科に編入してきた熊谷節子さんとの出会いでした。もし、この出会いがなかったならば、おそらく現在の私はなかったと思われます。私にとって彼女は良き話し相手であり、アドバイザーでした。彼女の人格にも惹かれた私は1960年1月婚約し、3月卒業、4月青森県八戸盲学校に赴任致しました。

　八戸というところは人の気分の良い親切な土地柄で、水産物の豊富な暮らしやすい所でした。ただ当時は貧しい生活の人が多く、半年間お世話になった学校の寮のご飯が稗の3割ほど入ったものだったのにはびっくり致しました。生徒にノートを取るように言いますと紙がもったいないと言われて苦笑した事もありました。この地で翌年4月に結婚し、その翌年3月末には長女が生まれたのですが、寒さになれない私たちにとって八戸の冬は大変でした。そんななか生後7カ月ほどの長女が百日咳を発病致しました。相当重症でしたので、当時町で一番評判の良かった小児科の医者に連れてまいりました。医者の申しますには、これはウイルス性のものだから下剤の入った強い薬を出しておきましょうという事でした。言うまでもなく百日咳は桿菌による病気ですので、私たちはその医者での治療を諦め自分たちの鍼の治療により治す事にし、それは一生懸命に手を尽くしました。その甲斐があってか長女の病気は年明けには回復致しました。その年の4月からは徳島盲に転勤する事になりました。

　徳島での生活は平穏で、妻の実家ともそんなに離れていなかったため

心強い毎日を送っておりました。そんな生活が6年目に入った4月、東京で弟夫婦と暮らしている私の母が突然やって参りました。その用件は「このたび弟たちが都営住宅に入れるようになり今住んでいる叔母の持ち家である借家が空くからそこで開業したらどうか」という事だったのでした。そんな事を急に言われても、どうすれば良いか分からず妻と小学校2年生になる長女と3人で家族会議を開いて決める事に致しました。その時の申し合わせで「仮にどんな結論が出ても多数に従い、後から決して後悔したり文句を言ったりしない」。その会議の結果、私は今その時期ではないと反対、長女は東京で勉強したいからと賛成、気持ちの優しい妻はせっかくお母さんが言ってくださるのだからと賛成、結局2対1で退職、開業する事になりました。

　6月から妻が一足先に上京、1学期末で退職した私が加わる形で開業いたしました。開業にあたり二人で考えました事は、その土地柄とそこに住む人の生活程度でした。そこで治療代金は鍼・灸・あんま共に初診は1千円、1週間以内の再診はその7割、70歳以上の老人は700円、同再診は7割という事に決めました。このやり方は、ここでは大いに成功し朝から夜11時ごろまで、それこそ目の回るような忙しさでした。勿論、治療結果が伴うものでなければ患者はついてきてはくれませんが、地域によっては料金も問題になるという事です。ここでの患者は9割がた鍼の治療でした。しかし、ここでの仕事は3年ほどで叔母が亡くなりその遺産相続争いの渦から逃れるため撤退せざるを得ませんでした。

　その次に開業致しました場所は渋谷の富ヶ谷でした。この地は神山松濤という高級住宅地を控えた場所で、私たちの仕事も「高ければよい腕、安いのは下手」と決めつけるような土地柄でした。ここでは比較的楽に高収入を挙げる事が出来ましたが、家が古く家主が建て替えると言うので

現在の麹町へやって参りました。早いもので、もうここで35年以上になろうとしております。

これからは三療の業界も長く続く不景気の波を乗り切らなければなりません。特にこれからは健康保険治療の問題などが課題になるだろうと思います。この事につきましては意見もありますが、長くなりますのでこのあたりで筆を擱きます。

昭和32年度高等部専攻科理療科卒業

5．学生時代の実習の思い出

群馬パース大学准教授　鈴木学

筑波大学附属盲学校開設100周年記念おめでとうございます。心から祝福のお言葉を述べさせていただきます。私は現在、群馬県高崎市にある群馬パース大学保健科学部理学療法学科に教員として勤務しています。24年間病院で勤務し教育の道に入りました。現職の前は東京の高田馬場にある日本リハビリテーション専門学校というところで初めて教職になり5年間努め、昨年から現在の大学に勤務しています。

私は筑波の高等部専攻科理学療法学科14期生で、昭和52年、当時は東京教育大学附属盲学校という名称のときに入学しました。当時は理学療法士の数がまだ少ない頃で大きな声では言えませんが、理学療法士という職業の内容に関して自分自身あまり認識していなかったことを記憶しています。早いもので卒業してから30年の年月が流れ、振り返ってみるとあっという間に過ぎ去ったように感じます。

理学療法士の資格を取得するには理学療法学科の最終学年に臨床実習

があります。私は理療科の実習のことはよくわかりませんが、当時、4月〜12月に4ヶ所の病院を2ヶ月ずつ勉強しに行きました。他の養成校は3ヶ所が基本でしたので臨床現場に接する機会は多く、今考えれば有益なことなのですが、学生時代は多いな、という印象をもっていました。

本校がお願いしていた実習病院は当時としてはその世界では一流の病院が多く、しかも様々な疾患を体験できるメリットがありました。実習は色々なことを勉強できる反面、精神的に辛い面もありました。現在の学生は当時の学生よりもかなり顕著に現れていて、昔はこんなに中止や評定が不可ということはほとんどなかったな、と記憶しています。今の学生さん達は実習というとつらい、という印象が強いようですが、自分の時代はそれなりに楽しい面もあったと思います。

さて、いくつかのエピソードをお話しします。第1期目にいった病院ですが、実習初日に受付で理学療法科はどちらですか？と尋ねて案内してもらったのです。スタッフの方達がみえられて片言のお話をしていたのですが、1人の先生がこうおっしゃいました。「ほう、教育大（当時は実習施設の先生には筑波ではなくそう呼ばれていました）にもOTができたのかね。」と、え、と思わず真っ青、部屋を間違えた。あわてて失礼して部屋を出たらスーパーバイザーが自分を捜していて、「お前、どこへ行ってたんだ。」といわれまして初日から思い切り恥をかきました。悪いのは受付の方、と思いながら、でも雰囲気が違うのに全然気付かなかった自分もかなりの鈍感でした。

第2期目に某療育センター（小児の施設です）に行ったのですが、結構楽しくやらせてもらいました。実習前半は午前が治療、午後は講義と非常に勉強になったのですが、なにせ昔のこと、6月の暑い時期にその施設にはクーラーがなく、午後の講義の時間帯になま暖かい扇風機の風

が吹いてくるのでほぼ毎日居眠りの連発、後で考えると非常に有意義な講義だったのですが睡魔には勝てませんでした（笑）。

そこの施設では頻繁に夜に飲み会がありまして、ある日の飲み会の時に私のスーパーバイザーである技師長が、鈴木、お前はいつも俺の講義を寝てたな、と半分笑い顔で一喝、思わず申し訳ありません、と私自身、その席でその発言がでるとは思わなかったので慌てたものです。その先生は学生が実習で来ると一回、家に連れて行くそうで我々も（筑波2人と社医学2人）ちょうど先生の家の近所でお祭りもあるとかで週末に招待され、ごちそうになりました。そのときに一つくっきり今でも鮮明に記憶していることがあります。先生の奥さんに食事の時、お子さんを呼んで私の箸使いを指して、こういう使い方はダメだよ、と恥をかいてしまいました。実は私は箸の持ち方が自分では気付かなかったけれど間違っていたんですね。今から考えれば笑い話です。

その実習施設では私が実習終了の1週間後に慰安旅行があったのですが、実習はすでに終わっているにも関わらず連れて行ってもらって楽しかったことを記憶しています。ちょうど台風が近づいている九十九里浜でしたね。いまから思えばとても勉強になったし、職員の方々とは仲良くなれたし、お酒もいっぱいごちそうになったり、と楽しい日々でしたね。

最後に某大学病院に行きましたが、あのときははっきりいって辛かったですね。課題は大変だしカンファランスは厳しいし、という感じでしたね。今の学生さん達は実習期間中には夜中過ぎまで勉強していることが多いらしいですね。確かにレポートははっきり言って今のほうが厳しいかな、と思います。私が病院勤務していた頃に実習指導者をしていましたが、こんなに厳しくレポートチェックされた実習施設は某大学以外

にはなかったな、と思っています。と、いうことで、私は午前0時には必ず寝ていました。でも最後だけはさすがに毎日午前3時です。おまけに帰りはいつも午後10時ですから寮の門限ぎりぎりでした。長く感じた2ヶ月でしたが、そこでは理学療法の障害の捉え方に対する思考を学んだと思います。厳しかったけれど今の私の理論の原点になっているような気がします。

4ヶ所の実習はそれぞれタイプが異なり様々な体験をさせてもらい、自分としては実習で自分の歩んできた道は30年経過した今考えてみるとどれも無駄はなかったな、この実習は自分を大人の社会人として成長させ職業人として成就させてくれたのだなと感謝しています。これから実習を迎え、医療人としての入口に立つ後輩諸君にも必ず実習というものは人生の糧となるものだということをこの場を借りてお伝えしたいと思います。

昭和54年度専攻科理学療法科卒業

6．二十絃とともに

箏曲家　佐々木睦美（旧姓　大橋）

私が初めて「二十絃」という楽器に出会ったのは、小学校5年生の夏のことだったと思います。それは箏を習い始めて2年半くらいの頃、軽井沢で行われた「日本音楽集団」の夏の合宿に参加した時のことでした。講義を受けたり演奏法を学んだりと初めての経験ばかりで、あっという間に時が過ぎ、最終日に講師の先生方による演奏を聴くことが出来たのでした。その時の曲が何だったのか、どなたが演奏なさっていたのかは

全く覚えてはいないのですが、十三絃しか知らなかった私にとって、その包み込まれるような美しい音やダイナミックな響きの記憶は今でも鮮明に残っています。以来二十絃は私の憧れの楽器となったのでした。

　中学1年生ごろからは古曲や三絃（三味線）のレッスンも始まり、箏の道の奥深さを感じ始めたのはこの頃だったと思います。現代作曲家の作品も勿論素晴らしいのですが、八つ橋検校に始まり名だたる検校の残した作品は奥が深く一生をかけて大切に勉強していきたいと思っています。

　2年後の中学校3年の12月生田流正派の準師範試験に合格することが出来ました。この事はその後の人生においても努力すれば必ず夢は叶うのだという大きな自信となったのでした。

　その後附属の普通科に合格し、富山を離れる事となり、箏を弾く機会もずっと少なくなっていきました。2年に進級する時になって将来の事を考えた時、どうしても箏の道に進みたいという思いが強く、思い切って音楽科への転科を決めたのでした。

　そして師匠の山口雪子先生が、野坂先生のレッスンを受けられるようお願いしてくださったのでした。

　音楽科に移って1年半くらい経った高校3年の秋ごろ、いよいよ二十絃を始められる事になったのでした。ようやく念願が叶ったわけです。最初は手前の13本だけを使って「六段の調べ」など十三絃の曲を何曲か練習しました。二十絃は十三絃に比べ糸幅が多少狭くなっており、また一絃にあたる絃のむこう側に音を出してはいけない絃がある事で感覚がつかみにくいところもありました。二十絃のために作曲された曲の中で一番に弾いた曲は三木みのるの「めばえ」でした。それまで何度レコードを聴いたか分からない憧れの曲でしたので音にした時の喜びは本当に

大きなものでした。

　ここで二十絃という楽器について少し書いてみようと思います。昨年は1969年に二十絃が誕生してから40年という節目の年となりました。野坂先生が1965年から4年間をかけて幾度も改良を重ねられ苦心の末に生み出されたとの事です。従来の十三絃よりもっと表現力のある楽器が欲しいという事で絃の数を増やす事を考えられた訳です。開発当初は20本だったのですが、その後どうしても、もう1本あった方がいいという事で21本に落ち着いたのでした。また低音から高音にかけて6種類の太さの絃が使われています。13絃では絃の太さは同じですので色彩豊かな音を出すための工夫のひとつであると思います。

　宮城道雄先生は十七絃を考案なさいましたが、これは合奏するとき低音のパートを演奏するために開発された楽器で、絃も二十絃に比べかなり太いものが使われています。現在では十七絃のための独奏曲も数多く作曲されています。

　二十絃はさらに進化を遂げ1991年には更に4本増え二十五絃が誕生しています。

　その後私は専攻科音楽科を卒業したのち、富山に戻り師匠の下で学びながら演奏活動を始めておりました。ヴィヴァルディの「四季」を全曲二十絃2面で演奏した事は特に印象に残っています。またリサイタルも何度か経験させて頂きました。古曲と現代曲を組み合わせたプログラムや全て山口先生に書いて頂いた作品だけのプログラムなどいろいろな経験をさせて頂きました。

　現在私は主婦業の傍ら学校やグループホームなどで演奏する機会をいただいています。二十絃はあまり演奏していないのですが、縁あって出会えたとても大切な楽器ですので一人でも多くの方に聴いて頂けるよう

心がけていきたいと思っています。

　この文章を書かせて頂いた事で改めて今までの自分を振り返って見る事ができ本当に感謝いたしております。有り難うございました。

昭和59年度高等部専攻科音楽科卒業

第2章　高等教育の保障を求めて

構成　戸塚辰永

1．座談会・大学の門はいかに開かれたか
―― 元附属盲教諭尾関育三先生に聞く ――

《今年（2010）は、明治43年（1910）の盲唖教育分離、すなわち官立東京盲学校（東盲、現筑波大学附属視覚特別支援学校）への改組から100年目の年に当たる。そこで、筑波大学附属盲学校同窓会と後援会は、盲唖教育分離後100年史作成委員会（大橋由昌委員長）を立ち上げ、記念行事の一環として「盲唖教育分離後100年史」の編纂に共同で取り組んでいる。同記念誌は、寮生活やクラブ活動のエピソードなどこれまでクローズアップされてこなかった出来事にも焦点を当てるため、出版の暁には当事者による附属盲学校史になると各方面から期待されている。

同作成委員会は5月22日に、元附属盲数学教師で、在職中は同校高等部進路指導部で大学への点字受験交渉や入試点訳に辣腕をふるい、定年退職後も本年3月まで20年の長きにわたって全国高等学校長協会入試点訳事業部専務理事として第一線で活躍された尾関育三先生（80歳）を招いて、附属盲卒業生の大橋由昌氏（朝日新聞社）、指田忠司氏（障害者職業総合センター）、長岡英司氏（筑波技術大学）、土居由知〈ヨシトモ〉氏（静岡県視覚障害支援センター）、戸塚辰永（東京ヘレン・ケラー協会）が、点字受験交渉や入試点訳の変遷について尾関先生から話を聞く会を開いた。そこで関係者のご協力を得て、ここにまとめた。取材・構成は『点字ジャーナル』編集部戸塚辰永》

日本初の全盲国立大学生

尾関育三先生は東盲最後の入学生で、在学中に同校が組織改編された

ため、昭和25年3月に東京教育大学附属盲学校高等部3年を卒業、同校専攻科で1年間学び、昭和26年に東京教育大学教育学部特殊教育学科の入学試験を受験する。当時としては珍しく全問点訳されており、難関を突破して同4月に特殊教育学科の第1期生として入学する。特殊教育学科には盲・聾・精神薄弱の3専攻があり、第1期生は20人であった。

「この4月に特殊教育学科の同窓会をやりましたが、盲教育専攻から法務省に就職した人もいました。特殊教育には少年院での教育も含まれますからね。その人が社会的には一番出世したかな」と尾関先生は笑う。

入学試験が全問点訳されていたのは、同学科が東盲師範部と東聾師範部が廃止・統合されて組織改編してできた学科だったため、「視覚障害者の受験を認めないとは言えない経緯があったんです。それで、附属盲の澤田慶治〈サワダ・ケイジ〉先生が問題を点訳してくれました」と尾関先生は解説する。同学科の入試問題は少なく、しかも一般試験の後の4月に別途行われたため、点訳対応が可能だったのだ。

同学科にはその後、津野幸治〈ツノ・コウジ〉氏、加藤康昭〈ヤスアキ〉氏等が点字受験で合格した。しかしその後、同大大学院で入試問題の漏洩事件が起き、そのとばっちりで、特殊教育学科独自に行っていた点字受験は一時中断を余儀なくされ、その間受験生は口頭で出題される問題を筆記し、点字で解答した。

「高等部普通科が不人気な時代に数学で食べて行こうと思ったのは何故ですか」と土居氏が尋ねると、「僕は数学で飯を食おうなんて思わなかったんだよ。大学に入って教員免許を取るときに、数学が一番好きだったからそうしただけ。ただ、英語で取っても役に立たなかっただろうね」と愉快そうに笑う。先生は、一般教養で取った数学の成績が他の学生より良く、数学科に転科しようと数学科の教授に相談した。だが、教授か

らは「数学を専攻するよりも特殊教育を専攻し特殊教育の教員免許を取った方がいい」と説得され、尾関青年は転科を断念した。

「数学専門に進んでいたら、たぶん勉強についていけなかっただろうね。それで僕は良かったと思いますよ」と尾関先生は当時を振り返る。

その後東京教育大学大学院教育学研究科数学教育専攻に進学すると、ちょうどタイミング良く数学の文部省著作教科書を作成していた和田義信〈ヨシノブ〉教授が同専攻に就任。尾関先生は同教授の下で、数学の点字教科書作成に追われたが、それは、ちょうど盲学校で学ぶ生徒に教科書をという「全点教運動」が燎原の火のように広がる直前のことであった。

そのかたわら尾関青年は、ティーチング・アシスタントのような仕事もしたようである。

「当時の学部生は今の学生に比べて気楽でしたね。先生が黒板に問題を書いて、その後僕のところへ来て問題を読み上げて、僕が点字でメモして、点字で解答を書き、試験の後で先生の前で答えを読み上げる。そして、答えを聞いて、先生はその場で成績を付けていましたね。ただし、数学の試験だけは厳密でしたけど」と語る。

昭和20年代の大学では、講座が開講していても教授が来ないこともよくあったという。また、講義で必要な教科書の点訳は間に合わず、対面朗読のボランティアに読んでもらって必要な箇所だけ点字にした。ちょうど昭和25年辺りから主婦がボランティアとして朗読を始めるようになったのであった。

普通科再開と大学受験

尾関先生は、昭和33年に附属盲に数学の非常勤教員として採用され、同36年に正式に採用された。

昭和20年代から30年代初めの附属盲高等部普通科は、高等部本科理療科に進学できなかった生徒が学ぶコースだと見られており、在籍生もごく僅かで、1人の応募者もないという年が何年も続き事実上の閉鎖状態であった。昭和36年に、後日大学入試センター教授として活躍する藤芳衛〈フジヨシ・マモル〉氏や視覚障害者のコンピュータ・プログラマーの草分けとして活躍した浜田靖子〈ノブコ〉氏等が入学し、1クラス数名ながらも普通科が再開した。

　昭和41年に高等部に進学した長岡氏は、この年、はじめて附属盲中学部から普通科に進学する生徒が理療科に進学する生徒を数の上で逆転したと証言する。そしてこれは尾関先生が中学部1年の時に担任を受け持ち、普通科へ進んで大学へ進学するという意識が生徒の中に広まったからではないかと考えている。

　当時はまだ視覚障害者に門戸を開放している在京の大学は数少なく、明治学院大学、青山学院大学、早稲田大学第二文学部くらいであった。しかし、これらの大学においても、入学試験を点字で受験できず、口頭で出題される問題を点字で筆記して、点字で解答する方式だった。

　昭和40年代半ばになると桜美林大学や和光大学に進学する視覚障害者が増加。桜美林大学についての事情は分からないが、「和光大学の梅根悟〈ウメネ・サトル〉初代学長は、以前東京教育大学の教授や学部長を務めており、障害者の受け入れにも積極的だったからでしょう」と尾関先生は言う。当時、和光大学の教員には点字と手話のできる小島純郎〈コジマ・スミロウ〉先生や篠原睦治〈シノハラ・ムツハル〉先生がおられ、障害者の受け入れに積極的に取り組んだという事情もあるだろう。

　理数系の受験交渉は、東京女子大学文理学部数理学科に浜田靖子氏が希望を出したことから始まる。斎藤百合や粟津キヨといった盲人史に記

録される女性が学んだ大学だけに、もちろん断ることはなかった。ただ、教授陣は視覚障害者にどのように数学を教えていいのかとても心配した。

そこで受験交渉に出席すると、東京教育大学で尾関青年と机を並べて学んだ教授がおり心配は氷解した。また、どれだけ数学の図やグラフをイメージできるのか、実際に受験生の浜田氏を大学に呼んで、教授陣は彼女に簡単な数学の問題を出してみた。すると、彼女はスラスラと問題を解き、指でグラフを描いて見せた。その結果、点字受験が認められ、附属盲の教員が入試問題を点訳し、解答の墨訳を東京視力障害センターに依頼したという。

その後、理数系では長岡氏が立教大学理学部数学科に入学。東京教育大学から筑波大学に移行する時代で、大規模な学園紛争で筑波大学に反対する教授陣が東京教育大学から立教大学にごっそり移っていった頃で、尾関先生を知る教授陣の下で長岡氏は学んだのであった。

昭和50年前後、東京学生盲人問題協議会という学生団体があり、大学への門戸開放運動を行っていた。浪人生だった指田氏も同会メンバーに連れられて一橋大学へ行き、都留重人学長と面会し、「来年受験したいので、点字受験を認めてください」と陳情した。しかし、点字受験を断る旨の回答が届き、一橋大学への受験は叶わなかった。指田氏は、昭和49年4月に早稲田大学法学部に合格し、入学後視覚障害学生の学習環境の改善を求めて当時の永井道雄文部大臣に面会・陳情した。その訴えはすぐに認められ、昭和50年度から日本私学振興財団による障害学生の在学する私立大学への助成と、同50年度後期から障害者の在学する国立大学への助成がスタートしたのだった。

また、当時は門戸開放運動の盛んな頃であり、点字受験を拒否する大学の門前で座り込みやびら撒きといった抗議行動もたびたび行われた。

「盲学校も門戸開放運動に呼応して、受験希望者が出るとすぐに大学へ交渉に出かけましたよ」と尾関先生は言う。長岡氏が埼玉大学理学部数学科を受験しようと、附属盲進路指導部を通じて同大と交渉した。同大数学教室の大方の教員は受験を認める考えであったが、海軍出のある教授が頑固に反対したため、結局受験できなかった。また、長岡氏は東京都立大学の受験も希望したが、福祉を掲げる美濃部都政下の都立大学からは点字受験お断りの回答が届いた。それが、10年余りの後に盲ろうの福島智氏を受け入れたことは、その間、都立大学関係者の努力がいかに大きかったか、と長岡氏は感慨深げであった。

東京大学に対しても点字受験を要望して、後は受験生が現れるのを待つのみであった。そこで、附属盲進路指導部は、石田透氏（国立職業リハビリテーションセンター）に白刃の矢を立てた。「本人は東海大の数学科に合格しており、東大の文科に行く気は、さらさらなかったのですが、点字受験の実績を作るために無理にお願いしました」と尾関先生は裏話を語る。その甲斐あって、昭和52年に石川准氏等が、すんなり受験できたのであった。

昭和54年から共通一次試験が始まり、受験希望大学と進路指導部は事前協議をする必要があった。「当初大学から点字受験拒否回答ばかりがきたのです。だから、大学入試センターや大学とがんがんやり合い、拒否回答が出る度に、新聞に取り上げてもらい、それで10年くらいすると、たぶん文部省が大学に断るのはまずいとでも言ったのでしょう？　拒否回答はめっきり減りました」と当時を尾関先生は振り返る。

そして昭和56年（1981）の国際障害者年を機に社会状況は一変し、門戸を閉ざしても仕方がないといった姿勢は改められ、大学の社会的責任が問われるようになった。

その後、共通一次試験は平成２年からセンター試験に変更され、センター試験では、点字受験に関して事前協議をする必要はなく、出願の数週間前に点字受験の申し出をすれば良いことになった。ただ、とかく悪く言われがちな事前協議は、大学と進路指導部が唯一公式に話し合える場でもあった。そうした場がなくなることで、出願直前に大学から点字受験を断られてもどうしようもできないのではと心配し、附属盲進路指導部は文部省に事前協議の復活を要望した。

　現在では門戸開放や点字受験交渉は過去の出来事のように思われているが、今でも稀にはあり、中には、聴覚障害の学生の対応に追われて、「視覚障害者の受験は勘弁してください」と断るあきれた大学もあるという。

　受験を断る大学をどのように説得したか尋ねると、

　「あくまでも機会均等という筋を押し通すのみです」と尾関先生は、当時を振り返って毅然と言い放った。

　《引き続き、筑波大学附属盲学校高等部の進路指導部で受験交渉や入試点訳に携わり、退職後も20年間入試点訳の第一線で活躍された尾関育三先生に、附属盲卒業生の大橋由昌氏、指田忠司氏、長岡英司氏、土居由知氏、本誌戸塚辰永が聞いた。》

点訳事業部の誕生

　尾関先生が携わってきた入試点訳は数限りないが、中でも、もっとも印象深いのは、国際基督教大学（ICU）に草山（半田）こずえさん等が昭和52年（1977）に受験したことだという。ICUの入試問題は、すべて選択式で出題数も非常に多い。「点訳者は大学のキャンパスにある立派なゲストハウスに２泊して、ほとんど徹夜で問題をタイプライターで点訳し

ました。大変でしたねえ」と先生は当時を振り返る。

　大学が門戸を閉ざしてきた理由の1つは、視覚障害学生が入ると大学の責任で教科書の点訳や設備改修などを行わなければならないのではないかという不安だった。

　そこで尾関先生は、「特別な配慮がなくても、視覚障害学生はかなりやっていけます」と受験交渉の際に説明し、学生を受け入れる際に何か用意するものはないかと尋ねられたら、「点訳に必要な道具を置いたり、サポートしてくれる学生が作業できる専用の部屋を小さなものでかまわないから用意してください」とその都度要望した。

　交渉の過程で大学から誓約書を求められたことはなかったと先生は言うが、大学によっては、入学時に特別な配慮を求めない旨の誓約書を学生に提出させたケースもあったのだ。実際、長岡氏は立教大学入学時に誓約書を提出。ただ、誓約書を出したから大学が何もしなかったわけではなく、専用の部屋を用意してくれるなどのサポートはあったという。

　「数十年前までこんなことがあったことを、今では誰も知りませんので、こうした事実を私たちは後世へ伝えていく必要があるでしょう」と長岡氏は言う。

　全国高等学校長協会入試点訳事業部（以下、点訳事業部）が発足したきっかけは、受験シーズンになると盲学校の教員が点訳に借り出され、授業に著しい支障を来すようになったからだ。当初、入試点訳は晴眼の教員が問題を読み上げ、点字使用の教員が点訳した。特に、多数の大学が集中する京都では京都府立盲学校が入試点訳を一手に引き受け、受験シーズンになると授業ができないほどだった。また、附属盲からも「このまま教員だけで点訳をやっていては大変なことになる、ボランティアにも手伝ってもらいたい」との声も挙がって、点訳事業部が尾関先生の

附属盲退職間もない平成2年（1990）10月に開設されたのだった。

　点訳事業部ができたことで、入試問題の点訳はすべてボランティアが行うようになり、教員は試験問題の点訳指導や校正を行うという役割分担が確立し、教員の負担は軽減された。点訳者が十分確保できないときは、タイプライターで2枚打ちした入試問題もあったが、今では点字プリンタで作るため、そうしたことはない。

　土居氏が入試点訳の経費について質問すると、「入試点訳の経費は、大学から点訳事業部に支払われるので、点訳事業部の持ち出しは一切ありません」と尾関先生は答えた。そして、「独立行政法人の専務理事とはずいぶん違いますが、点訳事業部の専務理事として年間120万円の報酬が私に支払われていました」と茶目っ気たっぷりに話し、爆笑を誘った。

　点訳事業部は、理事と筑波大学附属視覚特別支援学校教員による事務局、入試問題の点訳と解答の墨訳を行う点訳ボランティアグループからなる。点訳事業部で活動する点訳グループは東京、大阪、名古屋などにあり、各地方で入試点訳を引き受けている。全国各地にネットワークができ、入試点訳は順調に進んでいるようにみえるが、ボランティアの高年齢化が目立ち、中には入試点訳を志す若い点訳者が1人もいないグループもあるという。専門知識と技術を必要とする入試点訳の後継者育成は、喫緊の課題だといえそうだ。

　一方、指田氏は視覚障害学生を取り巻く環境の変化を心配する。「近年、障害学生支援室が大学に設置され、学習環境が整備されてきました。これ自体は大いに評価すべきことですが、一方で点訳サークルがどんどん消滅しています。私も在籍した早稲田大学点字会も昨年解散しました。これは、視覚障害学生が近年早稲田大学に進学しないのも一因でしょうが、それとともに視覚障害学生がインターネットの普及により点字を使

わないようになっているせいもあるでしょう」と大学の点訳サークルの衰退と点字離れを嘆いた。

大橋氏は、「われわれの頃は、大学に入って点訳サークルに所属する。あるいはなければ点訳サークルを作らなければどうしようもなかったからね。今ではそういう煩わしいことをしなくても、大学側で相談に当たる窓口があり、昔とずいぶん様変わりしましたね」と述べた。

ドン・キホーテみたいに挑戦して欲しい

筆者が附属盲高等部にいた昭和58年（1983）当時、推薦で大学へ進学する生徒はクラスに1人いるかいないかだった。というより受験を拒む大学がほとんどで、盲学校からの推薦入学など例外だったのだ。ところが時代は変わり慶應義塾大学をはじめ、点字受験を頑なに拒んできた大学が門戸を開放し、推薦入学者を募っている。少子化の昨今、これも大学の生き残り戦略なのだろうか？

推薦で大学へ進学し、「何となくのほほんと入ってこんなはずじゃなかったと。昔はほとんどいませんでしたが、この頃は大学を中退する人も増えています。途中で辞めて悪いこともないし、本当に合わないと思えばそれも選択肢ではありますがね」と先生は最近の学生気質に割り切れなさも感じているようだ。

点字受験を求め、認めさせたという点では、公務員や教員の採用試験も同様だ。「公務員採用試験や法科大学院の試験が制度化されて行われているにも関わらず、チャレンジする人が近年減っています。これも推薦入学の影響かもしれませんね」と若い世代の挑戦意欲の低下を長岡氏も嘆く。

大学全入時代の今、センター試験や一般入試で大学を受験しようとす

る視覚障害者は減少している。こうした傾向について尾関先生は、「やっぱり、難関校に果敢に挑戦してクリアーしてくれるような人が出て欲しですね。ドン・キホーテみたいに笑われるかもしれませんが、医学部を受験する人が現れてもいいのではないでしょうか。理療科から医学部へ進学する人がいても不思議ではありませんね。欠格条項が撤廃されたのだから、注射ができなくても、顕微鏡が覗けなくてもいいから、それでも視覚障害者に医学教育を施していこうという気概のある大学が現れて欲しいものです」と大学受験生にエールを送る。

　入試点訳ということでは大事業を達成したが、尾関先生の夢はそれだけでは完結しない。「就労支援で、点訳者が職場介助者として視覚障害者の支援に従事できるような形を築き上げたかったのです」と言う。これは尾関先生から次の世代に出された課題だといえよう。

（『点字ジャーナル』2010年7月号・8月号より転載）

2．ボランティアとのかかわり

元筑波大学附属盲学校教官　塩谷治

いざ伏魔殿へ

　私が東京教育大学教育学部附属盲学校へ赴任したのは、1974年（昭和49年）5月1日であった。当時、附属へ赴任するに当たっての私は、「伏魔殿」の魔物どもを退治してやるくらいの意気込みで、鬼が島へでも渡るかのような気概であった。そんな雰囲気を察していたのかどうか、一部の教員たちには、幾分私を警戒する風もあった。こんな具合だから、最初からうまくいくわけはない。初っぱなの普通科会議では、会議後、先

輩教員から別室に呼び込まれてお説教を食らうし、続く教官会議では校長に怒鳴られる。こんなデビュー戦から、以後30年間の附属盲教員生活は始まったのである。

　背景を説明しておこう。私は1967年（昭和42年）大学の全盲のクラスメイトがきっかけで点訳活動を始め、「点字あゆみの会」を足場に、当時の盲大学生会の学生たちと一緒に「東京学生盲人問題協議会（東盲協）」「視覚障害者読書権保障協議会（視読協）」「視覚障害者労働問題協議会（視労協）」などの結成や運動に関わり、都内の高校や大学で点訳サークル作りを進め、大学入試や公務員試験、教員試験の門戸開放運動などにも参加してきた。こう並べてくると分かるように、当時の私たち学生の動きは、旧来の「点訳奉仕活動」（当時はまだボランティアという言葉は普及しておらず、こう呼ばれていた。従って私たちは「奉仕者」と呼ばれた。）ではなくて、当時の学生運動を背景とした新しい「視覚障害者運動」であった。学生ながら、点字理論や点訳技術にしても一応専門家としての自負があったし、視覚障害者問題のプロであるという荒い鼻息もあった。

　こういう私たちから見ると、当時の盲学校というところは、教員も生徒も含めて視覚障害者問題にもっとも疎く、点字はでたらめで、何を働きかけてものれんに腕押しの、何とも歯がゆい世界であった。その歯がゆい盲学校の代表が、東京教育大学附属盲学校（当時は教育学部附属）、俗に言う雑司ヶ谷盲学校だったのである。一緒に活動をしていた盲大学生会のメンバーの多くが、この学校の卒業生であったということもあって、附属盲の誰それや○○先生の悪行や点字を知らない××先生たちの差別的言辞の数々を聞かされ、血気盛んであった当時の私の頭の中では着々と伏魔殿としての附属盲学校像が出来上がっていたのである。

　一方、当時、特に附属盲の教師や文月会（盲学校出身者で大学卒業資

格を持つ人たちの会。機関誌『新時代』は現在視覚障害者支援総合センターが発行する『視覚障害』の前身。)の一部の(全部とは言わない)鼻持ちならないエリートの中には、「点訳奉仕者」を蔑視する風があって、「彼らはまさしく奉仕することに喜びを感じている人たちなのだから、こき使ってやればいいんだよ。」というあるエリート視覚障害者の堂々たる主張を聞いたこともある。「奉仕者」と、奉仕者の哀れみなくしては本を読めない「盲人」との関係には、微妙なものがあった。

点訳ボランティアの育成

そのような雰囲気の中で、ボランティアの身から単身伏魔殿に飛び込んだ私の唯一の武器は点字である。(つらつら観察してみるに、当時普通科の目の見える教員の中で、独力で試験問題を作っている教員は二人だけであった。)四面楚歌の中で、この武器をかざしつつ先ず味方を作らなければ、私は魔物たちの餌食になってしまう。そこでまず目を付けたのが小学部児童の親たちである。今でもあると思うが、4階の図書室の前に畳の部屋がある。「保護者控え室」と言ったかどうか忘れたが、要するに朝学校まで子供を送ってきた親たちが、授業が終わるまで待機していた、というか専らお茶を飲みながら井戸端会議をしていた部屋である。

わたしはまず手始めに、この親たちを対象に空き時間を利用して、点字教室を開くことにした。声をかけてみると、小学部のある教官が賛同してくれ手伝ってくれることになった。附属の教官たちも魔物ばかりではないようだった。

ついで、親たちだけではもったいないので、文京区報と豊島区報に広告を載せてもらい、近隣の主婦の人たちを集めた。これらの人たちの中には、「長年雑司が谷に住んでいるが、ここに盲学校があることは知らな

かった。」という人も多かった。

　この点字教室は何年続いたか忘れたが、やがてこれらのボランティの人たちが生徒の希望図書を点訳したり、大学の入試問題集を点訳したりするようになると、校正のための読み合わせ要員が足りなくなってきた。そこで、新人の教員たちにこの読み合わせ作業をお願いするようになり、以後、少なくとも新人の教員たちの間には（これも全員とはいかない。）、点字を習得しなければならないというような雰囲気が生まれていったかと思う。

　同じころ、何の権限があって私がそのようなことをしたのか、またできたのか分からないが、大学受験産業でおなじみの旺文社と掛け合って、同社の模擬試験を主要５科目だけ点訳して、これを高３の全生徒に受けさせるようなことを始めた。そしてその亜鉛版起こしは各教科の教員が責任を持って行うというような意地悪もしたのである。どの教科も最初は理療科の教員に点字を打ってもらうようなことをしていたが、どうもそれがだんだん気まずい雰囲気になってきて、仕方なく他の普通科教員たち（但し大部分の年配教員と一部の若手教員を除く）も、いろいろな嫌味を言いながら、少しずつ点字を打つようになっていった。要はきっかけの問題であって、附属の教員といえども、真摯に働きかけてみれば、根は悪い人たちばかりではないのであった。

大学入試参考書の作成

　ボランティアを活用して、次に手がけたのが大学入試の参考書作りであった。まず、ある生徒の提案で、大学受験ラジオ講座の点訳を手がけることになった。これは、毎日放送されるラジオ講座のテキストを点訳しようというのだから、実に大変な作業になった。テキストは、月１回

発行されるが、テキストが本屋さんの店頭に並ぶのを待っていて点訳したのでは、毎日の放送に間に合わない。そこで、発行元の旺文社に掛け合って、ゲラ刷り段階の原稿を毎月無料で提供してもらうことにした。発行日の10日くらい前に、毎月旺文社へゲラ刷りをもらいに行き、それを点訳者に渡すのだが、郵送していては間に合わないので、駅頭などで待ち合わせては直接手渡ししていたように思う。出来上がった点字を受け取る場合も同じようにしていた。点訳は、学校で養成した点訳者ではまだ英語や数学などは無理なので、学生時代のつながりから東大、早稲田、明治学院などの学生たちにお願いした。点訳は必ず片面書きとし、それを生徒たちがチームを組んで、サーモフォームで増刷して使っていた。放送に間に合わないこともあるので、録音テープも同時に作ることにした。これもまた生徒がチームを組んで、毎日録音テープを作った。このサーモフォーム版のテキストと録音テープは、当時の4階図書室の大きな書庫用書架を一つ専有するまでの量になった。

　これらがどのくらい有効に利用されたかはわからないが、学校が生徒の大学受験に手を差し伸べているということに対して、生徒たちにはある種の安心感と満足感のようなものがあったようである。同時に、作業そのものを楽しんでいる風もあった。

　校舎の大改修を機に、2階の中高ホームルームエリアに新しい図書室ができ、ここには、大学入試の点字参考書コーナーができた。生徒たちが自らボランティアに頼んで作ったものや学校で養成した点訳者が作った点字参考書を集めたコーナーである。

　しかし、4階や2階に溜め込んだこれらの受験参考書も、いつしか使われなくなり廃棄されてしまった。外部に優秀な点訳サークルが続々生まれ、入試参考書にしてもその他の専門的な本にしても、個人的に外部

に頼むことですぐに間に合うような時代になったからである。学校でも、いつしか直接点訳者を養成することはなくなり、「ボランティア係り」というものを置いて、外部の点訳サークルと提携して、生徒から点訳希望を受け付けるようになった。

入試点訳

　附属がボランティアの助けなくしては成り立たない事業の一つに大学入試点訳がある。大学入試点訳は、初期のころは附属の教員だけで行っていたようであるが、受験者が増え、点字受験そのものが厳密になるにつれ、学外に協力者を求めざるを得なくなっていったのだろう。わたしが学生のころは、附属からではなく、日本点字図書館から入試点訳の依頼が来ていたから、附属はたぶん日本点字図書館に応援を依頼していたのだろう。早稲田や、明治学院大学、東大、東京女子大などの学生が毎年入試点訳に駆り出されていた。当時は点訳も墨訳も同じ点訳者がやるというのんびりした時代であった。解答が出来上がってくるまでの間、近くの喫茶店へお茶を飲みに行っても差し支えないというような大学さえあった。そうした中で、われわれは学生同士で、大学入試に関するいろいろな工夫も勝手に重ねていた。当時は３マス以上の点字記号というのは考えられないことだったが、入試点訳をしていると下線や波線の区別、開きと閉じの区別などがどうしても必要になってくる。また下線箇所をすぐに識別できるような工夫も必要だった。そこで、ある学生がラ下がりやオ下がり、あるいはレ下がりを４マス連続で使うような記号を考案して、これを波線や二重下線などにあてて勝手に使っていた。これが起源かどうかは分からないが、日本点字委員会でも、その後指示符に３マス記号を採用するような点字感覚を示すようになった。そのほか、

下線部分のページや行の示し方、設問番号の序列のあらわし方など、試験問題の点字表記については、現在日本点字委員会からマニュアルが出されているが、その内容は大学入試点訳で工夫されて集大成されていった部分が大きいと言えるだろう。

その学生ボランティアから附属盲学校の教員となり、私自身が進路指導部の一員として、今度はボランティアに点訳をお願いする立場となったのが昭和55年頃であろうか。このころになると、附属の教員たちも、入試科目に合わせて、各教科の教員が入試点訳に立ち会うようになった。一つには学校の責任者として立ち会うという意味合いと、特に国語科や社会科など、読み合わせに立ち会って漢字の読みをアドバイスする目的があった。しかし、教員たちが直接点訳に携わるということはほとんどなかった。また、このころから、全盲の卒業生たちが点訳ボランティアとして参加することも増えていき、教員が墨字問題を読んで、それを卒業生が点訳するというような形も多くとられるようになった。

最後に

以上、附属盲学校の教員としてボランティアとのかかわりの一端を述べてきたが、ここでは点訳にかかわるボランティアについてだけ述べてきた。このほかにも、各教科や児童会・生徒会活動などで様々なボランティアの活用が行われてきたであろうし、それらを私が全部把握しているわけではない。私自身に関わることだけでも、夏季学校の引率にボランティアを活用したり、退職まで10年間にわたって続けてきた「盲学校生徒のためのカナダサマーキャンプ」や、教員生活の後半の大部分を費やした盲ろう生徒を支援する会「福島智君とともに歩む会」など、わたしの盲学校教員生活の30年間は、ボランティアの協力なくしては成り立た

ないものばかりであった。逆に言えば、特に教育委員会の縛りがない附属盲学校というところでは、ボランティアに協力してもらうことによって、実にさまざまな教育活動が展開できるところなのである。附属はそういう意味では教員にとっても生徒にとっても大変恵まれた環境にある。

　はじめに同僚や諸先輩を魔物扱いにして大変失礼をしたが、附属盲の教員たちが、魔物扱いにされる所以がないわけではない。勿論一人一人はきわめて善良な人たちの集まりではあるが、どうかすると教科教育や自分の守備範囲の教育活動だけに閉じこもって、教科や守備範囲の教育活動を通じてしか外の世界を見ようとしない風がある。そういう姿勢から、ボランティアの活用などという発想は生まれないし、それが附属盲学校そのものをいっそう一般社会から隔離してしまう原因にもなっているのである。幸い附属盲では卒業生の多くが社会のあちこちで多彩な活躍をしており、世間からは幾分尊敬の念を持って見られている。しかし、外部から見ると、学校そのものは相変わらず中身の分からない、得体の知れない集団であるという感じを否めない。一部の教員たちのエリート意識が強すぎて、障害者相手の現場になじまないと言うことも一因しているのかもしれない。だが、勿論これとても全員というわけではない。附属盲と言っても決して魔物ばかりではないのである。

3. 受験テキスト点訳同好会の活動について

独立行政法人高齢・障害者雇用支援機構
障害者職業総合センター研究員　指田忠司

　私は1970年から3年間附属盲高等部普通科で学んだ。在学中は、音楽の同好会や陸上クラブなどに参加して仲間作りや心身の鍛錬に励んだが、

生徒会（高等部会）の活動を通じて、視覚障害者として社会にどう関わっていくべきか、また将来、どのような進路に進んだらよいかなど、多くを学ぶことができた。ここでは、1972年始めから高等部生全員を巻き込んで行った大学受験に必要な点訳テキストの普及を目的とした同好会の活動について記してみたい。

　当時の附属盲高等部本科は、普通科、理療科、音楽科の3科の生徒が1クラスを構成し、ホームルームは3科合同の形で活動していた。私たちのクラスは、普通科13人、理療科11人、音楽科1人の計25人であったが、高3に進級するにあたって、それぞれの進路を考える上でいくつか問題があった。理療科と音楽科の場合には、それぞれ2年課程の専攻科があることから、本科修了後は多くが専攻科を志望していたが、普通科の場合には、2部専攻科（理療科）か、理学療法科、あるいは、大学等への進学というように、進路が分かれ、個別の対応が求められた。また、それぞれの進路に向けて、受験勉強に必要な教材をどのように確保するかも問題であった。とりわけ、普通科生徒にとっては外部への進学に備えて、一般の受験界で使われている教材を点訳していくことが重要であった。

　私の場合、将来は大学で勉強したい、と考えていたので、高2の頃から、受験参考書の入手について、2部専攻科に在籍していた大橋由昌さんに相談し、大橋さん自身から西尾孝（にしおたかし）先生の英文法の参考書（「相関語句」や単語集）の点訳書を貸していただいた。私はこれらを読みながら点写したり、当時理療科にいた同級生の前田典男君に手伝ってもらって点写した記憶がある。

　西尾先生は、元早稲田大学教授で、当時は、大手予備校の一つ代々木ゼミで教えており、受験界では最も売れ筋の先生だ。相関語句や単語集

は、言わば大学受験の必須アイテムであった。西尾先生の講義は、毎夜文化放送で放送されていた「旺文社ラジオ講座」でも聴くことができたことから、大学受験を志す高校生の多くがこの番組を聴いて勉強したものである。

　1972年の2月か、3月頃だったと思うが、ある時、大橋さんから次のような話があった。それは、この「ラジオ講座」のテキストを点訳して全国に配布する計画があるが、それを手伝わないか、というものであった。その背景はこうだ。当時関東地区の大学の点訳ボランティアグループが加盟してSL（ステューデント・ライブラリー）を作っていた。これは、1960年代後半に大学門戸開放運動が広がり、大学での勉学環境を改善する目的で、学生ボランティアが自主的に結成したもので、その名称は、英国盲人援護協会内に設置された同名の図書館に擬したものだという。発起人となった学生ボランティアの狙いとしては、日本点字図書館にSL部門を設置すること、そこに公的資金による補助を獲得することで、勉学環境の基礎を作ろうとしていたと聞くが、日点との話し合いがうまくいかず、暫定的に日点職員の個人的な理解のもとに、空いている書架にSL蔵書を配備していたのが当時の状況であった。こうした状況下で、SLとしては、積極的な事業展開をして、（自前資金を作って）より充実した図書館にしようという計画があったようである。

　そこに出てきたのが、「ラジオ講座」の点訳テキスト普及事業だったのではないだろうか。

　その仕組みはこうだ、まず、SL所属のボランティアがラジオ講座のうち、英語の教材を点訳する。その点訳原稿を附属盲内に結成された「受験テキスト点訳同好会」の会員が毎日放課後に、生徒会室の足踏み式製版機を使って塩化ビニール板（塩ビ板）に製版する。勿論、点字の原稿

を読みながら同時に製版はできないので、2人1組で「ガチャン、ガチャンと製版機のペダルを踏みながら作業を進めていくわけだ。そして、簡単な校正をしてから、夕方になると、学生ボランティアがやって来て、翌日の製版作業の原稿と引き換えに、その塩ビ板を持ち帰る。学生ボランティアは、多くの場合、東大点友会などの活動拠点などで、この塩ビ板を手回しローラーにかけて、必要部数の印刷を行うというものであった。附属盲の同好会員は、こうしてできあがった点訳テキストを（もちろん）有料で購入していた。正に、私たち生徒自身がボランティア活動としてこの無償作業に没頭したわけである。

　冒頭で高等部全員を巻き込んだ活動と書いたが、それは、こうした同好会の活動には、当時高1だった戸田繁君や堀越喜晴君、佐賀善司君、高2では、高村明良君、正司（浜田）登美さん、吉田重子さん、専攻科でも、大橋由昌さんなどが、同級生の山本（山縣）文さん、枝村健三君（故人）、稲葉（渡辺）早苗さんなどとともに、このハードな仕事に力を貸してくれたのであった。特筆すべきは、2部専攻科進学を決めていた同級生や理療科の人々もこの製版作業を手伝ってくれたことである。

　ラジオ講座については、こうした点訳テキストが揃っただけでは不十分で、4月に入ってからは、弱視者にも協力してもらって、旺文社の墨字テキストの購読をお願いすることになった。旺文社の編集部との交渉の中で、ラジオ講座を録音したテープの貸出を受けるために、墨字テキストの購読数を獲得する必要があったからである。高3生徒を中心に、こうした背景を説明し、弱視者にも協力してもらい、確か20部近くの墨字テキストを毎月購入することにしたのではなかったかと記憶する。高1から高3まで全員で70人ほどの中で、これだけの購読者を集められたのが今もって不思議であるが、当時の私たちの期待の大きさがよく現れ

た数字ではないかと思う。

　こうして、3月に始まったテキスト点訳は、夏休みが明けると高2生中心の活動になる。一応、高3生は受験勉強に本腰を入れる、ということで、負担を軽減してもらい、日程調整その他の仕事は、高村君が引き継いでくれた。お陰で、この「受験テキスト点訳同好会」の活動はもうしばらく続くことになったが、肝心のSLが1974年始めには解散することとなったため、約2年弱で活動は休止となった。

　私は1973年3月に卒業して、1年浪人生活を送った後、大学に進学したが、そこで附属盲以外の盲学校から大学進学した何人かに会って驚いた。彼等は、私たちが一生懸命製版したテキストを使って勉強していたのであった。今から思えば、当たり前のことだが、当時の私たちはまず、自分の使う教材をみんなで作ろう、ということで、無償で働いた。したがって、他の盲学生がこれらを使ってどのように勉強していたかなど、念頭になかったのである。「SLはよくやってくれたね」と言われた時、「あなたもあれを使っていたんですか？実は、あの教材は私たちが製版していたんですよ。」と少々誇らしげに返事をすることができたが、「ええっ？あれ附属盲の生徒も手伝っていたの？」と驚かれたのを記憶している。私たちは、自分たちが使う教材を一生懸命作ったわけだが、予想外のところで役立っていたのであった。附属盲では、大学進学の希望者も多く、それなりに点訳教材の確保のルートはあったものの、迅速且つ有効な教材はなかなか入手できなかったが、SLを通じた私たちの活動は附属盲以外の受験生や理療科教員養成施設の受験生などにも活用されていたのである。

昭和47年度高等部普通科卒業

第四部 後輩たちへの贈り物
―― 私の提言 ――

1．理療科教育の問題点と今後の検討課題

明治国際医療大学鍼灸学部　矢野忠

1．鍼灸医療のこれから

　鍼灸医療が再認識・再評価されたのは20世紀の後半からであった。その契機となったイベントが、ニクソン大統領の訪中に随行したレストン記者による鍼麻酔報道であった。また、WHO のアルマ・アタ宣言（1978年）も鍼灸医療の普及に大きな役割を果たした。この宣言は「西暦2000年までに世界のすべての人に健康を」のスローガンのもとに医療資源の有効活用が掲げられ、伝統医療である鍼灸が奨励された。さらにNIHパネルによる「鍼に関する合意形成声明」（1997年）は、鍼灸医療に学術的な価値と信頼を与えた。

　こうした鍼灸医療に対する再評価・再認識の潮流は、先進国の医療的な諸問題（生活習慣病や心の病などの慢性疾患の増加による疾病構造の変化、それに伴う医療費の増大、患者の医療に対する意識の変化など）の解決に向けられ、補完医療として発展し、今、統合医療という新しい医療が行われようとしている。すなわち鍼灸医療は、新しい時代に突入しようとしている。

2．鍼灸医療のグローバル化と理療科

　こうした一連の動向をみると、これからの医療において鍼灸医療の役

割は益々大きくなることが予測さる。特に鍼灸医療を祖国医学(中国では中国伝統医学、韓国では韓医学)とする中国・韓国においては、伝統医学の専門医師（中国では中医師、韓国では韓医師）の養成を図るとともに鍼灸医学研究を精力的に展開し、来るべき医療のかたちを先取りし、国際的な展開を計ろうとしている。ことさら中国においては、国家戦略として「鍼灸は中医学」であることを国際的に認知させるために様々な方略を駆使し、活動している。

　もはや鍼灸医療は東アジアの伝統医療ではなく、世界の伝統医療になろうとしている。そうした動向の中に日本の鍼灸があり、盲学校理療科があるということを直視し、冷静にその状況を認識することが重要である。

3．理療科を取り巻く環境の変化 - 専門学校の増加と鍼灸師大量排出時代の到来

　先進国においては、補完医療が実践され、統合医療に向けた動きが始まっている。そのことを踏まえて世界各国では鍼灸医療に携わる人材養成が医師を含めて高いレベルで行われている。

　一方、我が国に目を移すと、鍼灸師養成の教育制度を世界に先駆けて確立したものの、戦後のままである。近年、高等教育機関が設立されたものの、2010年でようやく9校、鍼灸師養成は依然として専門学校と盲学校理療科が中心である。しかも専門学校の数は、1999年度で25校(鍼灸課程のみ)であったものが、2009年度では94校と急増した。こうした現象は、伝統医学の専門医師を養成しようとする中国、韓国あるいは欧米の趨勢とは明らかに異にするものである。理念なき規制緩和による鍼灸師養成学校の増加は、鍼灸医療の繁栄を意味するものではなく、鍼灸

医療と鍼灸師の質の低下を招いただけのようにしか思えない。

4．理療科教育の現状

　盲学校の理療科教育は、フルタイムの３年制である。専門学校も高卒３年制であるが、ほとんどがハーフタイムの教育であり、実質的には1.5年の教育である。当然ながら、教育内容に差が生じる。理療科では、多くの授業時間を確保し、相当数の時間を臨床実習に当てている。この点専門学校教育よりも充実しているが、実態は必ずしもそうではない。その事象の１つが、国家試験合格率である。視覚障害者のそれは、晴眼者に比して明らかに低い。その状況は、資格試験が国家試験となってから今日まで変わることはない。しかも既卒者の合格率は、いっそう厳しい状況にある。

　国家試験の合格率のみを以て理療科教育を評価することは、誤りであることは十分承知している。しかし、国家試験に合格しない限り、何も始まらないことも事実である。鍼灸師養成を教育目的とする職業教育においては、合格率が低いことは致命的である。さらに生徒の臨床技術への不安である。専門学校学生に行ったと同様のアンケートを盲学校理療科の卒業学年の生徒に対しても実施したところ、「自身の臨床技術に自信がない」と回答した生徒は、独立開業では31.4％（回答者105名中）、施術所への勤務では12.％（回答者50名中）、病院・診療所への勤務では22.2％（回答者67名中）であり、進路先によって出現率は異なるものの、大変厳しい結果であった。

　合格率の低下、臨床に不安をもちながら卒業する生徒、こうした現状を放置しておくならば、視覚障害者に対する評価は大変厳しいものになることは必定である。しかも鍼灸師大量輩出時代のただ中において彼ら

の就職は一層厳しくなる。このままでは視覚障害者にとって社会的自立の最も有望な職業である理療科は、衰退の一途をたどることになる。

5. 専門職種としての理療科

「臨床技術に自信の持てない」と回答した生徒が一定の割合で出現したが、では「臨床技術に自信が持てない」と回答しなかった生徒は臨床技術に自信があるかといえば、必ずしもそうではない。それは、卒後の臨床技術や医学的知識の習得を目的とした研修を希望する生徒は80.6%（専門学校の学生は79.4%）と8割もの生徒が臨床技術に不安を持ち、卒後の臨床研修を希望している。このことからも、ほとんどの生徒は臨床技術に自信が持てないまま卒業することに不安を抱いているものと考えられる。この点については、理療科だけの問題ではなく、専門学校もほぼ同様の結果であった。

一方、臨床現場（就職先）からは、臨床ができる鍼灸師が求められる。すなわち、教育現場には「完成教育」が求められている、ということである。こうした教育現場と臨床現場とのギャップは、教育制度を改革するか、卒後研修制度を制度化するかをしない限り、埋めることははなはだ困難である。現状のままでは、このギャップを埋めるには鍼灸師個人の意志と努力に任されることになる。

こうした問題点は、なにも鍼灸師教育に限ったことではなく、他の医療職の教育でも同様である。しかし、医師をはじめとし、看護師や理学療法士などのコメディカルには卒後研修体制が整備されている。学校教育と卒後の現場教育とが一貫したシステムとなっていることから、卒業時には半完全であったとしても着実に専門性を修得し、専門職として活躍することができる。

それに対して、卒後研修制度が整備されていない鍼灸師の養成教育においては、教育課程でそのところを確保しておかない限り、問題は残されたままになる。

　鍼灸医療が対象とする範囲は、健康維持・増進及び疾病予防から慢性疾患や治癒困難な疾患、さらには高齢者疾患に至るまでと広い。当然、鍼灸師には幅広い知識と臨床経験が求められる。さらに近年では、心の病や心身医学領域の疾患も対象とすることも増えていることを考慮すれば、それらに対してもある程度対応できる能力が求められる。

　こうした幅広い疾患や病態に適切に対処するには、とうてい現行の3年制教育では限界がある。いってみれば、不可能である。当然ながら生徒は臨床技術に不安を抱き、卒後研修を希望することになる。アンケート結果は、生徒の鍼灸臨床に対する不安を如実に反映したものであった。

　このように現行の教育制度では、多くの生徒が卒業を前にして臨床技術に自信を持つことができないまま、厳しい就職戦線に追いやられ、その荒波に翻弄されている。この現実を知りつつ放置したままで現行教育を繰り返すことについては、教育側としては大いに反省し、問題点を洗い出し、改善策を検討しなければならないものと考える。現行の教育制度にあっても、大多数の教師は最大限の努力と工夫をもって、鍼灸師の育成に懸命に従事されていることと思うが、もはや個人的努力ではどうにもならない状況にあることをしっかりと認識し、「ある決断」をしなければならないものと思う。それは、卒後研修を制度化するか、教育制度を変えるか、のいずれかである。

6．理療科の高等教育化に向けて

　卒後研修を制度化するにおいても、高等部理療科のままでは立ち行か

ない。著者としては、専門学校ではなく、大学による高等教育化が望ましいと考える。さらに進めて大学院修士課程と一体化した6年制がよい（明治国際医療大学では、大学院博士前期課程では臨床に特化した臨床鍼灸学専攻を設けて6年制を実質化している。）。

　このように書けば、それは理想であって、現実には不可能である、と考える人は多いであろう。しかし、理療科は専門職種であり、「鍼灸は医療」であることを踏まえれば、当然その方向に向けた行動を起こさなければならない。「鍼灸は医療」であると鍼灸界から声高に叫んだとしても、また法的解釈から「鍼灸は医療」であると主張しても、医療界から医療として認知され、受け入れられなければどうしょうもない。医療としての鍼灸医療を確立するには、少なくとも看護師や理学療法士と同等の教育制度のもとに鍼灸師養成を進めることが基礎条件である。そうなれば、医療機関内での鍼灸医療の解禁も決して夢ではなくなる。現行制度においては、混合診療の禁止という厳しい制約はあるが、その壁を突き崩すためには鍼灸師養成を他のコメディカルの養成と同等の教育制度にそろえることが必須条件である。そのためには、少なくとも高等部理療科ではなく専門学校とし、さらには4年制大学として、教育制度を改革することが必要である。

7．芹澤先生の提案

　藤井の資料（2007年の筑波技術大学シンポジウム）によると、そもそも盲学校理療科は旧制盲学校の中等部鍼按科を前身とし、昭和23年度に新制職業高校に準じた課程として制度化されたものである。その後、数度の改組を経たものの、その位置づけは今も高等部と変わっていない。法的な位置づけは、他の専門学校と比べ例外的扱いになっており、学校教

育法上では高等部の専攻科（同法第58条第2項を準用）として後期中等教育に置かれている。このため、卒業に際して学士の学位や専門士の称号が付与されない。また、取得した単位であっても大学等との単位互換が認められないことによる、進学・就職上の不利が生じている。

理療科は、専門学校教育と比して内容は充実しているにも関わらず、学士の学位や専門士の称号は付与されず、卒業は高等学校のままである。高等学校を卒業して、また高等学校に入るといった現行の理療科の制度は、極めて異質であり、適正に修業の学修成果が評価される制度に変えるべきであろう。高等部理療科ということで就学奨励制度のもとに視覚障害者の自立支援が保証されているメリットは大きいが、それは政治的な課題として処理されるべきであって、生徒が本来得るべき利益が損なわれていることは、藤井が指摘する通り、重大な問題を孕んでいる。

この点については、かつて芹澤先生は、「理療科教育の現状と今後の課題」（理療の科学、第6巻第1号、PP1-9、1978.）の中で理療科の専門学校化を図るべきだと明言している。「専門学校ができれば、自分は盲学校に帰るのでも、行くのでもない。理療専門学校へ入学するのだ。」と記述され、高等部理療科から決別すべきことを提案されている。また、芹澤先生は、理療科を3ランクに分けて発展させることを構想されていた。それは、第1ランクが研究者・指導者の養成、第2ランクが一般臨床家の養成、第3ランクが指導者の下での臨床従事者の養成、であった。理療科に入学してくる生徒の質の変容（単障害から重複障害者の増加など）を憂慮され、理療科の現状打開と将来展望について構想されたのであった。

上記の芹澤論文は、昭和53年の「全国盲学校理療科教育講座」の第1日目に講演されたものを素原として論文化されたもので、その論文を読

むと、芹澤先生は中国（中医学院の設立など）や国内の動向（明治鍼灸短期大学の設立など）を踏まえて理療科の現状を冷徹に捉え、その認識に立って将来の課題と進むべき方向を示されたものと思われる。

しかし、当時の理療科は動かなかった。それから32年が経過したが、今も理療科は動いていない。その間、国内においては専門学校が90校以上と乱立し、大学は9校、大学院は3校となった。理療科を取り巻く環境は、32年前よりもさらに厳しくなった。

8．理療科高等教育化への提言

著者は、理療科教育を高等教育機関で行うことが望ましいと考えている。視覚障害の生徒数が少ないことから都道府県毎に設置することは不可能であるので、道州制を視野に入れたブロック制による再編が現実的である。なお、あマ指課程は、藤井と同様に高卒課程に一元化した上で、現在の盲学校専攻保健理療科として存続させ、各地域の視覚障害者の教育・社会活動の拠点として発展させることが望ましい。この点については、芹澤先生は「理療科こそは、日本における視覚障害者にとって、社会自立の最も有望な職業であると自負している。私は、これからの盲学校では、保健理療科と理療科をはっきり区分し、踏み切って欲しいと思う。」（前掲の論文）と記し、「理療科は高等学校を終えて入学する三年課程であり、主たる専攻は鍼灸である。」とし、「立派に社会自立ができる理療科臨床に徹した教育が必要だと考える。」と述べている。著者の視点は、昭和53年の芹澤提案と本質的に変わることはない。異なるとすれば専門学校教育ではなく、大学教育という点だけである。

理療科の高等教育化については、全日盲研静岡大会（1972年の夏）の理療科部会で短期大学構想が打ち上げられ、理療科教員は一丸となって理

療科の資質向上と鍼灸師の社会的地位向上を目指して、高等教育化に賛成したのであった。その運動が短期大学設置基準へと結びつき、附属盲学校の短期大学化が議論された。しかし、短期大学になったのは附属盲学校理療科ではなく、明治鍼灸短期大学(1978年)であった。その後も高等教育化への理念は継承され、明治鍼灸短期大学に遅れること9年、1987年ようやく筑波技術短期大学が設立され、2006年には筑波技術大学として学生を受け入れることになった。その間、明治鍼灸短期大学は明治鍼灸大学となり、大学院(修士・博士課程)を設置し、着実に発展の道を進んだこととは対照的である。

いずれにしても、鍼灸師養成の高等教育化はまだまだ不十分である。2010年でようやく9大学、その定員は専門学校や理療科の1割以下に過ぎない。世界の趨勢からも今後は高等教育化を促進させ、鍼灸師教育は高等教育で、という流れをつくることが必要であると考えている。

9．理療科の原点への回帰

筑波技術大学1校で理療科の高等教育化が解決されたものではない。盲学校では今も高等部理療科である。国内外の動向(鍼灸)と医療形態の変化を総合的に捉え、理療科の今後を真剣に考えるならば、理療科は高等部から1日も早く脱却し、新たな展開を図らなければならない。

鍼灸については、晴盲問わずの原則である。そのためには理療科に適した生徒を入学させ、教育していくことが望ましい。いわば、本来の理療科に回帰すべきである。現実は様々な事情により、理療科に適さない生徒をも受け入れざるを得ない状況にあることは承知しているが、そのことが理療科の諸問題の源泉になっていることも事実である。そのことは、芹澤先生も32年前に指摘された通りであり、そのことは国家試験の

合格率に如実に表れている。

　また、こうした状況は、理療科教員の教育活動にも影響を及ぼす。例えば理療科の専門教員としての能力を発揮できないまま、日々の教育（理療科教育以前の教育）に追われてしまうといった現実は、ともすれば教員の専門性を損なうことにもなりかねない。そうなれば、理療科教員の士気は低下し、理療科の専門性は失墜することにつながる。

　もちろん、理療科に適した生徒のみを入学させるとなれば、理療科の生徒数は激減し、理療科そのものの存続を危なくする、また理療科教員の定数削減に繋がることにもなりかねないとの反論もあろうが、理療科の高等教育化とパラレルに議論すべきであって、組織防衛の議論を優先させるべきではないと考える。

　この点についても、芹澤先生は「戦後30年にわたる現行の理療科体制は、一応このあたりで、新しい事態に対応する新たな構想の下に検討しなおすべきであると思う。そうでななければ盲学校の理療科教育は、邦楽科教育と同じように衰退していく可能性がある。」（前掲論文より）と憂慮された。新たな構想による改革をはかる最後の時期がきたように思う。

10. 鍼灸医療の国際化と統合医療の台頭

　「鍼灸医療は世界の伝統医療である」と述べたように、鍼灸医療はグローバル化され、東アジアの伝統医療であったものが、今や世界の伝統医療として発展しつつある。鍼灸医療の国際化がさらに進めば、我が国の鍼灸の教育制度や免許制度などの事情はほとんど考慮されることはなく、様々な制度等が国際基準として制定され、グローバルスタンダードとして押しつけられることになる（医学教育はまさにグローバル化された制度である）。すでに中国がWFAS（世界鍼灸学術連合）やWHOを介してT

CM（Traditional Chinese Medicine：中国伝統医学）を国際基準とするべき活動しているが、その徴候として捉えられる。それがグローバル時代の到来であることを認識しなければならない。そうした中に理療科があり、日本の鍼灸師が在るという認識をもつことが必要であり、その上でこれからの理療科の展望をはからなければならない。

　また、国内的にも一元的医療から統合医療へと医療のかたちが変貌する中で、鍼灸師の役割は益々大きくなり、チーム医療の一員として参加することが求められるようになる。すでに欧米では、西と東の医療は大いに接近し、両者の補完から統合へと歩み始めている。我が国においても、その動向は活発であり、すでに厚労省は統合医療を取りあげ、研究段階に入ろうとしている。また、民主党のマニフェストには「統合医療の確立ならびに推進漢方、健康補助食品やハーブ療法、食餌療法、あんま・マッサージ・指圧、鍼灸、柔道整復、音楽療法といった相補・代替医療について、予防の観点から、統合医療として科学的根拠を確立します。アジアの東玄関という地理的要件を活かし、日本の特色ある医療を推進するため、専門的な医療従事者の養成を図るとともに、調査・研究の機関の設置を検討します。」と記されている。このように統合医療が進んでいく過程において鍼灸師に求められることは医師をはじめとして医療従事者と適切な連携がとれる能力であり、高度な専門性である。

　いずれにしても、国内的にも、国外的にも鍼灸医療は着実に進展していくことになるが、そうした動向に対応するには、現行の教育制度を改変し、来るべき変化に対応できる鍼灸師を養成することが喫緊の課題である。

　特に我が国の鍼灸医療を支え、発展を先導してきた理療科には、その伝統と誇りをもって新しい展開を率先して切り拓く使命がある。それに

は、理療科の高等教育化を目指し、併せて教員の資質向上を果たすことに他ならない。そうすることが、杉山和一から営々と受け継いできた視覚障害者の鍼灸を存続させ、発展させることに繋がるものと確信している。決してその灯を絶やしてはならない。

11. おわりに

著者が附属盲学校理療科を去ってすでに27年の歳月が流れようとしている。この間ずっと明治鍼灸大学(現在は明治国際医療大学)で教育・臨床・研究に携わってきた。我が国唯一の高等教育機関であった明治鍼灸大学での27年間は、いろんな意味で刺激的であった。そして、この27年間で鍼灸医療は大きく変わったことを実感している。そうしたことも含めて理療科の今後について私見を記した。また、理療科への思いを込めた。恩師芹澤先生が真剣に理療科の今後を考え、基本構想を提案されたその内容を教え子の1人として32年を経た今、再度提案する次第である。

なお、本稿は、「理療科教育への提言 - 鍼灸医療のゆくえと鍼灸師の未来 - 」(理療教育研究第32巻第1号、PP1-12、2010.)を元として書き直したものである。

昭和42年度高等部専攻科理療科第二部卒業

2．数字で見る三療の姿

筑波技術大学　藤井亮輔

はじめに

「開業しているはり灸マッサージ業者は、仕事が激減し（中略）、すっ

かり元気をなくした生活を送る人がますます増えてきたように感じます」（「点字毎日」1）より抜粋）。とある業者の悲痛な告白である。「仕事が激減」はけっして誇張ではないし、「元気をなくした…」の件も三療の今の姿を暗示して重い。

こうした喪失感の漂う業界の背景には多様な要素が絡み合うが、つきつめれば、長年にわたって理療科卒業生の進路ニーズを吸い上げてきた治療院と病院の二本の根っこが急速に痩せ細ってしまったことにつきる。本稿では、各種のデータを追いながら、こうした三療の姿とその周辺を概観した上で、現実を切り開くための若干の私見を述べてみたい。

1．治療院の現状

まず、治療院の現状を知る手がかりとして、国の統計から就業按摩師（治療院従事按摩師）の数の推移を見てみよう。統計が取られた1960年からの就業数は、視障業者の減少と晴眼業者の増加を伴いながら増え続け、この半世紀で約2倍の10万2000人（2008年末）に膨らんだ。その結果、視障者の就業者シェアも60年比の6割余りから25％に落ち込むに至って、「按摩＝盲人」の社会風土はいよいよ過去の話となった。

一方、06年末時点で営業している三療治療院は推定5万件であるが、その8割の経営者が「この数年で経営が厳しくなった」と感じている。この意識を裏付けるように、治療院1件当たりの平均年収（被用者を含む2006年分税込ベース）は視障業者が273万円（100万円未満が約3割）、晴眼業者が550万円で、経営の零細化は視障業者に著しい。この数字だけから見ると、「晴眼 VS. 盲人」の旧態依然たる構図がイメージされるが、現実はそうではない。

実は晴眼といっても、経営者の柔道整復師免許の有無で平均年収は二

極化している。すなわち、三療専業の治療院に限れば334万円（100万円未満が約2割）で視障業者と大差はないが、三療＋柔整（「鍼灸接骨院」など）となると1,328万円と、桁が跳ね上がるのだ。その結果、推定3千300億円の三療市場全体の4分の1を、件数で8％余りしかない「鍼灸接骨院」が占めるという、いびつな市場ができあがってしまった。

では、なぜ接骨院は儲かるのか。まず、接骨院には患者の窓口負担が3割ですむ医療保険上の「特権」（療養費の受療委任払）が与えられていて、300円前後の安価な薄利多売経営が可能だ。さらに、この特権を「悪用」して、本来なら柔整師には扱えない肩こり、腰痛などの慢性疾患を「捻挫」と偽ったり、名義貸しや施術部位を水増しする不正が公然と黙認されている。07年の「捻挫・打撲」のレセプト件数は、整形外科の360万件（請求件数の6.1％）に対し柔整は10倍の3,680万件（同99.2％）。しかも、整形外科で9万件（2.4％）だった「3ヵ所以上の捻挫・打撲」が接骨院では200倍の1,870万件（50.5％）もあった。これが真実なら捻挫は日本人の国民病である。接骨院にまつわるこの種の不可解なデータや側聞は枚挙にいとまがない。

そもそも柔整師の身分は柔道指導者の生活救済策で法制化された（大正9年）。その由緒から、施術の対象は非開放性の外傷（捻挫・打撲・脱臼・骨折）のうちの急性期で、業務の範囲も整復・固定に限られる。もちろん後療法として漫然とマッサージを行うことは認められていない。にもかかわらず、柔整業の療養費市場は肥大を続け3千500億円産業に発展を遂げた。この市場に群がるように、08年時点の直近10年で柔整師数と接骨院数はともに1.5倍（4万5千人と3万5千件）に急増した。その大半が「捻挫」という蓑に隠れて、肩こり・腰痛に不正な保険マッサージの荒行を働き、正当業者の業権を著しく侵している。これが、三

療開業者の「仕事が激減」した真相なのだ。もちろん、カイロ・整体業者の跋扈も三療低迷の要因の一つではあるが、それが霞むほどに柔整の傍若無人ぶりはすさまじい。

こうした理不尽な競争が続いたせいで業界は「すっかり元気をなくした」。いきおい、理療科卒業生の治療院就職と自営開業は激減している。関東甲信越地区の盲学校等で構成する進路研究協議会（関進協）の資料によると、長年20%前後で推移していた治療院就職は02年から減少に転じ08年度には10%を割り込んだ。また89年に35%を占めた「開業」も08年には9%にまで激減した。治療院の痩せ細りの連鎖を予感させる数字である。

もう1本の根っこの方に話を移そう。

2. 病院・医院の現状

昭和50年台半ばまでは理療科卒業生の多くが病院や医院に就職していた。全国津々浦々、視覚障害のあるマッサージ師（＝病院マッセル）が当たり前のように病院で働いていた。公立や大学附属といった大病院もけっして高嶺の花ではなかったし、全盲のハンデがあっても病院マッセルはさほど狭き門ではなかったように記憶している。東京盲学校（現、附属盲）を出て東京帝国大学附属病院に「西洋按摩方」として就職（1891年）した富岡兵吉から継がれてきた病院マッセルは、生活の安定や社会的評価の面で、盲学校で学ぶ生徒の憧れの仕事の1つだった。戦前戦後の整形外科やリハビリテーションの一分野を担い、理学療法士・作業療法士法（1965年）の礎を築き上げてきた病院マッセルの歴史をひもとくと、往時の先達の誇り高い息吹が伝わってくる。

ところが、診療報酬項目から「マッサージ」が削除された1981年を境

に病院マッセルの需要は急勾配で減り始め、労働待遇は悪化した。

医療施設統計によれば、88年に7,081人いた病院のマッサージ師は、20年経った08年には6割減の2,743人に減少した。直近3年に限れば、減少幅は24％に加速し1年換算で平均300人減っている。この間の病院に従事する理学療法士（ＰＴ）の増加率は26％（1年換算3千400人増）なので、そのあおりをまともに受けている格好だ。いずれにせよ、病院マッサージ師の新規採用数は毎年50〜100人前後で推移すると見込まれる（2010年）ので、あと10年も経つと病院で働くマッサージ師は希少な存在になってしまう。

一方、医院（診療所）のマッサージ師も、病院ほどではないにせよ96年の5千500人から08年の4千600人へと漸減傾向が続いている。全国の1,800の医院がマッサージ師の雇用に関心を持つなど期待要素もあるが、直近3年で見れば減少幅は加速しており、衰退感は否めない。前掲の関進協資料によると、89年以降10％台で推移してきた医院就職率は08年に3.8％に激減しており、医院における就職戦線の厳しさを物語っている。

ところで、医院の医療統計をつぶさにみると、マッサージ師の減少がＰＴと柔整師の数と入れ替わるように進行している様子がわかる。すなわち、医院における3職種の従事者数の増減幅を02年からの6年間で見てみると、マッサージ師が7％減らした一方でＰＴは93％、柔整師は75％も増えている。この増減カーブとは逆に、同期間における3職種ごとの国家試験の合格者数は、マッサージ師が18％減少（08年度試験合格者1570人）した一方で、ＰＴは106％（同6920人）、柔整師は126％（同4760人）も増加した。

この各増減カーブの相関から、医院においてマッサージ師の雇用を減

らしている要因は、ＰＴと柔整師の供給量の増加だと結論づけることができる。

3．三療再生の方策

三療の再生といっても妙薬や万能の処方箋は望むべくもない。が、今の世代が、とりあえずできる最低限のことは、痩せ細った二本の根っこを元気に蘇らせる道筋を立てることではあるまいか。私案を以下に述べる。

まず、治療院再生の常道は、まずは市場の正常化である。有り体にいえば、柔整師による不当な保険マッサージや無免許按摩を一掃させること。そのためには、晴盲問わず正当な業者が一丸となることが肝要だ。もちろん、理屈や情に訴えたり、行政の不作為を質すだけで動く代物でないことは、柔整業界の政治献金問題（22.7.19 朝日朝刊）が暗示している。まずは、不正の実態を国民の前に明らかにした上で、柔整業の今日的意義を問う議論を興したい。すなわち、柔道指導者の生活救済を意図した法制から90年が経った今、その医療的意義や社会的必要性を改めて検証する大規模な論議を展開する必要がある。

次に病院マッセルの再生である。その即効薬はマッサージ師の行う「マッサージ」を診療報酬項目に復活させ、その点数（現行35点）を大幅に引き上げることだ。具体的には、報酬をＰＴの行う理学療法並に単位制（1単位20分）に改めた上で、1単位200点（2000円）にするのである。ＰＴとマッサージ師は医療職として同等（修業年限高卒3年、厚生大臣免許）であり合理性があると思う。また、20分2千円の金額は民間のマッサージ料金の相場（1分100円）にも合致する。

ところで、病院マッセル衰退の要因がＰＴと柔整師の供給増加である

ことを先に述べたが、問題は、なぜマッサージ師をＰＴや柔整師に置き換えられるのかである。実は、あはき法が医師とあん摩マッサージ指圧師以外に禁じている「マッサージ」は、「理学療法士及び作業療法士法第15条第2項」でＰＴに、さらに「柔道整復師の業務範囲及び医業類似行為について〔昭和32年9月18日医発第799号〕」で柔整師に、一定の条件下とはいえ行える仕組みになっているのである。

　つまり、マッサージ師とＰＴ・柔整師は、「米」と「パン」の関係のように、消費財としての代替性が強いことを意味している。このことはマッサージ師の専門性とは何か、という本質的問題を投げかけており、「ＰＴ並」の診療報酬を困難にさせるアキレス腱といってもよい。前述の、ＰＴ及び柔整師に「マッサージ」を許している規定を削除することが必要であるが、同時に、マッサージ師の専門性を担保する教育の抜本改革が何より重要である。

4．理療教育改革の必要性

　マッサージ師養成課程は修業年数は高卒3年で確かにＰＴと同じであるが、就業単位数は77単位でＰＴを含む他のコメディカルの93単位より16単位も少ない（鍼師は79単位、灸師は77単位）。これは本科保健理療科など視覚障害者のための中卒課程（あん摩師の国試受験資格と高卒認定を同時に受ける課程）を成立させるための苦肉の策であったのが、国の医療資格の評価が修業主義である以上、この単位を他に合わせて、1科につき高卒3年93単位にしない限り、病院においてマッサージ師がＰＴと肩を並べることは困難である。

　そこで、理療教育の向上と病院マッセルの身分保全を図るため、あん摩マッサージ指圧師の養成を、あはき法第2条1項（高卒3年規定）の

趣旨に則り、専攻科保健理療科等の高卒課程で3年93単位以上行うこととし、本科保健理療科は原則廃止することを、改めて提案したい。もちろん、これを実施するには、個別学力試験制度（18歳以上の中卒者の専攻科受験資格を審査する制度）を整えたり、専攻科への教員配置を法的に保障するなど、種々の環境整備が必要だが、詳細は別の機会にゆずりたい。

おわりに

いくつかのデータを踏まえながら三療の姿を赤裸に述べてきた。それは、書きながら辛くなるほどに疲弊しつつある姿であった。日本の視障者の多くが、この業を糧に生きている以上、今の状況を等閑に付すわけにはいかない。その思いから、あえて現実を直視し若干の私案を述べてみた。

治療院や病院で腕を磨き将来は開業して花を咲かす。そんな夢を、理療を学ぶ全国の生徒たちにプレゼントする責任が我々にはある。「昔は三療があったのに」、そんな世代を生んでは絶対にならない。

昭和49年度高等部専攻科理療科第一部卒業

3．盲学校における理学療法士養成について

群馬パース大学教授　松澤正

私は附属盲学校高等部専攻科理学療法科の開設当初から関わりをもっていました。私が附属盲学校に転勤したのは、昭和38年であり、その時、わが国最初のリハビリテーション学院が東京の清瀬に国立療養所東京病院の附属リハビリテーション学院として開設され、その学院では理学療

法士と作業療法士の養成を始めました。附属盲学校から一人の生徒が同学院理学療法学科を受験しましたが、視覚障害があるとのことで不合格になりました。そのようなことから、視覚障害者に対しては閉鎖的であることが明らかになり、盲学校自身で理学療法士の養成をしなければならないと言うことになりました。また、日本病院マッサージ協会（昭和41年から全国病院理学療法協会に改名）では、病院勤めのマッサージ師の団体で、理学療法士の資格制度に対して危機感を持っており、既得権で理学療法士の資格が取れるような運動をしていました。日本病院マッサージ協会には、多くの盲学校理療科出身者がおり、盲学校からの理学療法士への道を絶ってはいけないと声があがり、そのような情勢から全国盲学校理療科教員連盟では、当時の会長芹澤勝助先生、事務局長鈴木達司先生、その他、附属盲や全国の理療科教員が立ち上がりました。当時はイギリスの王立盲学校に理学療法士の養成校があり、その教育課程や16mmの映画フイルムの教育教材などを取り寄せ、理学療法の勉強をして、文部省や国会に盲学校にも理学療法士の養成校を作って欲しいと陳情に出かけました。その運動のお陰で、昭和39年の4月から、清瀬のリハビリテーション学院の1年遅れで、附属盲学校と大阪府立盲学校に理学療法士養成課程であるリハビリテーション科（現在の理学療法科）が開設され、翌年（昭和40年）には、徳島県立盲学校にもリハビリテーション科が開設され、盲学校3校の理学療法士養成体制ができました。

　その後、資格制度の法律が示されて、医学会や厚生省では、資格の取得条件である欠格条項に「目の見えない者、耳の聞こえない者」が入っているということが分かりました。できたばかりの盲学校の理学療法士養成課程にとっては、その存続の問題となりました。また、日本病院マッサージ協会としても多くの視覚障害のマッサージ師が会員としており、

死活問題となっていました。何としても「目の見えない者」の欠格条項の撤廃に向けて、全国盲学校理療科教員連盟や日本病院マッサージ協会では、強力に厚生省や国会に陳情運動を行いました。その中で、欠格事項を入れるように推進していた医学会と全国盲学校理療科教員連盟の芹澤会長との話し合いが行われ、その結果、盲学校には、理学療法士養成校として、すでに出来ている３校にするという協定ができ、理学療法士および作業療法士法には、「目の見えない者、耳の聞こえない者」の欠格条項が取り外された法律が昭和40年６月に法律137号として成立しました。

　その法律が成立して、今年、平成22年で45年になり、当初は専門学校と盲学校専攻科の３年課程で発足しました。その後、昭和54年には、金沢大学医学部医療技術短期大学部に３年制の理学療法士および作業療法士養成課程ができ、高等教育機関での理学療法士の養成が始まりました。さらに、平成４年には、広島大学に医学部保健学科理学療法学専攻の４年制の理学療法士養成が始まりました。その間、視覚障害者を対象とした高等教育機関として、平成３年には、筑波技術短期大学視覚部理学療法学科が開設され、遅ればせながらも視覚障害者の高等教育機関での理学療法士養成が始まりました。さらに、平成18年には、筑波技術大学保健学部保健学科理学療法学専攻として４年制の養成校に昇格し、視覚障害者にとっても高等教育機関での本格的な理学療法士養成となりました。

　また、平成８年には、広島大学医学部保健学研究科が開設され、修士課程の大学院が設けられ、理学療法士の養成も、単に理学療法技術の教育だけでなく、理学療法士の教育と理学療法の研究を行う時代になってきました。

平成22年の理学療法士養成の状況を見ると、次のようになっています。

学生を募集している養成校は、241校で1学年定員13,339名であります。その学校種別は、大学82校1学年定員3,835名、短期大学5校、1学年定員280名、4年制専門学校82校、1学年定員3,837名、3年制専門学校80校、1学年定員3,447名となっています。盲学校専攻科理学療法科は、3年制専門学校の中に含まれており、筑波大学附属盲学校、大阪府立盲学校の2校で1学年定員は18名であります。

このような理学療法士養成の現状は、大きく2つの流れになっています。1つは、高等教育機関での理学療法士の指導者養成と理学療法の科学的研究をする流れであります。もう1つは、理学療法士の臨床家を養成する流れであります。これからも大学での養成の増加は見られますが、専門学校での臨床家の養成がなくなることはないと考えられます。

このような状況の中で、盲学校の理学療法士の養成はどのように考えたらよいのでしょうか。

視覚障害者を対象とした、高等教育機関である筑波技術短期大学が平成3年に理学療法士の養成を初め、平成18年には、4年制大学になり、視覚障害者も理学療法士の指導者や研究者になる道が開かれています。そのような中では、盲学校の理学療法士養成は、臨床家の教育に徹することで存続の意義があると考えます。附属盲と大阪府立盲の2校で18名の定員があり、全国の弱視を対象とすれば入学者は確保でき、これまで病院の理学療法担当者を排出してきた盲学校にとっても理学療法士の臨床家を養成することは大切なものと思います。

現在、理学療法士養成校では、学生確保に向けて様々な努力をしています。私の勤めている大学では、県内の高校には、年に3回学校を訪問し、また近隣の県にも同じような学校訪問をしています。さらに、各種

進路説明会に出かけて学生確保に努力しています。

　これからの盲学校理学療法士養成を維持するためには、教育の入り口である生徒の確保の努力と、出口である資格を取得させ、就職させることができれば、盲学校の理学療法士養成の存続は可能であります。是非、盲学校理学療法士養成校2校が協力して、全国の盲学校を初め、全国の高等学校への強力な進路活動をすることで、盲学校の理学療法士養成の灯火を消さないように努力して欲しいと思います。

昭和34年度高等部専攻科理療科卒業

4．過去から未来へ

新星'78 会長　三好俊行

　先日、地下鉄池袋駅の地上入口を出た時に学生時代のことをふと思い出した。確か1967年から68年にかけてであったろうか。その頃は附属盲学校の卒業生の一般大学への受験がちらほら認められかけていた時代で、我々在校生は、大学への進学希望者のみならず就職希望者も一丸となって、その池袋の街頭で、一般大学の門戸開放と教育の機会均等を叫び、街頭署名運動を繰り広げたのである。寒い冬の日曜日、学校からリヤカーを引き池袋までとぼとぼ歩き、現地に着くと見よう見まねでスローガンを大声で叫んだ。その署名の束を当時の文部省に提出した場面がテレビ放映された時、活動を続けた者は皆で喜び合った。その後、私が附属から初めて武蔵野音楽大学へ進学できた時も、その運動のことを思い出したのは事実である。現在の学生たちにこんな経験を話してもあまりピンと来ないだろう。今は学生自身が自らそんな運動をしなくても自

由に進路を選べる時代へ変わったからだ。

　1965年、私が帯広から附属の高校へ入学した東京教育大学教育学部附属の頃は、校舎もまだ重厚な木造建築の建物であった。私のように地方から入学した生徒の間では、それを「伝統と誇りの校舎」（異なる意味合いもあるが）と呼んでいた。そのモダンな正面入口を入ってすぐの1階正面廊下の両側には、当時私が学んだ音楽科のレッスン室がずらりと並んでいた。そのレッスン室の大きな窓からは中庭の緑の木々を臨み、当時はまだ防音設備もなく、それらの教室からは雅やかな琴の音や、心地良いピアノの響きが校内に流れていた。私は当時、専攻をヴァイオリンからピアノへ変更したが、その頃の音楽科は邦楽最後の全盛期であり、本校を卒業した邦楽担当の全盲の先生が3名もおられた。その先生方の演奏は勿論素晴らしいものであったが、皆さん音楽理論など洋楽にも秀でておられ、授業中にある先生から「君はぜひ本校以外の偉い先生に師事しなさい」と再三勧められたのを覚えている。そして、筑波大学附属の時代へと変わり、校舎も現在の鉄筋になり、我が音楽科にも洋楽の波が打ち寄せた。現在の音楽科には邦楽の先生が1名おられるが、邦楽を志す生徒は永年あらわれず、もはや時代は変わってしまったと認めざるを得ない。

　私は音楽大学を卒業後、演奏活動や後進の指導のかたわら1978年、附属盲学校の卒業生を中心としたクラシックの演奏家団体「新星'78」を設立し、現在まで32年間、団体としての様々な演奏活動をプロデュースして来た。現在は11名の演奏家で活動を続けているが、コンサートの内容や規模により新星会員以外の附属の卒業生にも自由に加わっていただいており、様々な音楽シーンで好評を得ている。以前から視覚障害者の洋楽音楽家の全国的な組織がないため、一緒に活動する仲間は首都圏を中

心とした集まりになってしまうのは残念だが、その活動は全国規模で展開しており、現在各地で活躍されている音楽仲間の情報も徐々に取り入れ、共演などのチャンスも得たいと思っている。

　また、私はこの10年来、母校の学校評議委員に任命され、従来の盲学校から特別支援学校への意向に伴う様々な問題の協議に加わることとなった。その席で私が感じたことは、近年、母校音楽科の生徒の中に音大受験を諦め、理療科へ進む者が増えて来たことである。全国規模で考えても音楽科を有する学校は、母校の他に大阪府立視覚支援学校と、京都府立盲学校の2校に減り、音楽を志す生徒がどんどん減少しつつある。また音大卒業生の間でも将来の道に対する切実な相談を私の元へ持ち掛けて来る者がいる。このままではダメだ。学校における視覚障害者の音楽教育のあり方、職業教育としての音楽科の存続に対する積極的な研究がなされていない現状に、将来的な不安を感じるのは私だけではない。

　最初にも記したように時代は常に変貌を遂げている。過去の歴史を学ぶことは大切なことだが、時代精神の移り変わりから未来を展望し、積極的な発想の転換をすることも必要であろう。以前、評議委員会の席で母校の音楽科の授業に音楽療法の教科を取り入れてみるよう提案し、同席した理療科の委員の先生からも賛同を得たが、それを行なっている大学が地方にあると言う理由で却下された。私は過去2度に渡りウィーンの盲人協会を訪れたが、その音楽の都ウィーンで現在、視覚障害者の花形の職業は、なんとヒーリング・マッサージで、その協会の治療室は1ヵ月間予約待ちの状態であった。また、母校ではスポーツ大会の入賞者などの氏名は公表しているにも関わらず、音楽科の発表会の案内状には演奏者の氏名が記されていない。そんな状況ではいくら優秀な生徒がいたとしても籠の鳥状態である。芸術の道は個人の実力と共に多くの巡り

あいと名を売ることで将来が変わって来ることを教育者も認識し、もっと積極的にアピールする必要があるだろう。

　書きたいことは他にもたくさんあるが、我々母校卒業生の音楽家も、更に社会的な飛躍を遂げ、明るい未来を創造して行きたいと念じている。今後の新星'78の活動については次のホームページをご覧ください。

■新星'78　http://shinsei78.com/

昭和44年度高等部専攻科音楽科卒業

5．コンピュータの課題と可能性からみた今後

筑波大学附属視覚特別支援学校（数学）　内田智也

　コンピュータの進歩により、学習環境・生活環境が大きく改善されてきました。また、就労の状況についても期待が持たれるようになってきました。しかし、就労に関しては、職種や職場の環境により、難しい問題も出てきています。また、コンピュータそのものをいつどこで学べば良いのかという課題も出てきています。コンピュータは多くの人にとって様々な可能性を秘めたツールであり、それを利用したサービスも増えてきています。したがって、それらのツールを十分に活用できないことによる不利益が生じるようになるかもしれません。しかし、そのサービスを行ったり受けたりするのは人間ですので、ツールやサービスの形態などの手段に縛られることなく、自分の力をしっかりと付け、その上で、ツールを使い分けながら自分の能力を発揮していくことが重要ではないでしょうか。

　ここ二十数年来、音声化ソフトなどの支援ソフトを利用することで、

コンピュータを利用して点字使用者も墨字の読み書きが可能になりました。また、弱視者にとっても、拡大ソフトや音声化ソフトを利用することで、今まで以上に文字の読み書きがスムーズに行えるようになったのではないでしょうか。また、点字や音声の電子化により、点訳や音訳も効率が上がり、多くの資源を蓄積することができてきています。このような状況下で、次のようなことが実現されてきています。

学習面では、国語・英和・和英・百科事典など、複数の辞書を即座に検索できるようになったこと、参考資料が増えたこと、時期や場所を越えて幅広くニュースを入手できるようになったことが挙げられます。しかし、大学などでは、レポートや論文の誤字チェックやレイアウトの調整などは見える人の手を借りる必要がありますし、読みたい論文などをスキャナで読む場合にも、正確さや読みやすさのために、援助が必要となります。

生活面では、電子メールやミクシーのようなSNSなどでコミュニケーションが取れるようになったこと、Web上のサービスで、ニュース・辞書・乗り換え案内などのデータベースの利用やネットショッピング・ネットバンキングなどのサービスを受けられるようになったことなどが挙げられます。しかし、Web上での検索は多くの情報を引き出す有用な手段ですが、情報が多すぎて、本当に必要なものが見つけられているのかが怪しいところです。生活の質に関しては、特に大きな変化だと思います。できるだけ多くの人に実現できる環境とサポートを保証していきたいものです。

就労の場面においても、プログラミングやコンピュータシステム・ネットワークなどの管理のような職域が見出されたこと、公務員や教員で自分で処理できるものが増えてきたこと、企業での技術職以外の採用が

出てきたことなどが挙げられます。間違いなく職域は広がってきているように思います。しかし、まだまだ十分にやっていけるかという意味では、これから結果が出るところですので、企業に勤められている方には苦労が絶えないとは思いますが、可能性を追求していただきたいと思っています。

　以上のように、コンピュータが広がる前には考えられなかった変化が起きています。しかし、自分自身ですべてを完成させることは、まだまだ難しい段階です。決して不可能ではないかもしれませんが、最後の数パーセントを達成するために多くの時間を費やすことには大きな疑問を抱きます。「時は金なり」と言いますし、見える人にとってはそれほどの負担でないことに多くの時間を割くのはもったいなく、自分の能力を発揮できるところに時間をかけられるようにしていかなくては、真の意味で認められるようにはならないのではないかと考えています。

　今から十数年前、マイクロソフトのWindowsが主流になる前は、同じコンピュータというツールを活用して、見える人たちと同じようにやっていけるのではないかという期待がありました。しかし、Windowsの普及により、画像中心のツールとなり、開発環境やWeb上のサービスも、それらを意識したものに変化し、大変心配な状況も出てきています。ただし、すべての人が、情報に到達し、利用できるというアクセシビリティの考え方に基づいたWebも増えてきており、Web上の大量の情報から必要なものを効率よく引き出せるような支援ソフトも開発されてきており、少しの安心と、新しい技術に対する不安と期待が入り交じった日々が続いています。また、ここ数年、図や表、そして様々な形式のグラフが多く見られるようになってきました。表計算ソフトの影響もあるかと思います。Web上でも、それは例外ではありません。また、Webでは、

レイアウトが複雑化しているように思います。音声を中心にコンピュータを利用している者にとって、同時に複数の情報を取得することはほぼ不可能ですので、上記のようなものをコンピュータで処理することは、大きな負担になります。

　学生の段階で、図や表、そしてグラフなどを読み取る力をしっかりと付けておかなくてはなりません。また、レイアウトや階層構造などのデータの関係をイメージできるように、空間的な感覚も持つ必要があります。そして、一番忘れてはならないのが文字です。しっかりと自分の文字の読み書きができていなくてはなりません。そして、文章をきちんと読解し、表現できるようになることが重要です。これが、コミュニケーションの核になるのだと思っています。また、点字使用者の方の中には、言葉は知っているが、実際のものを触ったことがないとか、経験がないなどのことがしばしば見られます。最近はそれが増加傾向にあるようにも思えます。実際のものをしっかりと触って理解し、体験を重ねていくことも忘れてはなりません。コンピュータの表現やWeb上でのサービスなどは、これまでに日常生活の中に存在していたものを、表現し直したものが大半ですので、これまでの経験の有無が大きく影響してくる訳です。したがって、これまでに多くの経験を積まれ、文字の読み書きにも精通された方は、コンピュータをツールとする準備が整っていることになります。しかし、小中学生の段階では、文字の習得、図表やグラフの処理、様々な基礎的な体験などに力を入れなくてはならず、コンピュータは、簡単な操作で、音楽を聞く、ニュースを読む、辞書を引くなど、触れる程度しか行えないと思っています。高校段階で、レポートの作成や電子メール、Webの利用など、基本的なコンピュータの操作を学習し、次のステップに必要となる最低限のところまでを行います。しかし、就

労の段階で、いきなり、必要とされるスキルがステップアップしてしまいます。そこで、よく早い段階からコンピュータを指導すべきだという声が挙がりますが、それは上記の理由で、難しいと考えています。やはりそのステップアップ分は、大学で学ぶ間に徐々に力を付けていくか、卒業後に付けていくつもりが必要ではないでしょうか。就労というゴールから、さかのぼってスタートを決めるのではなく、積み重ねた結果、いつ就職できるかというふうに考えるのが、大切なのではないでしょうか。また、講習会などに参加していくことも大切だとは思いますが、自分で考え、自分で問題を解決していく方法を探す姿勢も重要だと考えています。与えられるのを待つのではなく、自分から調べていくことが、自立にも繋がるのだと思っています。

　就労の場では、中途失明の方が、リハビリを終えられた後、元の職場に戻られることと、盲学校から進む場合とは大きく状況が異なると考えています。前者は、過去に会社の様子が分かっていたり、仕事の流れが分かっていたりと、大変さには代わりはありませんが、今までのどこの部分を補っていけば良いかといった考え方もできると思います。しかし、後者は、環境を知ることから始めなくてはなりませんので、作業に入るまでにも相当な負担があるのではないでしょうか。視覚に障害がある場合には、コンピュータ以前に、物理的な環境に慣れること、人間関係を構築することが重要であり、大変なことでもあるのです。それゆえ、コンピュータの力を借りる前に、しっかり歩き、環境に慣れ、コミュニケーション能力をしっかりと早い段階から付けていかなくてはなりません。コンピュータの可能性を期待するあまりに、他の大切なスキルを軽視しないように、教育関係者は特に気を引き締めなくてはならないと思っています。

ここ数年の間に、点字の電子手帳、音声・点字ディスプレイ付き小型コンピュータ、携帯型のDAISYプレイヤーや拡大読書器、音声ガイド付き携帯電話などが登場し、環境が良くなってきています。携帯電話以外の多くは、日常生活用具として認められていますが、18歳になるまでは補助を受けることができません。しかし、そのような機器は、中学・高校の段階から有効に活用できるものです。しかし、それらは、高価であるため、家庭間の格差が教育格差に繋がりかねません。やはり、補助の体制が必要です。文部科学省や厚生労働省の垣根を超えたものになることを期待しています。

　最後に、これまでコンピュータによる恩恵やその課題に触れて来ましたが、各自が着実に力を付けていくために、各段階に応じたコンピュータの活用をし、自ら問題を解決していくような姿勢を付けていってもらいたいと思っています。その結果、大学や就労の段階でも、関係者と話し合い、自分の能力を発揮できるような環境を一緒に見いだしていけるのではないかと信じています。まだまだ、就労に関しては特に新しい歴史を積み重ねている段階ですので、何ができればよしとするのか、手段に捕らわれず、目的を達成することを大事にしていきたいものです。このような価値観が社会に広がることを切に祈っています。

平成2年度高等部普通科卒業

6．これからの IT 社会における視覚障害者生涯教育

元筑波大学附属盲学校教官　長谷川貞夫

■はじめに

「点字が六点符号であり、また多くの世界の言葉でもあるという深い深い意味」

　私は、今から約 60 年前の昭和 26 年の東京教育大学附属盲学校と呼ばれていた時代に、網膜色素変性症で視力が低下し、一般高校 1 年修了で高等部理療科 1 年に再入学しました。そして、一般高校 1 年の墨字教科書使用の体験と盲学校高等部の点字教科書使用の体験が、私のその後に大きな影響を与えることになりました。それは、一般高校の教科書事情と盲学校高等部の点字教科書事情との余りの相違の驚きからでした。それで、当時の卒業学年の高等部 5 年生に当たる専攻科 2 年の昭和 30 年に全点協(*)運動を起こさざるを得なくなりました。そのことが、視覚障害者の情報問題の重要さに目覚めさせたのです。

　それから、この全点協運動を初めとして、視覚障害者の情報入手のための「録音テープライブラリー」の発足、公共図書館の視覚障害者への開放運動へと続きました。それは、具体的には、視読協(*)運動の延長である「公共図書館における対面朗読サービス」実施の働き掛けでした。

　対面朗読は、日本語変換ソフトがない時代において、初めての汎用コンピュータ利用による日本語入力実現証明のための六点漢字体系構成に不可欠のものでした。コンピュータは、国会図書館の一部屋を占める汎用コンピュータから、ずっと小型のパソコンへと代わり、更に小型なモバイルへと進化しつつあります。私が現在開発している盲ろう者用電話のヘレンケラーホンの開発は、そのモバイル利用の一環です。

ここまでで共通して言えることは、「点字教科書運動」、「大規模な汎用コンピュータにおける点字からの日本語入力」、「小型のモバイルによる体表点字のヘレンケラーホン」とすべて「点字」に関係していることです。改めてルイ・ブライユの偉大さを感じさせられます。

■私が体験したこれまでの情報環境とこれから必要とする環境

　私は、この「対面朗読」を都立日比谷図書館で昭和45年から、まだ試行のサービス時代から受けていました。

　当時は、コンピュータが一般化されていない時代でした。国では、国会図書館や気象庁などに、コンピュータのためにわざわざ冷房した一部屋を占領させるような汎用コンピュータがありました。コンピュータについて、民間では、大企業の大日本印刷、凸版印刷ぐらいに自動編集と印刷用の版下作成などのためにありました。

　ところが、それから40年を経て、今は、携帯電話、モバイル、スマートフォンなどの言葉で代表されるパソコンさえもしのぐ時代になりつつあります。また、カバンに入れられる大きさで、図書館の蔵書にも匹敵するような、数千冊の本を蓄積できる電子書籍さえ発売されています。数千冊ですから、図書館をカバンに入れて持ち歩いているようなものです。まさにこれは、IT時代が成熟しつつあるということです。

　今から40年前の試行から始まった日比谷図書館の対面朗読も時代に合わせて当然に変わるべきものと考えます。もちろん、IT時代になり、公共図書館そのものの機能が変わりつつありますが。

●対面朗読における情報提供の即時性とIT時代における即時性。

・40年前の点字図書館の図書製作の実際は、神聖化された献身的なボランティアに支えられていました。当時としては、これは素晴らしいこと

でした。

　点字図書は、後藤静香（ごとう　せいこう）先生に始まる点訳奉仕運動と、それに続く本間一夫先生らによる点訳奉仕運動により作られるようになりました。

・オープンテープによる録音図書の製作は、昭和32年に、銀座・教文館ビル内の国際キリスト教奉仕団の「盲人のためのテープライブラリー」に始まります。日本点字図書館は、その後、これにならい、録音テープのための朗読奉仕者も養成しました。

　以上の点字図書、録音図書の製作は、いずれも、奉仕のボランティアにより支えられていました。

・昭和45年ごろまでに、社会が豊かになり始め、盲学校などから、一般大学に進学する学生が増加しました。しかし、点字図書館などは、それらの学生の勉学を支えるために、点字図書、テープ図書を提供できませんでした。

　これらのこともあって、複数の団体が運動して、昭和45年度から都立日比谷図書館が、公費で点字図書館のような図書製作を開始しました。しかし、希望する点字図書、録音図書を製作するには、かなりの日数を要しました。そこで、図書製作を円滑に進めるために図書館との交渉などのため、視読協（視覚障害者読書権保証協議会）が設立されました。

・私は、視読協に参加しましたが、録音図書製作にあまりにも期日がかかるので、録音されるのを待つのでなく、直接に図書館へ行って本を目の前で読んでもらうことにしました。それが、今、対面朗読と呼ばれるものになったのです。

・対面朗読は、点字図書館などにおける点訳や録音による図書製作による資料の蓄積に対し、対面での朗読により、いつでも利用者の情報取得

に応じる情報提供の即時性が特徴です。

　また、対面朗読は、一般の図書資料が多く所蔵されている公共図書館だからこそ、その資料をすぐに読めるという即時性が成り立つサービスでした。

　以前、点字図書館は、点字や録音の資料を蓄積し、それを希望により郵送などで貸し出すところに特長がありました。これは、大切な機能でしたが、対面朗読については、公共図書館のように一般の資料の蓄積のない、いわゆる点字図書館ではできないことでした。

・しかし、現在のIT時代になって、情報は図書だけでなく、インターネットから、また放送から、とメディアが複雑になりました。

　そこで、40年前に必要に迫られ対面朗読が生まれたように、IT時代として、いろいろなメディアの資料を横断的に、また即時的に提供できる「視覚障害者総合支援システム」が必要と考えます。

■IT時代における視覚障害者のこれからの情報環境
●IT時代は、人の間に損在する距離の壁をなくしました。

　対面朗読で図書館に行くのは、同じ時間に同じ場所で朗読者に会うためでした。

　視覚障害者が、交通機関を使っての図書館への交通の危険を伴う往復は容易なことではありませんでした。その上に往復の時間と交通費がかかりました。

　しかし、電話を用いたり、テレビカメラを用いるテレサポート（視覚障害者遠隔支援）の原理は、通信を通しての対面朗読であり、ITが視覚障害者と朗読者の間の距離をなくしたと言えます。

●IT時代は、図書、放送、ネット情報、電子書籍の壁がない。

公共図書館の対面朗読では、「図書館」だから、その読みの対象は図書でした。

　ところが、図書館に行くのは、あの紙に印刷された図書を読みに行くのでなく、情報を求めて行くのです。

　現在は、情報は、いわゆる印刷物の図書だけでなく、放送、ネット情報も同じに存在します。また、これからは、電子書籍さえ普及が予想されます。

　ですから、対面で支援する資料の対象は、これらのメディアを横断的に共通に含めるものです。

・テレビ携帯電話によるテレサポート

　これは、2001年10月におけるNTTドコモによる「テレビ携帯電話サービス」開始に合わせFOMA　P2101Vを用いてNHKのニュースをテレサポートしたのが最初です。

・現在では、スカイプ電話がありますので、通信料金を気にしないでテレビカメラによる視覚障害者遠隔支援が可能となりました。

　支援できる内容は、遠隔からの図書朗読、テレビ放送画面説明、パソコン画面説明などが考えられます。

・リモートサポート（リモートアシスタンス）による支援

　これは、パソコン機能を応用し、静止画、動画などをリモートサポート機能で説明するものです。

　内容は、ネット上で見えるテレビ放送、美術館などの昨品案内と鑑賞などです。

●ITの進歩による、読む情報対象（メディア）の変化。

　現在、文字は、符号化することにより、原則的に自動的に読めるようになりましたが、図、表、写真、静止画、動画は自動的には読めません。

これらは、人の脳を介して対象とする人に読めるようにしなければなりません。

●IT時代における「実況放送アナンサーのような朗読者（支援者）養成。

これまでは、朗読、あるいは音訳と言って、原則的に活字を放送のアナウンサーがニュース原稿を読むように文字を追って読めばよかった訳です。もちろん、音訳の言葉にふさわしい、1字ずつの文字の説明や図の説明などの技術もありますが。

これからは、いわゆる、ぶっつけ本番のスポーツやイベントの動きの場面を即時的に解説するような「放送の実況放送アナンンサー」のようなスキルも求められます。

ですから、このような支援者を育成する組織が必要です。

●視覚障害者情報支援総合システム

このシステムには、ITによる視覚障害者支援提供と、その支援者の養成があります。

・ITによる視覚障害者支援提供

これには、テレビ放送などを番組放送中に、これと並行させて、全国、あるいは広域的にストリーミングで視覚障害者には分からない画像的なものに説明を加えるものと、個別の人にパソコンでのリモートアシスタントやスカイプでのカメラで、画像の説明などを加えるものがあります。今後のIT環境の展開により、いろいろなパターンがあるものと想像されます。

・ITによる視覚障害者支援提供者の養成。

今でも前項のようなサービスが可能な支援者がいると思いますが、今後の支援者は、パソコンなどのIT機器の操作は必須と考えます。

以上の結論として、横断的メディアは、図書、パソコン画面、放送内容などとありますから、人についても、いわゆる点字図書館、公共図書館、点訳・朗読グループ、放送関係者などによる「視覚障害者情報支援総合システム」などの構築が必要と考えます。

　これまでになかったテレビ放送などの画面のストリーミングによる広域的な説明については、放送法、著作権法などとの関連もあると考えられますから、それに合わせた法律的な対策も必要と思われます。

■おわりに

　私が全点協運動を起こした昭和30年（1955年）の頃は、コンピュータについて、何でもアメリカにはそのようなものがあるらしいという程度の知識でした。後で知ったのですが、それは1946年に発表されたENIAC（エニアック）と呼ばれる真空管を17468本も用いた重量30トンの装置でした。ところが、今日では、周囲のどこにもコンピュータのある、いわゆるユビキタス時代になりました。

　今は京都大学の山中伸也教授が、生命科学の最前線であるiPSの研究でノーベル賞の受賞候補のうわささえあります。ここでは、視覚障害者の問題を論じていますが、コンピュータが発達した経過から言っても、視覚障害者が存在しない社会も夢ではないように思いえます。そのような時代の到来することを願っています。

昭和30年度高等部専攻科理療科卒業

7．「ベトナムマッサージセミナー」を振り返って

元筑波大学附属盲学校教官　木村愛子

はじめに

　私の海外研修旅行は1982年から始まりました。イギリス・スウェーデン・フィンランド・デンマークで、ホスピスや幼児・老人・精神障害・などの障害施設を見学しました。フィンランドの国営スパでは、卒業生と共に、マッサージやカラーセラピーを学びました。中国では、各地の病院や中医学院で、眼の鍼治療やいろいろな病気に用いるツボの選び方を研修しました。

　2001年からは、ニューヨークではボランティアで、鍼治療を8回させていただきました。

　これらの研修や訪問で、人種により、皮膚の状態や、体格が異なり、鍼刺激の度合いを加減したり、マッサージのテクニックを変えなければならないと感じました。

　ベトナムには、1997年から2004年にかけて、10回ほど訪問してマッサージセミナー計画から終了までかかわる事になりました。

　以下、「ベトナムマッサージセミナー」の出合いから現状までを報告したいと思います。

ベトナムマッサージセミナーの成り立ち

　1997年、BAJ新石代表から社会福祉法人桜雲会高橋理事長に、点字製版機の寄贈、マッサージ教育の依頼がありました。(BAJはアジア諸国の環境支援と教育支援を目的に活動しているNPO法人です)

　高橋理事長から話があったのは3月ごろでした。早速、筑波大学附属盲鍼灸手技療法科の許可を受けて渡航しました。「適任者がいない・・・」

の一言に乗せられてしまった感じです。

　急いで日本あんまの手技と頸肩背部の手技についての文章を、ベトナム大使館に勤めていらした方に、ベトナム語に訳していただき、5月末には出発しました。

　ハノイ、ハイフォン、ホーチミンの3都市の盲人協会と盲学校を視察しました。それぞれの場所で、必ずマッサージのデモンストレーションをしました。

　ベトナム・ホウチミンのグェンディンチュウ盲学校のスン校長から、「もう一度マッサージを教えてください」と急に言われました。新石氏は、「ベトナムでもう一度と言われる事はほとんど無い事でたいへん望まれているのです」と言われました。私が指導している手には、なんぼんもの生徒さんの手が重なってきました。そして、熱心に知ろうとする生徒さんの気持ちが伝わり、感動しました。

　この旅行の後に、翌年からのセミナーの援助を日本財団に依頼に行き、300万円の費用が出る事になりました。

■ベトナムマッサージセミナーの支援目的
　ベトナム視覚障害者の社会自立支援を目指し、①日本における視覚障害者の職業教育における理療教育の位置付けと現状を紹介する。②あんま・マッサージ・指圧の技術指導、人体の構造と生理、および理療対象となる疾患に関する基礎的知識を習得させる。この2点を掲げて、セミナーを行う事になりました。

■ベトナムマッサージセミナー5年間の内容
　講師は桜雲会の高橋理事長と筑波大学附属盲学等校の講師7名でした。

桜雲会の高橋理事長は毎回、社会学では、日本におけるあんま・マッサージ・指圧の免許制度および職域について。さらに、衛生学では、手の消毒についての講義を担当しました。ホテルや学校の水の汚染度の細菌検査までもしました。

あんまの実技は、ベトナム各地の盲学校の先生と卒業生など、1回のセミナーで30人から40人を3班に分けての実習とし、講師は、各班に2名ついて指導しました。日本から手ぬぐい、手技のプリントや図なども持参しました。

1998年の1回目は側臥位のあんま、1999年の2回目は腹臥のあんまと按腹を指導をしました。2回目終了後に実技試験をした結果、80点以上で、その意欲と技術の高さを驚きました。

ただし、毎日オイルマッサージを行っているためか、母指揉捏や把握揉捏がなかなか上手になりませでした。3回目からは、圧迫方を主にした手技をしようかなどと考えました。

その対策のため1999年の12月のクリスマスごろにベトナムに行きホーチミンの卒業生を対象にどのような方法であんまを伝え、交流したらよいかなどの聞き取り調査をしました。その結果、講師も増え、ベトナム中部の都市ダナンの盲学校でも同じようなセミナーを開くことができました。

3回目から5回目までは、聞き取り調査で、希望の多い病気についての臨床あんま、頭痛、五十肩、腰痛と下肢痛、関節炎や腱鞘炎、高血圧、疲労回復などのあんまを行いました。簡単な生体観察、検査法、そして治療も教えました。血圧計や角度計、打鍵槌、メジャーなども資料とともに持参して、提供してきました

さらに、3回目からは、ダナンでもセミナーを同じように開催し。あ

んまの基本手技、側臥位、腹臥位、按腹と臨床あんまを指導しました。

なお、あんまの実技以外に、1回目のセミナーから、あんまを行う基礎知識として、解剖と生理学を指導しました。筋肉、神経、血管の走行や機能、さらに、生体に及ぼす作用について図やプリント、生体観察で教えました。

なお、日本財団からの費用では、通訳料、セミナーを受ける生徒さんの交通費や食事代などの経費を出せませんでした。そこで、2回目のセミナーからスタディツアーが設けられました。桜雲会の理事の先生方や私のボランティアさんにも、ベトナムの家庭訪問や観光を目的に費用の負担をしていただきました。全て日本側の援助で、このセミナーは無事に終わりました。その後、セミナーに参加した生徒3名が、日本の盲学校で学び、国家試験も2名合格しました。通訳をしてくださったマイさんは、2年間、筑波大学附属盲学校でさらに基礎知識と鍼実技を習得され、ホーチミンの盲学校の先生としてあんま、解剖、経穴、鍼を教えています、現在は、身体不自由児がベトナムにも増加しているので、視覚障害と身体障害のための教育を筑波大の大学院で受けています。

ベトナムおよび途上国の現状

ベトナム中央盲人協会の調査によると、全盲が60万人、弱視が10万人ぐらいなのだそうです。教育程度は、小・中学校までは義務教育で、高等学校に行ける視覚障害者はまだ少なく、大学に行っている人は、全国で80名程度です。

仕事は、宝くじやチューインガムを売る事。たたみ・ほうき・ブラシなどを作る事などで1990年代と全く変わっていません。マッサージ業は

2001年盲人協会の方策により、「視覚障害者にとって適した職業」となりました。現在1,000名の卒業生が、地元の盲人協会や個人のクリニックでマッサージを行っています、収入も40ドルから100ドルになって、生活ができています。しかし、まだまだ技術の水準も低く、医学知識を知る機会がないと言われています。2004年には保健省で「医療マッサージ制度」が認められたようです。2010年、盲人協会の改正案が出ました。①将来、熱心な視覚障害者を選出し、トレーナーとして教育する。②マッサージの技術や医学知識を向上させる。③コミュニケーションの能力も向上させることです。

　この事から、マイ先生は、今後、的確な支援策を、政府に提案したいと言っています。　一方、2000年代には、ジャイカの支援で、アジア視覚障害者のマッサージセミナーが沖縄で行われました。また、AMIN（アジア医療マッサージ指導者ネットワーク視覚障害者のためのプロジェクト）がアジア太平洋地域の途上国に視覚障害者が医療マッサージの専門家として就業できる事を支援するために、日本財団の多額の援助で、タイやモンゴルでは、国家試験が行われるようになりました。その他、個人の方々が、マレーシアや、カンボジア、ミャンマー、インドネシア、スリランカなどジャイカやNGOの援助で、医療マッサージの指導に携わっています。

アジア太平洋諸国の医療マッサージに望むこと

　「ベトナムマッサージセミナー」をきっかけに、いろいろな組織や人々の援助で、医療マッサージが、アジア諸国でも、視覚障害者の職業として定着してきました。

　今後、各国で、国家資格として、マッサージを位置付け、マッサージ

業開業や病院に就職できるようになる必要を感じます。

　国家資格になるには、最低2年間の基礎知識と技術を学ぶ必要があります。施術の内容は、暑い国、寒い国さまざまですので、統一は難しいですが、カリキュラムは、WHOで統一するのが望ましいのではないでしょうか。

　日本や中国は、留学生を育てる。そして教育をうけた学生が帰国してその国の視覚障害者の教育に携わることが望ましいと思います。筑波大学附属盲学校も、ぜひ、今まで同様に、留学生を受け入れ、教科書作成などの支援をすることを望みます。さらに、学生たちが交流する機会が増し、知識や技術の向上を刺激しあうことを願っています。

昭和38年度高等部専攻科理療科卒業

8．「なずれば指に明きらけし」
―――― 視覚障害者のための「手でみる博物館」 ――――

元岩手盲学校教諭　桜井政太郎

1．はじめに

　私は栃木県の片隅で群馬県境にあった葉鹿町で生まれました。現在は足利市に属しておりますが、南には足尾銅山の公害で有名な渡良瀬川が流れています。失明のため小学4年生で退学しました。その当時、栃木県立盲学校が足利にあったので、2年後盲学校に入りました。そして昭和29年の4月、当時の教育大附属盲学校の高等部に入学し、その後7年間雑司ヶ谷の高台で過ごしました。その当時は小鳥たちの囀りが聞かれましたし、誠志寮の裏の草むらには、さまざまな秋の虫たちの音が響い

ていました。小綬鶏の囀りを聞くと、その頃が思い出されます。

　今にして思えば、この附属盲の校歌こそ視覚障害者にとって最も大切な事を、歌詞に濃縮している事に気付かされます。現在の校歌がどのようなものになっているかわかりませんが、長い間多くの視覚障害者を育ててきたこの校歌の冒頭が、「広き世界の海山もなずれば指に明きらけし」というものでした。海山は地理的な事を言っているのではなく、世界に存在する万物を意味していると思います。触擦がこれほどまで全面に強調されているものは他に類がありません。私自身、入学当初それに気付かずに歌っていましたが、よくよく考えてみれば、この校歌の出だしの歌詞こそ盲教育の根幹をついていると思います。「なずれば指に明きらけし」というのは触覚的観察を通してこそ自分の持つ知識が明らかになるというのです。私は年齢を重ねれば重ねるほど、触擦を通して知識が明らかになることをひしひしと感じております。

2. 触擦の世界を求めて

　附属盲の５年間を振り返ってみますと、印象に残っている事が沢山あります。私は高１で解剖学を習いました。頭蓋骨の予習をして授業を受けたのですが、担当の先生が模型を使って、細かな所まで丁寧に指導してくださった時、言葉や文章として自分なりに理解しイメージ化してきたものと、模型という具象化されたものを、触擦を通して学ぶ事との間には大きな相違のある事に気付かされたものです。また、現在では珍しくないかもしれませんが、社会・科学・理療の先生はよく郊外学習を計画してくださいました。高２の時に科学の先生が埼玉県にある博物館に連れて行ってくださったのですが、その見学も忘れられないものです。館内を見て歩きましたが、全盲生はただ説明を聞くだけでした。その時、

陳列ケースの上に蛇の剥製があるというので触った途端に学芸員が飛んできて強く叱られました。先生は「全盲なので」と謝ってかばってくださったのですが、私にとっては苦い体験でした。説明を聞くだけであれば、博物館見学は家で資料を読んでもらったのと殆ど変わらないと思いました。当時の博物館と比べれば現在は本当に良くなってきました。国立の博物館に全盲の方が勤務し大活躍しておられる良い時代になってきました。

　よく「百聞は一見にしかず」と言われます。100回耳で聞くよりは、そのものを目で、たった1度見る方が良く理解出来るという意味です。また、「一目瞭然」という事も頻繁に耳にします。「一見」や「一目」が出来ない人あるいは不十分な人は、どうなるでしょう。視覚障害者にとって、それを補うものあるいは、それに勝るものこそ「一触」だと私は確信しております。視覚障害者の場合、文字として指から多くの知識を得、音声として耳から沢山の情報を得ております。しかしながら、それらの知識は殆どが自分なりに想像していくという「想像の世界」に留まるしかないと私は思うのです。それらの知識をより確実なものにさせる手段が触覚を通しての観察法だと信じております。少し独善的かもしれませんが、視覚障害者にとっての触察の意義を私はそのように捉えています。一つでも多くのものが触察可能なところまでもってこられれば、こんな嬉しい事はありません。それだけに公立・私立を問わず博物館・美術館・水族館など触察の世界を広げていって欲しいものです。

3．博物館における触察法について
(1) 実物と模型
　時々、実物を見せなければ意味が無いという人がおります。確かに実

物に触れて見ることは大切なことです。しかし触れたからといって、その形態や構造が分かるかというと、そうではありません。実物そのものより模型化した方がずっと正確で、しかも分かり易いという事が沢山あります。例えば小さな蟻を捕まえてきて、それを触らせたからといって蟻の体の形や足の数、足がどこから出ているかなど殆ど分かりません。それを7、8センチの大きさまで拡大すると、それらが確実に理解出来るのです。また、蝸牛は触った事があるから知っているといっても、それは巻き貝としての貝殻の部分であって誰もが歌っている「角出せ、槍出せ、目玉出せ」の部分は分からないのです。そんな柔らかな部分でも、それを模型化すると確実に理解できます。触れば生きている蝸牛は貝殻の中に入ってしまい触擦は出来ません。

(2) 平面から立体へ

　2次元に描かれているものを3次元で捉えることは視覚障害者にとって非常に難しいと思います。高名なエジプトの研究者が講演の中でエジプトのピラミッドが3角錐だと思っている人が非常に多いと話しておりました。晴眼者でも平面から立体を作り出すことは難しいのです。3次元で存在しているものが殆どですから、それらを知るためには3次元の世界で触擦することが一番分かり易いのです。

(3) 触擦の仕方・させかた

　私の博物館にはアメリカの自由の女神やエジプトのスフィンクスの模型などがあります。見学者の中には自由の女神に登ったり、エジプトを観光した方も来られますが、我が家に来られて全体を触擦することで自由の女神の細かな部分やスフィンクスの特徴などを知って帰られます。また、DNAの一億倍の模型などがあります。大きいものは小さくし、小さいものは拡大して見てもらっております。私は日本での世界文化遺産

第1号の法隆寺に4回ほど行きましたが、ただただ説明を聞きながら歩くだけで全体像を捉える事は全く出来ませんでした。そこで法隆寺を代表する西院を制作してもらい、それを触擦した途端に文字通り指先に明らかになったのでした。

(4) 直喩と引喩

　物の理解に、しばしば例えが使用されます。「その形はラグビーのボウルのような形だ」とか「栗のいがのようになっている」など、文章の中にも、日常会話の中にも数多く使われます。その時にラグビーのボウルに触れたり、栗のいがに触ったりした経験を持った人と、触った事のない人と比べれば理解度に天と地ほどの差がでてきます。何でも触ったという実体験を一つでも多く積んでおく事が大切だと思います。

4．視覚障害者のための「手で見る博物館」について

　私は岩手県盛岡市に住んでおります。自宅で小さな博物館を開いております。博物館というほどのものではありませんが、視覚障害者とその関係者が時々全国各地から見学に来てくださいます。誠に貧弱な所ですが少し博物館について書いてみます。

　展示品は殆どが触れるようになっております。「博物館は一触にしかず」をモットーとしておりますので触ってみたい方には触擦してもらっております。展示品は大きく分けると三つの柱を立てて制作したり収集しております。それは宇宙・文化・生命です。それらを触擦することでより正確に知ってもらえたらという事です。これを①触宇宙　②触文化　③触生命といってきました。地球や宇宙を触れる所まで持って来たいし、人の知恵が生み出した文化文明を触ることで正しく知りたいし、命ある物すなわち動植物を中心とした生き物に対して触擦することで生命

あるものの神秘を知ることが出来ればということでやってきました。生命は現象ですから生命を触るなどとはおかしな表現ですが、私は敢えて「触生命」といっております。

　今は冬期間は閉鎖しておりますが、年間400名位の方が見学に来てくださいます。外国からの留学生や研修生などこれまで10カ国以上の視覚障害者がきておられます。教科書ひとつとっても晴眼児と視覚障害児との間には情報の面で大きな差があり過ぎます。写真・イラストを始め工夫された視覚的教材が沢山あるのが当たり前なのに対して、視覚障害児はその点、常に大きなハンディを持っているといえます。だからこそ触覚を通しての情報をひとつでも多く提供していく必要があると思います。展示品をひとつひとつ書くスペースは全くありませんが、耳学問という想像の世界から1歩でも前進できるようにしていきたいと願っております。

5．終わりに

　毎日のように各報道機関は分かり易く工夫された情報を流しております。教科書や参考書なども一目で理解しやすいように、文字以外にいろいろな工夫がされております。耳から入る知識や文字から得られる情報は、視覚障害児者も晴眼児者も同じだとしても、そこからが違うのです。見える人はより正しい理解を求めて1歩も2歩も踏み出していけます。例えば図鑑や写真を見たり、映像を通して理解を深めたり、博物館・動物園・水族館・美術館など限りがありません。視覚障害者はこれらを補うために触覚の世界を充実していく必要があります。視覚障害者だからといって触覚の世界に関心を持っているとは限りません。私を含めてもっともっと触擦して知識を確実なものにしようとする意欲すなわち触擦

欲を高めていきたいものです。

昭和33年度高等部専攻科理療科卒業

9．卒業生が作った子育てサークル「かるがもの会」について

日本点字図書館勤務　甲賀佳子（旧姓　三浦）

　私は4人の子供を育てながら、現在、点字図書館でフルタイムで働いています。ここでご紹介する「かるがもの会」は1991年設立、長女が生まれたのも同じ年でした。私も子供たちを育てながら、悩み、仲間を求め、試行錯誤しながら歩んできました。長女を産んでから間もなく、「かるがもの会」の存在を知り、その活動に参加しました。会員の生の声を載せた「かるがも新聞」の発行、1泊2日の楽しいイベントの企画、役員としての会のとりまとめなど、ささやかながら会と共に歩んできた20年でした。「かるがもの会」の緩やかなネットワークに支えられながら、私自身の子育てもあったのだろうと思います。

1．会の発足の経緯

　「かるがもの会」とは、視覚に障害を持つ親とその家族の会です。多くは、視覚障害者同士の家族、お母さんあるいはお父さんが視覚障害者という家族、まだ子供はいないけれどこれからの子育ての参考にしたい人、そして、会の趣旨に賛同する晴眼者の会員もいます。しかし、その発足の経緯には、哀しい現実がありました。

　1991年7月、視覚障害の母親が育児ノイローゼから泣きやまない我が子に布団をかぶせて窒息死させてしまったという、大変ショッキングな事件が報道されました。このニュースを聞いた当時の卒業生何人かが、

自分たちも子育てをしていていろいろと悩みがあるのは確か、でも、その悩みをお互いに同じ立場の人たちと話し合ったり、相談することができたら、こんな悲しい事件にはならなかったのではないかと考えました。中心となったメンバーが同級生や先輩たちに声をかけて、当初は8家族で会を立ち上げました。友人の自宅でお茶を飲みながら子育ての話をしていたのが、もっと広く呼びかけて、組織的に動いていこうということだったのだと思います。かるがもの親子が仲良く歩く姿がとてもかわいらしく愛らしいところから、「かるがもの会」と名づけました。現在では、北は北海道から南は九州地区まで、会員は約80家族にまで増えています。

　子育ては、誰にとっても大変な仕事です。子供の体調や機嫌が良い時ばかりではありません。保育園や幼稚園、近所の子育て仲間の中にも話し相手は見つけられるかもしれませんが、やはり視覚に障害を持つ親だからこそ共通の悩みがあるはずです。そんな話をお互いに気兼ねなくできる会として、「かるがもの会」は活動を始めたのです。

2．会の主な活動
(1)　「かるがも新聞」の発行

　会の発足以来、子育ての情報が不足しているというのが何よりの課題でした。しかも、一般の子育て雑誌に出ているようなありきたりのことではなく、見えないお母さんが実際に体験したことが知りたい。哺乳瓶にミルクやお湯をどうやって正確に入れているのか、前抱っこやおんぶを安全にしながら歩くにはどんな工夫があるのか、赤ちゃんの顔色が分からないがどうやって体調の変化を知るのか・・・。疑問・質問がいっぱいでした。

　これらのクエスチョンに先輩ママから体験談やアドバイスをもらった

り、Q＆A方式でお答えしたり、乳児から幼児、小学生低学年から高学年に至るまで、子供の年齢に応じたそれぞれの課題に会員から原稿を寄せてもらい、完全オリジナルの形で編集してきました。毎日の子育てに追われ、少し疲れ気味になっている時、新聞担当者から送られてくる「かるがも新聞」がほっと一息できるオアシスのようなものだったことは間違いありません。全国に散らばっている会員を結びつける大切な絆でもありました。

(2) 各種イベント

　１年に１回の総会、１泊２日の宿泊企画、子供を保育園などに預けている間のランチ、お料理教室、お洗濯やお化粧などの学習プラン、子供たちと工作や音楽鑑賞をしよう・・・。本当に会員の中から出た様々なニーズに応えて、いろいろと楽しい企画が催されています。

(3) 先輩から後輩へ

　子育ての悩みはつきません。病院通いや入院などということになったらどうすればいいの、保育園や学校などの行事にどうやって一緒に参加したらいいの、公園で子供を安全に遊ばせるには、絵本の読み聞かせや漢字の書き取りの宿題などにどうやって関わってあげたらいいの等々、１人では分からないことばかりです。そのような時、１歩前を歩いている先輩お母さんにお話を聞くのが何よりのアドバイスです。１つ１つに正しい答えがあるわけではありません。人それぞれ、みんなそれなりの方法で解決してきたはずです。その体験談を聞くことで、私も自分なりに工夫してやってみよう、子供の気持ちになって考えてみようと思うことが大切なのです。遠く離れていて、一度も会ったことがない会員でも、名簿を頼りに連絡をとってみると、同世代の子供を育てている仲間意識から、「昨日、こんなことがあったのよ」と気軽に話すことができます。

子供が泣き始めようものなら電話はすぐに中断です。それでも短い時間だけでも自分と同じ立場に立つ先輩の話を聞けたことで、後輩のお母さんは安心して前に進んでいけるのだと思います。専門家の子育て相談ではないけれど、同じ立場を理解しあえるというピアカウンセリング的な側面が、「かるがもの会」には自然にできあがっているのです。

3．今後の「かるがもの会」

　サービスや制度など、様々な部分で以前より進んでいることはたくさんあります。しかし、親が子供を慈しみ育てるという営みは、そんなに簡単に機械化されたり、マニュアル化されたりするものではないでしょう。まして、視覚障害者の親が子供を育てるには、やはりそれなりの覚悟が必要なことは事実です。

　昔は、視覚障害の女性が子供を産み育てることはおろか、結婚して幸せな家庭を築くことすら何か特別なこと、社会から否定されているような面がありました。しかし、女性として生を受けたからには、出産・育児という何ものにも代えがたい喜びを、私たち視覚障害者の女性もできるだけ多くの人に感じてもらえたらと思います。子育ての苦労を仲間と分かち合いながら、我が子と共に前に進んでいっていただきたいと思います。

　「かるがもの会」では、ホームページも立ち上げ、一人でも多くの方にこの活動を知っていただきたいと努力しています。ぜひ、参考にしていただきますよう、お願いいたします。

「かるがもの会」ホームページ　http://karugamo.lifejp.net/

昭和51年度高等部普通科卒業

資料編　筑波大学附属視覚特別支援学校略年賦

盲唖教育分離後　東京盲学校百年史　年表

西暦	和暦		関係の深い事項 ●　　国内外 ■
1871	明 4.	9	● 山尾庸三が、盲学校・聾学校に関する建白書を太政官に提出する。 　■ 新貨条例によって「1兩を1円とする」と決められた。 　■ 政府は明治4年に文部省を設置し、5年に学制を公布した。 　（邑ニ不學ノ戸ナク家ニ不學ノ人ナカラシメン）
1874	7		■ 明治7年8月「医制」を発布。11年、伊藤庄平が初めて点字の「盲目児童凸文字習書」を著す。このころの米価は1石あたり9円20銭である。
1875	8.	5	● 古川正雄ら6人がヘンリー・フォールズの家で会合を開き、楽善会を作って盲教育の運動を始めた。
1876	9.	3	● 訓盲所設立に関する3度目の請願が東京府知事に認可された。
		12	● 訓盲所設立のための費用3,000円が明治天皇より下賜された。
1877	10		■ 電話が明治10年に輸入され、官営事業として23年以後に一般に普及した。
1878	11.	5	● 京都に盲唖院が設立され、開業式を挙げた。
1879	12.	12	● 築地3丁目に楽善会訓盲院校舎が完成した（煉瓦石造310㎡）。
1880	13.	2	● 盲生2名が入学、授業を開始。 ● 盲僧制度廃止。
1884	17.	5	● 楽善会訓盲院を訓盲唖院と改める。
1885	18.	11	● 請願により訓盲唖院が文部省直轄学校となる。
1886	19.	4	● 寄宿舎が落成。
1887	20.	10	● 訓盲唖院が東京盲唖学校と改称される。
1889	22.	2	■ 「大日本帝国憲法」が発布された。同7月には東海道本線が全通した。
1890	23		● 小西信八が校長心得（後に校長）。 ● 官報に「日本訓盲点字」記載（石川倉次案を日本点字に採用）。
		2	● 京橋区築地校舎の移転用地として、小石川区指ヶ谷町の旧薬草試植園跡地が引き渡される。
		7	● 新築校舎への移転始まり、校舎に先立って寄宿舎が移転。
		11	● 東京盲唖学校は第4回の点字撰定会で石川倉次案を採用する。
1891	24.	6	● 文部省令で初めて盲唖学校教員の資格任用等について規定される。
		11	● 新築中の校舎が完成し、移転。 ● 皇后陛下が新築校舎落成開校式においでになる。
1892	25.	1	● 17日、盲生同窓会が作られ、この日を同窓会創立の日とした。
1893	26		● 点字印刷機をアメリカから輸入。 　■ 全国での盲唖学校などの数は、国公立2、私立31となる。

西暦	和暦		関係の深い事項 ●　　国内外 ▒
1899	明 32.	7	● 東京盲唖学校小西信八は、盲唖教育の分離についての意見書を文部大臣に提出する。 ▒ 2月、東京—大阪間に長距離電話が開通した。
1903	36.	3 6	● 東京盲唖学校に教員練習科が設置された。 ● 同窓会から、月刊「むつぼしの光」第1号が発行された。 ▒ 6月に日比谷公園が開設される。また8月に新橋品川間の電車運転開始。
1904	37.	10	▒ ロシアへ宣戦布告。
1906	39.	5 10	● 音楽科卒業生が組織する楽々会の第1回演奏会を開催した。 ● 東京・京都・大阪の3盲唖学校長は、盲唖学校の義務制と盲唖教育の分離を文部大臣に建議した。 ▒ 2月、坪内逍遥らの文芸協会発足、「ベニスの商人」公演。
1907	40.	5	● 第1回全国盲唖学校教員会を開き、盲唖教育の義務制と盲唖学校の分離を文部大臣に建議した。 ▒ 3月、小学校令が改正され6年間の義務制となる。
1909	42.	4	● 文部省は東京盲唖学校を分離して東京盲学校を設置する。 ▒ 両国国技館完成。
1910	43.	4 6 11	● 東京盲唖学校が、東京聾学校と東京盲学校に分離される。町田則文が東京盲学校初代校長となる。 ● 小石川区雑司ヶ谷町（現在地）に東京盲学校新校舎が落成し、7月に指ヶ谷町から移転、10月5日に新校舎の開校式を挙げた。 ● 東京盲学校校歌が制定された。「東京盲学校規程」を定め、教員練習科を師範科に改めた。 ▒ 東京山手線一部開通。 ▒ 「白樺」創刊。 ▒ 「真白き富士の嶺」が流行、銀座にカフェ「プランタン」開店。 ▒ 日本盲人協会から点字図書（教科書など）が出版された。
1911	44		● 内務省が初の盲人調査を実施。 ● 内務省が「あんま・鍼術灸術営業取締り規則」を公布。
1912	大. 元		● 雨天体操場が落成した。
1914	3.	2 9	● 石井重次郎（松声）が点字による箏曲楽譜を考案した。 ● ロシアの盲詩人・童話作家のエロシェンコが、東京盲唖学校の研究生となる。 ▒ 第1次世界大戦勃発。 ▒ 芸術座「復活」を初演。
1918	7		● 点字郵便物が第3種に認可される。 ● 点字盲箏譜の研究が完成し、東京盲学校は「訓盲箏譜入門」を印刷して発行。 ▒ 1918～19年にかけてスペイン風邪が世界的に流行し、3,000万人が死亡した。

西暦	和暦		関係の深い事項 ●　　国内外 ■
1919	大. 8.	12	● 中村京太郎により点字新聞「あけぼの」が創刊された。 　■ 東京市内乗合自動車営業開始。
1920	9.		● 「帝国盲教育会」が結成される。 ● 「按摩術営業取締り規則」が一部改正され、柔道整復術が公認された。
1922	11.	5	● 大阪毎日新聞社による「点字大阪毎日」発刊。小林卯三郎らは点字教科書刊行会を組織して、小学校国定教科書を発行した。
1923	12.	5 7 8	● 師範科に普通科がおかれた。 ● 寄宿舎が手狭になり、校外に民家を借り、仮寄宿舎を置いた。 ● 「東京盲学校規程」を改正し、初等部6年、中等部4年、師範部3年制が確定し、中等部・師範部には、普通科・鍼按科・音楽科が置かれた。 ● 「盲学校及び聾唖学校令」が一部改正され、各都道府県に盲学校・聾学校の設置が義務化された。 　■ 婦人の断髪、ダンスホールが流行する。 　■ 私立盲唖学校の府県移管、盲唖学校の盲聾分離が始まる。 　■ 9月関東大震災、焼失家屋40万戸、死者行方不明者13万人余。
1924	13. 	 11	● 点字投票を求める請願を採択し、政府与党が点字投票を認める決定。 ● 生徒の帽章やボタンを定めた。
1925	14.	1 4 10	● 女子の寄宿舎が設けられた。 ● 師範部を3年制とし、普通科・鍼按科・音楽科・第二部を開設した。 ● 点字大阪毎日主催関西盲学生大会開催、翌年より全国大会となる。 　■ 東京放送局が設立。 　■ 全国学生軍事教育反対同盟結成。 　■ 東京環状線電車全通。 　■ 日本労働組合総連合創立。 　■ 山田耕作らの日本交響会が日本で初めて交響楽定期演奏会を開く。
1926	15.	4 5	● 肥後基一により点字出版事業が始まる（現在の東京点字出版所）。 ● マッサージの治療室を作り、外来の患者の治療を始める。
1927	昭 2.	9	● 東京盲学校で幼稚園（初等部予科）を始める。 　■ 日米直通電信開通。
1928	3.	2 6 10 11 12	● 初等部の新築校舎が完成。 ● 第1回全国盲学校雄弁大会が点字大阪毎日主催で開かれた。 ● 楽々会創立30周年記念大演奏会 ● 帝国盲教育会機関誌「盲教育」第1巻1号が発行される。 ● 「むつぼしの光」第300号が発行される。 　■ イプセン100年祭で築地小劇場が「ノラ」を上演。 　■ 林芙美子「放浪記」を発表。

西暦	和暦	関係の深い事項 ●　　国内外 ■
1929	昭 4. 3 　　　4 　　　11	● 寄宿舎2棟が新築された。 ● 中等部鍼按科教科書が東京盲学校で作成された。 ● 東京盲学校内に盲教育研究会が作られ、機関誌「盲教育の友」第1号が発行された。なお、この年に校内のスチーム暖房設備が完成した。 　■ 東京市の午砲「ドン」がサイレンに代わる。 　■ 教員の俸給未払い、くびきりなどが全国的に拡がる。 　■ 横浜市で失業者1200人が市役所を占領。 　■ 宮城道雄作品「春の海」がこの年に作曲された。
1930	5. 11	● 文部大臣田中隆三氏名によって、「社團法人櫻雲會」の設立が認可される。
1931	6. 12	● 弱視者の数が増え、各教室に黒板を設備した。 　■ 9月に満州事変が勃発する。
1932	7. 11	● 日本眼科医師会で「弱視児童特殊学校設立に関する件」が可決され、各方面に運動された。
1933	12	■ 日本最初の弱視学級が、東京南山小学校に誕生した。
1935	10. 10	● ライトハウス会館建設（後の日本ライトハウス）。 ● 創立60周年記念式、記念大運動会、創立60年史を発刊 　■ 第4回国勢調査で総人口9769万人余
		■ 11年、皇道派青年将校が下士官兵1400人を率いクーデター（二・二六事件）
1937	12. 4	● ヘレン・ケラー女史が来日する。
1938	13. 11	● 東京盲学校内に失明傷痍軍人教育所が設置される。 　■ 4月、「国家総動員法」公布。 ● ドイツの盲青年ゴルドンが来日して盲導犬を紹介する。
1940	15. 11	● 本間一夫氏により日本盲人図書館（後の日本点字図書館）が設立。
1941	16. 3	●「小学校令」を改正し、「国民学校令」を公布される。 　■ 16年4月、東京・大阪でコメの配給通帳制実施。 　■ 12月8日、太平洋戦争宣戦の詔書を公布。
1942	17	● 同窓会の法人組織（櫻雲会）が出版事業を停止した。
1943	18〜19	● 師範部の学生が軍需工場に動員された。 　■ 18年12月第1回出陣学徒の入営、19年1月女史挺身隊が結成。
1944	19. 9	● 東京盲学校が、静岡県伊豆長岡と富山県宇奈月の二ヶ所に分かれて学校疎開となる。
1945	20. 8	■ 敗戦により戦争終結。

西暦	和暦		関係の深い事項 ●　　国内外 ■
1946	昭 21.	1	● 師範部の第1分校が東京に復帰して授業を開始した。東京の校舎は戦災を免れたが、寄宿舎の炊事設備は荒廃して、当分給食はできなかった。
		4	● 中等部・初等部の第2分校が東京に復帰して授業を開始した。
1947	22.	3	● 「教育基本法」や「学校教育法」が公布された。
		5	■ 「日本国憲法」が施行された。
		9	■ 東京都は35区制を23区制とし、小石川区は文京区に包含された。
			● いわゆる鍼灸存廃問題が起こり、盲人団体・盲教育関係者の激しい陳情運動が開始された。
		12	● 「あんま、はり、きゅう、柔道整復等営業法」が公布された。詳細は、「理教連二十年史」に詳述。
			■ 「児童福祉法」公布。
1948	23.	4	● 「中学校および盲学校・聾学校の就学義務・設置義務に関する政令」が公布され、学年進行により実施された。
		8	● 大阪府貝塚市の二色浜において「日本盲人会連合」が結成。
			■ 3月、全官公労組のストライキが総司令部の命令で中止される。
			■ 6月、国立大学高専で授業料値上げ反対の同盟休校。
1949	24.	4	● 東京盲学校は、国立盲教育学校・同附属盲学校と改組された。
		11	● 東京ヘレンケラー協会主催で、全日本盲学生音楽コンクールが開かれ、その後も毎年11月に同コンクールが開かれた。
		12	● 「身体障害者福祉法」が公布された。
1950	25.	4	● 国立盲教育学校・同附属盲学校は東京教育大学に併設された。
		8	● 全国盲教育研究大会が2日間にわたり開催された。
		11	● 点字毎日主催の第1回全国盲学校創立75周年記念式、記念学芸会、記念体育大会、点字競技会が開催された。
			● 東京盲学校と教員養成部音楽科卒業生の有志による箏曲の演奏会組織としての「鳳雛会」が毎年1回の発表会を始めた。
			■ 千円札が発行された。
			■ 満年齢による数え方を実施。
			■ 4月、吉川英治の「新平家物語」が週間朝日に連載開始。
			■ 5月、生活保護法公布。
1951	26.	4	● 高等部普通科の募集を行った。
			● 東京教育大学教育学部に、特殊教育学科が設置された。
		6	● 身体障害者の補装具の交付制度創設。
		7	● 点字毎日主催、第1回盲学校野球大会が大阪府立盲で開催された。
		9	● 「日本盲大学生協力会」発足（1953年「日本盲大学生会」と改称）。
			■ 厚生省が第1回身体障害者実態調査実施。視障者は12万1千人と推計。
			■ この年NHK第1回紅白歌合戦を放送。
			■ 手塚治虫が「鉄腕アトム」を雑誌「少年」に連載。

西暦	和暦		関係の深い事項 ●　　国内外 ■
1952	昭 27.	4	● 国鉄が、「身体障害者旅客運賃割引規定」を公示した。 ■ 4月、講和条約により日米安全保障条約が発効し、GHQ が廃止された。
		5	● 「櫻雲會」が「社会福祉法人桜雲会」として認可された。
		10	● 「全国盲学校理療科教員連盟」が結成された。
		11	● 点字毎日と青鳥会共催で、ルイ・ブライユ百年祭を記念し、全国盲学校点字・珠算競技大会が開催された。 ■ 12月、国立近代美術館が開館。
1953	28.	3	● 東京教育大学附属盲学校でスクールバスの運行を始めた。 ● 「日本盲人社会福祉施設協議会」が結成された。 ■ 3月、日赤など3団体が中国からの引揚業務を再開し、興安丸などが約4,000人を乗せて舞鶴に帰港。
		9	● 「日本盲人社会福祉施設協議会」発足。
1954	29.	2	● 火災により寄宿舎の一部および教員養成部の一部が焼失した。（焼失面積1,308㎡） ■ 3月、マグロ漁船第5福龍丸が米水爆実験のためビキニで被災、焼津港に帰港した。（アメリカ、ビキニ水域で水爆実験実施）
		6	● 「盲学校・聾学校および養護学校への就学奨励に関する法律」が公布された。
		8	● 日本点字研究会、日本盲導犬協会が結成された。 ■ 砂川を始め、小牧、横田など全国的に基地反対闘争（全点協の運動は31年11月まで継続）。
1955	30.	5	● ヘレン・ケラー女史が3度目の来日をする。
		10	● 「全国盲学校生徒点字教科書問題改善促進協議会」（全点協）が東京教育大学附属盲学校で開催された。 ● 第1回アジア盲人福祉会議が東京で開催された。
			■ 平凡社の「世界大百科事典」32巻、新村出編「広辞苑」、諸橋轍次「大漢和辞典」13巻など出版。 ■ 8月、東京都の人口8,518,622人で世界一、東京への憧れから家出件数過去最高。
1957	32.	3	● 寄宿舎建物鉄骨コンクリート造り3階建一棟が南側に建設された。
		12	● 電々公社電気通信研究所を中心とするグループによる点字の自動点訳の実験に成功した。 ■ 32年に第1回全国盲音楽家大会開催。
1958	33.	9	● 日本点字図書館にテープライブラリーが開設された。 ● 附属盲学校音楽科卒業生の中、洋楽専攻者を中心として「笹の会」が結成され、銀座ヤマハホールで第1回演奏会を開いた。 ■ 33年12月に東京タワーが完成した（世界一）。

西暦	和暦		関係の深い事項 ●　　国内外 ■
1959	34.	4	● 附属盲学校に、高等部専攻科理療科第二部が設置された。 ● 電波法が改正され、電話級アマチュア無線技士国家試験に盲人が受験、初の盲人ハムが誕生した。 ● この年、日本ライトハウスが、声の図書事業を開始した。 　■ メートル法が施行、尺貫法が廃止された。 　■ 9月伊勢湾台風が発生、明治以後最大の被害。 　■ 11月、水俣病問題で漁民1,500人が新日本窒素水俣工場に乱入する。
1960	35.	3 6 7	● 高等部普通科の生徒募集を再開した。 ● 道路交通法公布（視覚障害者は道路交通時に白または黄の杖を携えるか、盲導犬を連れていなければならないと規定される）。 ●「身体障害者雇用促進法」が公布された。 　■ 6月、安保改定阻止闘争で、空前の国会デモが行われた。 　■ 9月、ローマで第1回パラリンピックが開催された。
1961	36.	2 4 6 7 10 11	● 光のプレゼント運動が始まった。 ● NHKが、盲人世帯のラジオ聴取料を無料化。 　■ 4月、那覇で、沖縄の祖国復帰県民総決起大会。 ● 盲人郵便物の郵便料無料化が実施される。 ● 盲大学生を中心に、「文月会」（日本盲人福祉研究会の前身）が結成された。機関誌「新時代」。 ●「弱視教育研究会」（日本弱視教育研究会の前身）も結成された。 　■ （8月、東ドイツは東西ベルリンの境界に壁を築く。） ●「学校教育法」の一部改正（第6章特殊教育が大幅改正） ● 障害福祉年金支給開始
1962	37.	3	● 政令により、盲学校の対象となる盲者・弱視者の規準制定。 ●「全国盲学校PTA連合会」発足。 　■ 東京都の推計人口が、1千万人を突破。 　■ 6月、日本最長の北陸トンネルが開通。
1963	38.	3 4 10 11	● 文部省著作の、初の弱視用拡大文字の教科用図書（小学校国語補充教材）が発行された。 ● 寄宿舎建物鉄骨コンクート造り3階建て（平屋食堂を含む）が完成した。 ● 弱視教育研究会機関誌「弱視教育」が発刊された。 ●「日本盲人カナタイプ協会」設立。 ●「日本特殊教育学会」が発足した。 　■ この年ボーリング場が人気を集め、盲学校の生徒もこれに挑戦した。 　■ （8月、南ベトナム全土に軍事戒厳令、数千人の僧侶・学生を逮捕） 　■ （11月、ケネディー米大統領がダラスで暗殺される）

西暦	和暦		関係の深い事項 ●　　国内外 ■
1964	昭39.	4	● NHKが、ラジオ第2放送で「盲人の時間」の放送を開始する。
			● 毎日新聞社が、点字毎日文化賞を創設（第1回受賞者は、好本督）。
		5	● 高等部専攻科リハビリテーション科が設置された（この年大阪府立盲学校に、また40年には徳島県立盲学校にも同科が設置された）。
			■ 10月、東海道新幹線開業、東京—新大阪間を4時間に短縮。
			■ 10月、第18回オリンピック東京大会が開かれ、ひき続きパラリンピック東京大会が開かれた。
1965	40		● 小学部・中学部に弱視学級設置。
			● 社会福祉法人桜雲会が事務所を学校外に移転。
		4	● 附属盲学校PTAが発足した。
		7	● 日本ライトハウスで職業教育訓練センターを開設した。
		10	● 日本鍼灸師会の主催により、第1回国際鍼灸学会を東京で開催した。
			● 第1回全国盲人カナタイプコンテストが開催された。
		11	● 第1回盲人珠算検定試験が開催された。
			■ （2月、米軍機が北ベトナムのドンホイを爆撃、北爆開始。）
			■ 6月、理学療法士・作業療法士法が制定された。
			■ 6月、東京夢の島で大量のハエが発生。
			■ 10月、第10回国勢調査、総人口9,827万4,961人。
1966	41.	1	● 日本点字制定70周年記念として、石川倉次胸像の除幕式が附属盲学校玄関前庭で行われた。
		4	● 高等部理療科別科（2年課程開設）。
			● 明治43年に建設した木造本校舎を取り壊し、鉄筋コンクリート造り4階建第1期工事（2,091㎡）が東側に完成した。
			● 東京教育大学教育学部に、特殊教育専攻の大学院が開講した。
			■ 7月、はがき7円、封書15円となる。
			■ （8月、北京で文化大革命が起こり、その後中国全土に波及した。）
			■ 丙午、出産数約136万人で前年比25%減。
			■ 日本の総人口が1億人を突破した。
1967	42.	3	● リハビリテーション科第1期生卒業（3名）。
		4	● 新築校舎第2期工事完成（5,632㎡）。
			● この年厚生省が、日本ライトハウスに視覚障害者の電話交換手の養成を委託した。
		5	● 大阪で、「全国視力障害者協議会」（全視協）が結成される。
			■ 6月、東京教育大評議会は筑波研究学園都市への移転を強行決定。
			■ ミニスカート大流行。
1968	43.	4	● 新校舎の一部（西側部分、408.84㎡）および体育館兼講堂（681.05㎡）の工事が完了し、新築校舎は完成した。
		11	● 学校創立90周年および新築校舎落成により、記念式を挙げ、「九十周年記念」を刊行した。この年児童生徒数254名。
			■ 東大医学部自治会は登録医制度に反対して無期限ストに入り、ついに44年度入試が中止された。東京教育大も中止。

西暦	和暦		関係の深い事項 ● 　　国内外 ■
1969	昭44.	4	● 教育学部特設教員養成部と改組して、理療科は教育学部附属理療科教員養成施設に、また普通科は、同リハビリテーション教育研究施設視覚障害研究部門となった。 ● 文部省企画の放送番組「視覚障害者の広場」日本短波放送が始まった。 　■ 1月、警視庁機動隊が東大安田講堂の封鎖を解除。 　■ 5月、東名高速道路全通。 　■ (10月、全米にベトナム反戦デモが起こる) 　■ 「全国盲学校普通教育連絡協議会」(普連協) 結成。
1970	45.	5	● 「著作権法」改正で点字は無条件で、録音は認可施設に限り著作権の無償使用認める。
		6	● 「心身障害者対策基本法」が公布された。 ● 「視覚障害者読書権保障協議会」(視読協)が発足 (1998年4月、解散)。 ● 北東の隅に25mのプールが作られた。 　■ 3月、大阪千里で日本万国博覧会開催 (77カ国参加)。 　■ 12月、沖縄ゴザ市で、米軍MPの交通事故処理にからんで市民5,000人が暴動化。
1971	46.	4	● 小学部において養護・訓練の指導が始まり、ついで47年に中学部、48年に高等部でそれぞれ開始された。
		10	● 「国立特殊教育総合研究所」が設置された。 ● 「財団法人東京盲導犬協会」が設立された。
		11	● 「国際盲人クラブ」(現社会福祉法人「国際視覚障害者援護協会」)を設立。 　■ 46年著作権法改正で点字は無条件で著作権の無償使用を認める。 　■ 6月、沖縄返還協定調印。
1972	47.	4	● 日本ライトハウスは、盲人コンピュータープログラマー養成コースを開設した。
		11	● 専攻科生の処分問題で「雑司ヶ谷闘争」が始まる。この年10月に、高等部で授業放棄に始まる紛争が起こり、専攻科にも及んで、翌年の年度末に到って終息した。 　■ 47年5月、沖縄の施政権返還、沖縄県発足。 　■ 6月、田中角栄通産相が日本列島改造論を発表。
1973	48.	4	● 東京教育大学附属盲学校と改称。リハビリテーション科を理学療法科と改称。 ● 東京学芸大学・広島大学・熊本大学の教育学部に、特殊教育専攻科を開設した。
		7	● 文部省編集の「特殊教育」が創刊された。 　■ 1月、6点漢字と仮名文字による自動点訳に成功。 　■ 10月、筑波大学開学。 　■ 12月、石油ショックで物価が急上昇、省資源・節約時代に入る。
1974	49.	4	● 別科課程を廃止して、3年課程の高等部保健理療科を開設した。 　■ 12月、自動代筆に成功。
1975	50		● 朝日カルチャーセンターが「点字教室」を開講した。 ● 公立小学校に6人の盲児が就学し、総合教育が始動した。 ● 「視覚障害者労働問題協議会」(視労協)発足。
		5	● 理学療法科同窓会組織として「桐門会」が発足した。

西暦	和暦		関係の深い事項 ●　　国内外 ■
1975	昭 50		■（南ベトナムサイゴン政府降伏。） ■（4月、カンボジア、ポルポト政権成立、大虐殺始まる。） ■ 7月、沖縄国際海洋博覧会開幕。
1976	51.	11	● 創立100周年記念式、記念事業として「視覚障害教育百年のあゆみ」を出版し、正門脇に楠を植樹した。 ● 創立百周年記念筝曲演奏会。 ■（4月、中国・故周恩来首相哀悼禁止に抗議する北京市民を弾圧。（天安門事件））
1977	52		● 専攻科理療科第一部を終了した。 ● 肢体不自由児のためのエレベーターが設置された。 ●「弱視者問題研究会」発足。
1978	53	4	● 東京教育大学より筑波大学に移管された。 ● 東京教育大学附属盲学校を筑波大学附属盲学校と改称。 ● 大学入試センター試験の際、点字受験者は1.5倍の時間となった。 ●「筑波技術短期大学」の開学に反対する運動が開始された。 ● 全国盲学校長会に、大学進学対策特別委員会が設置された。 ● 視覚障害者のクラシック音楽家の団体「新星'78」が発足。 ● 附属盲学校数学科と、都立工業試験センターの試作による、点字プリンターとマイコンを接続した点字BASICの実験システムが成功した。 ■ 53年、「どらねこ工房」が大活字本「星の王子様」刊行、逐年英和辞典や国語辞典を刊行した。 ■（1月、イスラム革命始まる。） ■ 4月、明治鍼灸短期大学開学。 ■ サラ金、不確実性の時代、嫌煙権、家庭内暴力等の言葉が流行。 ■ 7月、イギリスで世界初の体外受精児（試験管ベビー）誕生。 ■ 11月、東京で第1回国際女子マラソン開催。 ■（12月、ソ連がアフガニスタン進攻。）
1979	54	 1	● 幼稚部が近隣の3歳児を受け入れ混合保育を始めた。 ● 幼稚部が重複障害児を初めて受け入れた。 ● 第1回国公立大学共通一次試験で、点字による試験実施。 ■ 1月、初国公立大学共通一次試験実施。 ■ 世界最長の山岳トンネル（上越新幹線大清水 22,228m）開通。 ■ 3月、中国残留日本人孤児47人が初正式来日。
1981	56		● 中高等部に美術の専任教諭が採用された。 ● 早稲田鍼灸専門学校の「あん摩科」設置反対運動を始める。 ● 桜井政太郎が、自宅に視覚障害者のための「手で見る博物館」を開設。 ● 大阪で「全国視覚障害教師の会」（略称JVT）が結成される。 ■ 国際障害者年。 ■ 56年診療報酬点数改定、マッサージの項目が削除されたため、病院マッサージ師急減。 ■ ガンが脳卒中を抜き死因第1位になる。

西暦	和暦		関係の深い事項 ●　　国内外 ■
1982	昭 57		■ 6月、東北新幹線開業。 ■ 東京ヘレンケラー協会が海外盲人援護事業を始める。 ■ ワープロやパソコンが急速に普及し始める。
1983	58 	 3 4	●「国連障害者の10年」が始まる。 ● 運輸省が、公共交通ターミナルにおける身体障害者用施設整備ガイドラインを策定。 ● 労働省が、障害者雇用対策室を設置し、全盲の職員を採用。 ■ （アフリカで飢餓が深刻な問題となる。） ■ 1人暮らしの老人が100万人を突破。 ■ 女性や中高年層で麻薬の汚染が拡大してくる。
1984	59		● 都教委が都立高校の点字入試を実施し、教科書の全面保証を決める。 ● 共通一次テストの問題が拡大版で用意される。 ● 幼稚部が3歳児も対象に保育を始める。 ● 理学療法科が全盲生徒を受け入れる。
1985	60 	 8	● 校舎の耐震補強工事を始め、翌年完工した。 ● 建設省が「視覚障害者誘導用ブロック設置指針」を通達。 ● 音楽科同窓会「あけぼの会」が創られた。 ■ 3月、AIDS患者の日本第1号を発見。 ■ 日航ボーイングジャンボ機が群馬県山中に墜落。
1986	61 　 	 3 4 6	● 点訳ソフト「コータクン」が開発される。 ● IBMが「IBM点訳広場」を開設する。 ●「日本視覚障害者柔道連盟」設立。 ●「国民年金法」の改正（障害基礎年金制度の創設）。 ● 桐門会主催で、理学療法科設置20周年記念式。 ■ （4月チェルノブイリに原子力発電所で大事故。） ■ 4月、男女雇用機会均等法施行。 ■ 7月、盲学生情報センター開設（高橋實）。
1987	62. 10		● 筑波技術短期大学が開学する。 ● 共通一次テストで、強度弱視者に1.3倍の時間延長を認める。 ● この年、音楽科同窓会「あけぼの会」が創られた。
1988	63 	 5	● 幼稚部が「育児学級」と証する教育相談を始める。 ● あはき師法改正で、厚生大臣による試験免許制となる。 ■ 全国高等学校校長協会入試点訳事業部が発足（平成2年より活動を開始）。
1989	平 元		● 数学科が点字電子黒板システムの実験に成功する。 ● 小学部に重複学級が開設される。
1990	2		● 日本点字制定100周年を記念して、「てんじのれきしとやくわり」を発行する。 ■ 浜松盲学校は音楽科を廃止する。

西暦	和暦		関係の深い事項 ● 　　国内外 ▨
1991	平 3.	1	● 国家公務員試験の点字受験が認められる（行政職Ⅰ・Ⅱ種）。
		3	● 「社会福祉法人全国盲ろう者協会」設立。
		4	● 専攻科理療科の外国人留学生制度が発足した。
			● 共用品・共用サービスの普及を目的とする「E&Cプロジェクト」（1999年4月、「財団法人共用品推進機構」に発展）が発足。
			● 「日本盲人ゴルフ協会」設立。
		7	● 「かるがもの会」（子育てをしている視覚障害者の会）が発足。
1992	4.	2	● 「視覚障害リハビリテーション協会」設立。
		4	● 小学部に特別学級を、高等部専攻科に理療科研修課程を新設した。
		9	● 「日本視覚障害ヘルスキーパー協会」（JBHA）発足。
			▨ 11月、国連総会で12月3日を「国際障害者デー」とすることを採択。
1993	5		● 「日本障害者協会」（JD）発足。
		12	● 「第1回世界盲人マラソン大会」開催（宮崎）。
			▨ 「身体障害者の利便の増進に資する通信等事業の推進に関する法律」の公布（解説放送など）。
			▨ 同12月、「障害者基本法」公布。
1994	6.	11	● 「中途視覚障害者の復職を考える会」（タートルの会）が結成される（2007年12月「NPO法人タートル」へ改称）。
			▨ 6年、「日本ゴールボール協会」発足。
1995	7.	11	● 国勢調査で、調査票に点字と大活字が用意される。
			▨ 7年3月「県立生命の星地球博物館」（小田原市）開館。（視覚障害者のバリアフリー化推進）。
			▨ 「天津市視覚障害者日本語訓練学校」開設（青木陽子）。
1996	8.	3	● 寄宿舎の全面改築が竣工した。
		11	● 創立120周年記念・寄宿舎落成記念式典を挙げ、創立120周年記念誌「今日の視覚障害教育」を発行した。
1997	9.	4	● 附属盲学校後援会を設立した。
		6	● 活動を停止していた附属盲学校同窓会を、新規約を作って再出発させた。
			▨ 10月、長野新幹線開業。
			▨ 12月、温暖化防止京都会議開幕、この年国内GDPが23年ぶりのマイナス成長。
1999	11		● 柔整養成校新設にからむ福岡地裁判決で「新設の自由を認める」とされ、その後鍼灸養成校の新設にも大きな影響を与えた。
			▨ 11年厚生省実施の「身体障害者実態調査」で、「点字ができる」は視覚障害者の9.2％である。
2000	12.	1	● 平成12年度「学校基本調査速報」によれば、今年度の盲学校在学者は全国71校4,089人で、昨年度より83人減少、半数の盲学校で小学部の児童数が10人を下回ってきた。
		3	● 今年度の「学校基本調査速報」では盲学校在学者は4,001人で、昨年度より88人減少。
			▨ 第9回あはき国家試験の合格率が発表され、晴盲別の合格状況では、視覚障害者はあん摩74.5％、はり69.3％、きゅう73.0％であった。

西暦	和暦	関係の深い事項 ●　　国内外 ■
2001	平 13 1	● あはき法第19条に、はり師・きゅう師の規定を加えるよう求めた視覚障害団体の国会請願は、衆参両院とも採択されず。 ● 日盲社協は、点字技術と知識を持つものを認定する「点字技能検定試験」を実施。 ■ 第1回全国障害者スポーツ大会開催（宮城県）。
2002	14. 4 10	● 高等部専攻科理療科を鍼灸手技療法科に、理療科研修課程を鍼灸手技療法研修科に改称した。 ● 大阪で、「アジア太平洋ブラインドサミット会議 ― 新たな障害者の十年に向けた視覚障害者の挑戦」開催。 ■ 厚生省が実施した身体障害者・児実態調査では、パソコン利用者は視障者で5％。
2003	15	● 第1回アジア視覚障害者ボウリング大会が東京で開かれた。
2004	16. 4	● 小学部で、通級学級が認可された。 ● 筑波大学が「国立大学法人筑波大学」となり、筑波大学学校教育部は附属学校教育部に改組し、この中に「筑波大学特別支援教育研究センター」が設けられた。 ■ 第13回あはき国家試験合格率、あん摩85.2（70.7）、はり79.5（62.1）、きゅう79.2（63.8）。[（　）は盲学校、単位は％]
2005	17. 10	● 「障害者自立支援法案」が衆議院で可決・成立（2006年10月1日より完全施行）。
2006	18	● 文科省は「特殊教育」を「特別支援教育」と改め、盲・ろう養護学校の名称をなくして「特別支援学校」とすることを盛り込んだ「学校教育法一部改正案」が衆院本会議で成立した（2007年4月1日施行）。 ■ 「障害者自立支援法」が成立した（4月施行）。 ■ 千葉県は全国初の障害者差別禁止条例案を議会に提案し、9月議会で成立させた。
2007	19 4	● 東アジア地域で、マッサージによる視覚障害者の職業自立を広げようと、関係者が集まった「アジア医療マッサージ指導者ネットワーク」（AMIN）が成立した。 ● 今年度の「学校基本調査速報」によると、視覚障害で種別とする特別支援学校は68校、在学者数は3,477人で、前年度より211人減少した。 ● 省令改正により、校名を「筑波大学附属視覚特別支援学校」（通称名：筑波大学附属盲学校）と改称した。
2008	20. 6	● 筑波技術大学が視覚障害者の学習支援を目的に、専門書や学習書を点字や録音媒体として大学の内外に貸し出し、無償配布する事業を始めた。
2009	21 8	● ルイ・ブライユの生誕200年を記念して、国立民族学博物館で企画展「…点天展…」が始まり、歴史的に貴重な資料が紹介された。 ● 幼児・児童生徒数202名（男103、女99）、また寄宿舎生は127名である。
2010	22	● 楽善会訓盲院が、明治13年に授業を開始して130年、日本点字が制定されて120年に当たるのを記念して、教育発祥の地中央区築地3丁目に記念碑を建立した。 ● また明治43年に、念願の盲聾唖教育が分離され、現在地に東京盲学校として移転して100周年を迎え記念文集を同窓会と後援会で発行した。 ■ 杉山和一の生誕400年を記念した記念祭が関係団体によって開催された。

――― 文責　大橋由昌・山縣久美 ―――

東京盲学校車寄(明治43年)

あとがき

　筑波大学附属視覚特別支援学校の前身、東京盲唖学校の校歌は、1889（明治22）年に制定されている。戦前までは、12月12日の開校記念日には歌われていたと聞くが、さすがに戦後66年も経過した今となっては、知る人も少なくなった。70歳前後の先輩たちも、ほとんど知らなかった。その歌詞は、当時の社会における視覚障害者の位置付けを端的にあらわしていると思えるので、次に掲げてみる。

旧東京盲唖学校校歌　「うれしき御世」

　　　　　　　　　　　　　　作詞　中村秋香
　　　　　　　　　　　　　　作曲　小山作之助

1. うれしき御世や今日の御世
　　昔の世には捨てられし
　　わがともがらも人並みに
　　かぞまえられてぞ世にはたつ

2. 尊き御世や今日の御世
　　聞かぬにも聞き見ぬに見て
　　わがともがらも人並みに
　　学びの庭をぞたちならす

3. 人並々の道踏みて
　　朝な夕なに立ちならす
　　学びの庭のいや広き
　　世の恵みこそうれしけれ

　　（明治22年制定）

「昔の世には捨てられ」ていた盲唖者に普通の人と同じように教育を施そうとしたのが楽善会の会員たちであり、その教育目標の究極が「人並み」にすることだった、と私には読み取れる。2006年12月、今世紀最初の国際的な人権条約となる障害者権利条約が国連総会で採択され、わが国も批准に向けて国内法の整備を推し進めている現在、なんとも複雑な思いで歌詞を読んだ。たとえ、障害を持って生を受けたにしても、「人」として誕生したのだから、元来「人並み」であるはずなのだ。当時の先輩たちもまた、母校の学び舎を借りて「人並みになる」ことではなく、「人並みである」ことの実証に燃えたのではないか、と私は思う。

　いずれにせよ、社会を変容する場を生み出し続ける時の流れの威力、そして、多くの先人たちのたゆまぬ努力により変革をもたらした歴史の重みを、改めて感じざるをえない。本書が、そうした先輩たちの存在証明への熱意や母校の自主独立的な伝統の一端を伝えられれば、編集委員会の役割のひとつは達せられたといえる。

　そもそも、本書出版の企画は、同窓生で母校の教官でもあった山縣久美氏の提案が発端であった。それは、「2010年は、盲学校が盲唖学校から分離して百年になるから、何か記念の記録を残しませんか」というものだったと記憶する。以後、筑波大学附属盲学校同窓会及び同後援会の支援と資金援助を得て、編集プロジェクトが組織され、2年近くもの月日を重ねて、ここにようやく上梓することができた。当初は、節目の年に合わせて出版する予定だったが、助成金を申請して年度内に活字・点字・デイジー録音の3媒体での出版を目指して延期した。ところが、東日本大震災の発生により、助成を得ることができなかったので、やむを得ず、活字書の出版を先行させる決断をした。盲唖教育分離後一世紀。歴史は繰り返すとはいうものの、関係者の熱意により障害種別に分離し

た学校が、支援教育の名の元に再び統合化へ動き出している。盲学校の同窓会がかかわる出版事業において、点字書に先立って活字書を優先させたのは、聾及び養護学校関係者などに、広く盲教育の専門性やその実績を知ってもらいたかったからに他ならない。今後、支援教育のあり方を考えるときの一助となれば幸いである。

　今回の企画に対して、快く執筆を快諾してくださった方々や、編集に協力してくださった関係者各位に心より謝意を表する。貴重な時間を費やしていただいたにもかかわらず、その労苦に相当した御礼もできないことが心苦しく、ここに重ねて御礼申し上げる次第である。

　最後に、社会福祉法人桜雲会様、そして職員の甲賀金男さんのご支援により本書が作成できたことを、本稿を借りて深く感謝申し上げる次第である。

2011年8月吉日
盲唖教育分離後百年記念文集プロジェクト　編集委員会

◎本プロジェクトの編集委員は、主として筑波大学附属盲学校同窓会及び同後援会から有志を募り組織したものである。編集協力者は、編集委員会が依頼し、原稿の校正作業などを担当した。

◎本書は、筑波大学附属盲学校同窓会及び同後援会の助成により制作することができた。ここに記して真摯なご厚意への感謝に代えさせていただく。

盲唖教育分離後百年記念文集プロジェクト

編 集 長	大橋由昌（おおはし よしまさ・昭和47年度高等部2部専攻科卒）
副編集長	山縣久美（やまがた ひさよし・筑波大学附属盲学校後援会）
編集委員	飯田真理（いいだ まり・寄宿舎指導員）
（50音順）	河辺豊子（かわべ とよこ・昭和41年度高等部理療科第1部卒）
	指田忠司（さしだ ちゅうじ・昭和47年度高等部普通科卒）
	土居由知（どい よしとも・昭和61年高等部普通科卒）
	的野碩郎（まとの せきろう・昭和42年度高等部専攻科理療科第1部卒）
	三宅洋信（みやけ ひろのぶ・平成9年度高等部普通科卒）
編集協力者	秋山ミヤコ（あきやま みやこ・筑波大学附属盲学校後援会）
	大塚美紀（おおつか みき・筑波大学大学院卒）
	権田早苗（ごんだ さなえ・筑波大学附属盲学校後援会）
	原田信子（はらだ のぶこ・日盲連元職員）
	山縣万理（やまがた まり・東京芸術大学大学院生）
イラスト	関場理華（せきば りか・点筆ドットコム〜視覚障害児を育む会〜）

盲唖教育分離後百年
なずれば指に明きらけし　筑波大学附属盲学校記念文集

発行日	平成23（2011）年11月1日
編　集	筑波大学附属盲学校同窓会ほか　（代表　大橋由昌）
発行者	社会福祉法人　桜雲会
発行所	社会福祉法人　桜雲会
	〒169-0075 東京都新宿区高田馬場4-11-14-102
	TEL/FAX 03-5337-7866
印　刷	社会福祉法人　桜雲会

Printed in Japan